感谢"上海高校一流研究生教育引领计划"之"聚焦一流拔尖⋯⋯一流研究生教育培养体系"项目和"东华大学纺织学院研究生拔尖⋯⋯目（项目编号：X12151901）"的资助

世界古代纺织品研究

王 华 主 编

王厉冰 副主编

东华大学出版社·上海

图书在版编目(CIP)数据

世界古代纺织品研究 / 王华主编. —上海：东华大学出版社, 2020.8
ISBN 978-7-5669-1775-1

Ⅰ.①世… Ⅱ.①王… Ⅲ.①纺织品—研究—世界—古代 Ⅳ.①K866.94

中国版本图书馆CIP数据核字(2020)第151617号

责任编辑：竺海娟
封面设计：魏依东

世界古代纺织品研究

王　华　主　编
王厉冰　副主编

出　　　版：东华大学出版社（上海市延安西路1882号 邮政编码：200051）
出版社官网：http://dhupress.dhu.edu.cn/
出版社邮箱：dhupress@dhu.edu.cn
发行电话：021-62373056
印　　　刷：上海盛通时代印刷有限公司
开　　　本：787 mm × 1092 mm　1/16
印　　　张：12.25
字　　　数：350千字
版　　　次：2020年8月第1版
印　　　次：2020年8月第1次印刷
书　　　号：978-7-5669-1775-1
定　　　价：168.00元

主要内容

《世界古代纺织品研究》一书，其内容时间跨度较长，涵盖世界各大纺织文明古国，配有纺织工具、织物及服饰古文物图片等400余张珍贵插图。内容上囊括了纺织文化、艺术和技术领域，材料上涉及纤维、纱线、织物和服饰，以图文并茂的形式向读者展现世界主要纺织文明的起源、形成、发展和演变。本书提供了丰富多彩的织品和服饰，以历史时期和地域为脉络，阐述了古代世界纺织品及其分析案例。

主要内容分为9章：古代纺织材料与技术概述，古埃及纺织品，南亚纺织品，远东纺织品，波斯地毯，非洲纺织品，美洲纺织品，欧洲纺织品和古代纺织品分析案例。每一章又具体涉及纺织生产和经济、纤维原料、技术与设备、织物、服饰及文化交流等内容。在吸取相关国外纺织品史论著、考古报告、出土实物研究报告和研究论文等重要资料精华的基础上，本书不仅详细介绍了古代棉、毛、丝、麻等天然纤维原料和一些金属纤维，而且探讨了手工纺纱、世界各地域性织机等一系列古代纺、织、染、整、绣等技术。本书可作为纺织服装高等院校本科生和研究生相关课程教材，也可供世界纺织史研究人员参考。

前言

纺织史或者染织史在我国学科分类上一般归为工艺美术史范畴,同样,世界纺织史通常归为世界工艺美术史范畴。在遥远的百万年之前,人类的先祖诞生之时,工艺美术史也就开始产生了。工艺美术史也是人类的文明发展史,是人类文明的寄托与展望。在漫长的工艺美术创作活动中,人类逐渐形成了自身的审美观念和创造意识。世界纺织史是由诸多因素共同作用后形成的庞大体系,它与诸多自然和社会因素相关,主要包括自然环境因素、民族因素、宗教因素、时代因素、科技因素。世界纺织史的研究极其复杂和困难,对研究者的要求很高。作者在长期的教学与研究过程中遇到过难以想象的困难,但是一想起在大英博物馆从事非洲蜡印博士课题研究的艰难岁月,又重拾信心,一定要完成这本研究生教材。作者考察过世界上大部分有纺织品文物的博物馆,收集了大量一手纺织品考古材料。面对世界上不同国家、不同文化、不同历史阶段的纺织品,越来越感觉到自己力不从心,所以必须借鉴世界纺织史学者的研究成果,作者在东华大学纺织学院教学时,把英国 Jennifer Harris 的 *5000 Years of Textiles* 和 Mary Schoeser 的 *World Textiles a Concise History* 作为古代纺织工程专业硕士研究生教材,把 John Gillow 和 Bryan Sentence 的 *A Visual Guide to Traditional Techniques World Textiles* 以及 Agnes Geijer 的 *A History of Textiles Art* 作为博士研究生教材,并且注重消化吸收这些专著的研究方法和传统纺织品素材。作者及其研究团队认为,世界纺织品史的研究可以从以下几种方面开展。

1. 论从史出,史论结合

对世界古代纺织品的研究不能空穴来风,也不能自说自话,而是要依据历史,有史可依,要抓住工艺美术作品的历史渊源,厘清历史流变的脉络。此外,纺织史的发展过程是由精神和物质的有机统一而形成的,这就需要我们在研究世界纺织史的同时注重与其相应年代人们的精神与物质生产活动,要有史料的支撑。正如哈里所说,"世界史可以用纺织品来阅读,文明的进化、皇朝的更替把宗教、贸易织就了经纬故事"。尤其是 John Gillow 和 Bryan Sentence 的 *A Visual Guide to Traditional Techniques World Textiles* 一书,从不同侧面(技术工艺、文化历史)对史料进行分析,提供了考察世界纺织史的视野。

2. 比较研究

有了史料依据,就可以通过比较的方法来研究世界纺织史。研究历史规律的最好方法之一就是比较,没有比较就没有鉴别。辩证唯物主义告诉我们,正确的评价和判断是建立在反复比较的基础上的。通常使用两种比较方法:一种是横向比较,另一种是纵向比较。由于世界各地的地域环境、民俗习惯和宗教信仰各不相同,必然会影响到纺织艺术、文化和技术,既有不同的方面,也有相似的方面,因此既要比异,又要比同。找出这些异同,将使我们对世界纺织品的风格特征、技术工艺和材料组成的研究有明确的目标。

2.1 横向比较法

所谓横向比较,即总览世界纺织史发生、发展和演变的规律,固定某一段时间,比较不同地区纺织品的特点,由此能够清楚地看到这一时期不同地区纺织品技术和风格的异同。工艺是由人创造的,纺织工艺和纺织品艺术更是人们精神活动的体现。纺织品是世界历史、政治、文化、宗教、科技相统一后的物质载体。这些纺织艺术设计风格的异同反映出该历史阶段不同地区的人们活动的异同,不仅有物质活动,还有精神活动。同时随着不同地区间人们的往来交流,不同地区的纺织工艺设计风格相互影响,潜移默化地发生着变化。

以古代美洲和中世纪欧洲的染织品风格为例,张夫也著作《外国工艺美术史》记录了古代美洲(15世纪中叶之前,此时世界上还未有"美洲"这个名字,这一时期的美洲居民是印第安人)的染织工艺。古代美洲的染织品不仅数量宏富,而且制作工艺极为细致,染料色彩也相当丰富,常见的有奶油色、橘红色、褐色和天然羊毛色等暖色系列,因而古代美洲的染织品给人以热烈而温馨的感觉。例如,在秘鲁海岸发现的一件染织工艺品,主题为奔跑的神灵,色彩绚丽,手法抽象,反映出安第斯文明人们的思想和情感,尤其是宗教。另外在古代美洲,染织品还有一个极其重要的功能——葬礼上死者遗体身穿的材料。

中世纪的欧洲(5—14世纪)染织品主要反映在装饰纹样方面。由于中世纪的欧洲基督教盛行,而且封建统治对欧洲的整个文化都进行了垄断,使哲学、科学和艺术都从属于神学,因此,该时期的染织物自然也会带上神学的气息,例如,基督生平纹织物。此外,在中世纪欧洲的织物工艺中,壁毯的制作是极为特殊的。因为当时大规模的教堂、宅邸等建筑需要用壁毯装饰,同时圣职人员常常易地而居,壁毯便于转运,并且还能起到很好的防潮御寒作用。因此,壁毯在当时受到教会、贵族和商人的钟爱。

通过古代美洲与中世纪欧洲染织物对比可以看出:其相同点为宗教色彩浓厚,这是由于当时的文化、科技、制度的限制而造成的;不同的是,染织物在两地有着不同的用途,这与当地人们的生活习惯息息相关,尤其是统治阶级的习惯与喜好直接决定了这一阶段染织物的用途趋势。

2.2 纵向比较法

纵向比较即古今比较,固定一块区域,按照时间的进程,比较不同阶段该地区纺织工艺和设计艺术的差异。着眼于历史进程,可以很清晰地看出纺织工艺、艺术的发展。如果没有与古代纺织工艺和设计艺术风格的对比,便无从感知现代纺织工艺和艺术设计的"新意";缺乏对当代纺织工艺和艺术设计的认知与体会,也就无法深刻理解和感受古代纺织工艺和艺术设计的精华所在。张夫也在其《外国工艺美术史》中对欧洲大陆就采用了纵向比较法，阐述了欧洲中世纪文艺复兴时期、巴洛克时期、罗可可时期、新古典主义时期，近代和现代工艺美术史的演变。

通过历史的纵向比较，可以十分清晰地看到欧洲染织史一步步的演变，从中世纪浓厚的宗教气息，到文艺复兴时期的人文主义，再到欧洲工艺美术史上的黄金时期——巴洛克和罗可可时期，其纺织品古典优雅，同时又强烈奔放、豪华壮观、奇特诡谲。此外，在这两个时期随着不同大陆间往来的开始，欧洲的纺织工艺和艺术设计中吸收了东方的古典元素，并随着时间的发酵，演变出欧洲独有的风格。到了近代与现代，随着工业革命的兴起，人民物质生活的满足，自由与平等思想的普及，纺织工艺和艺术设计不再是统治阶级的特权，而是融入了大众的生活，打破了任何一种模式的制约，以全新的姿态散发出独有的魅力。

3. 以小见大

在所有工艺品中，纺织品和木器是最难保存的，特别是当它们被埋入土里之后，就意味着消亡。所以，有时我们很难找到一个遥远时代全面的染织工艺品，这时就可以根据史料，推测那个时代影响力最大的地区，通过研究该地区的纺织工艺和艺术，以小见大地推测该历史阶段的整体纺织工艺。因为在古代，统治阶级的影响力是十分巨大的，尤其是他们的喜好、习惯。而且在古代，奢华的纺织品一般是统治阶级的专属，对于食不果腹、衣不蔽体的底层百姓来说，与纺织品艺术设计沾不上边。

张夫也在其《外国工艺美术史》中，对于古代美洲的染织品描述就是运用了以小见大的方法。由于古代美洲的印第安人部落十分独立，各部落发展很不平衡，于是他就选取了创造水平最高的玛雅人、阿兹特克人和印加人这三个史上被称为三大文明中心的部落为主要研究对象，其中美拉尼西亚的菱形纹塔帕布就是土著居民创造的优秀纺织工艺品。

对世界纺织品的研究首先要有史料依据，史论结合，但是太过纯粹的史料堆积会使研究显得空洞与苍白无趣，因为纺织史并不单单是纺织工艺史，它还是纺织艺术史、纺织文化演变史。我们要在紧抓纺织品历史源流，厘清流变脉络的基础上，努力体现时代、地域、民族、宗教和科技等因素，将自然环境、社会环境、民族特性、宗教信仰和时代变革糅合起来，阐述纺织艺术风格的演变。再采用纵横向比较的方法，在比较中体现异同，于异同中分析特色，其间加上以小见大的方法，可以让人耳目一新，让研究更加生动形象。当然，叙述的过程要注意研究对象的堆叠、研究边界的交叉以及时间和空间问题。

本书分为9章，旨在抛砖引玉地讨论世界纺织文明成果。第1章总结性阐述纺织从原材料、织造工具、纺织技术及后整理技术经过的漫长发展过程。在古代纺织中，大多采用自然界存在的物质作为纺织原料，包括动物毛发及分泌物，如羊毛、蚕丝，韧皮纤维，如亚麻、大麻，还有棉花等。由于纤维强度较低，不能直接使用，为了合理地利用材料，古人便将纤维纺纱，用纱线织造得到织物。因此，出现了手纺车和很多类型的织机，且织机也根据需求慢慢改进。随着人们对美的追求，织物组织从基础的平纹、斜纹和缎纹组织扩展到很多复杂组织，从简单的织造工艺衍生出花缎等复杂工艺，刺绣、花边工艺的增加使得织物从简单的必需品向奢饰品、装饰品发展。之前织物基本为机织物，而针织、编网、打结和钩编等技术的出现丰富了织物的多样性，从不同层次、不同方面满足人们的需求。随着人们知识的扩展，开始采用植物与生物染料及矿物染料对织物进行染色，由此衍生出凸纹印花及沿用至今的筛网印花。

第2章首先介绍了埃及历史，其次根据埃及历史介绍了纺织技术的发展，最后详细介绍了埃及染织艺术中最具代表性的织物——科普特织物。分别从科普特织物的历史渊源、纤维材料与工艺特色、不同时代背景下的科普特织物和科普特织物的艺术风格与纹样内涵来展开。科普特织物是科普特人生产的织物，其主要材料为羊毛和亚麻，经线多为亚麻，纬线多为羊毛，通过交织织成四方形、圆形或矩形等。不同时代背景下的科普特织物有着不同的特点：在罗马帝国时期，受希腊与罗马文化和艺术风格的影响，科普特织物的纹样大多来自希腊神话；在基督教拜占庭时期，科普特织物走进了鼎盛时期，其色彩与纹样逐渐丰富；在伊斯兰时代，科普特织物受伊斯兰文化的影响，几何图案代替了绘画式图案，生动活泼的科普特织物逐渐失去了往日的色彩。

第3章首先详细介绍了印度传统纺织手工艺品，并结合织物产生的背景和社会状态；其次，根据印度的部落文化阐述了每个部落文化的代表性纺织手工艺品；最后，介绍了印度纺织业的贸易发展，以时间为背景，结合印度历史说明了印度这个国家纺织品贸易的构成和主要渠道。使我们对古老纺织国度的历史有一个比较全面的认识，进而也了解到印度的历史和纺织产业的兴衰起伏。作为全球棉花产量大国之一，印度的纺织业却比较落后，相对也保留了大量的传统纺、织、染、绣手工艺，它们也是人类文明的重要文化遗产。

第4章以时间为线索，分别介绍了中国和日本两个国家的纺织历史渊源及其发展进程。不论是中国还是日本，纺织业都由原来传统的手工业发展成机器自动工业化，在这一进程中所衍生出来的纺织产品也是名目繁多，包括刺绣、缂丝、葛麻、织金锦等产品。值得一提的是，由于过去中日两国文化交往密切，我们也可以从早期的日本纺织品中感受到浓厚的中国色彩、中国元素和中国文化。

第5章着重介绍了波斯地毯，从它的渊源、发展历史、文化遗产、纹样组成与布局、编织工艺和图案文化等，让我们知道波斯地毯不仅仅是伊朗传统文化的载体与传承，在某种程度上更有重要的政治、宗教方面的色彩，对古代伊朗的经济起到重要的推动作用。而波斯帝国作为古丝绸之路的重要驿站，中国古丝绸纺织技术对其纺织文化和技术也起到非常重要的传播作用。

第6章采用艺术人类学的研究方法研究非洲染织艺术、社会和文化间的关系，展现染织艺术是如何服务于非洲社会、政治活动与权利关系的，同时应用语言学和符号学的分析手段研究染织纹样的文化代码和视觉交流作用。介绍了非洲手工织造机具类型与工艺，讨论了非洲手工染色和防染技法。此外在文献资料和调查材料的基础上，探讨了北非染织技艺穿越撒哈拉沙漠古商道贸易传播西非国家的过程，以及东南亚防染技法传播到西非国家的路径。

第7章重点介绍了美洲纺织品，涉及纺织纱线、织物和服饰，以历史时期和地区为脉络，总体分成三大板块来讨论：北美土著纺织品、北美殖民纺织品和拉丁美洲纺织品；详尽地描述了美洲纺织品发展历史，以图文并茂的方式向读者展示了美洲纺织品的起源、形成、发展、变革；介绍了多姿多彩的美洲纺织文化和丰富多彩的美洲纺织制品。

第 8 章的时间线从中世纪跨越近代欧洲直到 20 世纪，涵盖了丝绸、提花亚麻锦缎、挂毯、刺绣、花边和印花六类欧洲主要纺织品的发展历程。以不同的框架对历史进行分类，首先从地域上分出欧洲纺织史，进一步从符合地域特点的角度进行分类介绍，从纺织产品的角度，重点选取欧洲丝绸、提花亚麻锦缎、刺绣等进行详细解读，对每一类产品的地域特征、技术手段、风格特点等作了详尽的归类。

第 9 章主要介绍了古代纺织品鉴别与分析，列举了国外专家分析古代纺织品的 3 个经典案例以及作者的点评，供学生和教师参考。

世界纺织品的研究是一个庞大的系统工程，非一个专家的努力而能成。作者在东华大学从事了 16 年的纺织史专业教学与研究，其间的辛苦劳累只有自己知道。目前，中国正在由世界纺织大国迈向世界纺织强国，总结世界纺织产业发生、发展和演变的规律是纺织史学研究者的责任和义务。作者愿意把自己研究世界纺织史的体会和成果拿出来与读者分享，同时也感谢世界各地的许多纺织史研究前辈、专家的无私奉献，感谢朋友们在世界各地博物馆和民间帮助收集资料和图片，在这本书中也有你们的研究成果和辛勤付出，在此，表示衷心的感谢！限于本人水平，书中难免会有不妥之处及错误，敬请大家批评指正。

王华

2020 年 7 月 28 日

目录

第1章 古代纺织材料与技术概述 ………………………………………001
    1 古代纺织原料…………………………………………………003
    2 纺纱的方法与织造工具………………………………………004
    3 机织工艺与织物组织…………………………………………007
    4 刺绣、花边与针织……………………………………………010
    5 编网、打结和钩编……………………………………………012
    6 毛毡和树皮纤维布……………………………………………013
    7 印染……………………………………………………………014

第2章 古埃及纺织品 ……………………………………………………019
    1 古埃及纺织技术的发展………………………………………021
    2 埃及纺织品……………………………………………………021
    3 科普特织物……………………………………………………025
    4 小结……………………………………………………………028

第3章 南亚纺织品 ………………………………………………………029
    1 印度纺织品……………………………………………………031
    2 克什米尔羊毛披肩……………………………………………035
    3 俾路支斯坦纺织品……………………………………………036

第4章 远东纺织品 ………………………………………………………037
    1 中国纺织品……………………………………………………039
    2 日本纺织品……………………………………………………058

第5章 波斯地毯 …………………………………………………………065
    1 波斯地毯的发展及文化遗产…………………………………067
    2 波斯地毯的结构与工艺………………………………………070
    3 波斯地毯的编织工艺…………………………………………072
    4 波斯地毯的纹样与题材………………………………………075

第 6 章　非洲纺织品·········079
　　1　西非纺织品·········081
　　2　北非纺织品·········090
　　3　中非纺织品·········096

第 7 章　美洲纺织品·········101
　　1　北美土著纺织品·········103
　　2　北美殖民地时期的纺织品·········106
　　3　拉丁美洲的纺织品·········110

第 8 章　欧洲中世纪纺织品·········117
　　1　欧洲丝绸·········119
　　2　欧洲提花亚麻锦缎与挂毯·········133
　　3　欧洲其他的纺织品与服装·········138

第 9 章　古代纺织品鉴别与分析·········157
　　1　纺织纤维的鉴别·········159
　　2　织物结构分析·········161
　　3　刺绣技术的分析·········162
　　4　染料的测定分析·········163
　　5　国外古代纺织品分析研究案例·········163

参考文献·········182

第1章

古代纺织材料与技术概述

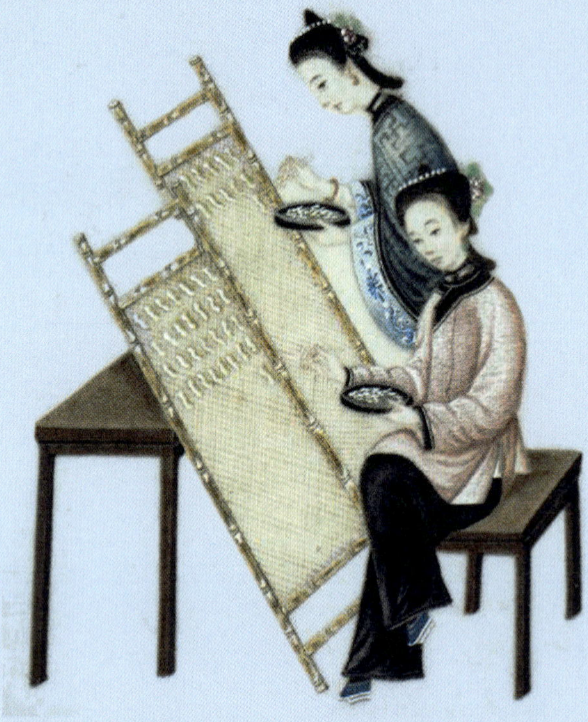

在古代，大多数纺织材料直接来源于自然界，如动物的毛发和分泌物或植物纤维。由于地球上不同地理位置的自然条件和气候有着显著的差异，天然纺织材料的种类和范围也各不相同，并且这种差异对于不同地域的纺织品艺术文化发展有着深远的影响。编织是人类文明中最重要的发明之一，是一种处理植物纤维的方式，采用不同的方法将植物长而狭窄的部分，如草叶、羽毛状棕榈叶、植物茎秆等编成长条，最终产品可以用作服装。原始织机的许多部件都是从高度发展的编织工具改变而来的，有水平织机和垂直织机之分，水平织机在印度、印度尼西亚、东亚、非洲的部分地区和美洲印第安人的许多部落十分常见，而垂直织机在非洲和西亚应用较多。

1 古代纺织原料

动物纤维来自于某些哺乳动物的毛发或动物腺分泌物如茧丝；大量的植物纤维也被用于纺织品，例如亚麻、大麻、部分苎麻纤维和棉花，它们在结构上的相似性对纺织加工起到了积极的作用。这些天然纺织材料中的羊毛、蚕丝、亚麻和棉花四种，在纺织领域中具有同等重要的地位。这些材料中的每一种均有其独特的视觉美感和技术性能，这些天然纤维推动了纺织品与纺织技术的发展进程。

1.1 羊毛与蚕丝
1.1.1 羊毛

用于纺织品原料的大部分动物纤维来自于不同种类的绵羊、山羊和骆驼。根据羊毛种类的不同，其粗糙度、长度、色泽、颜色等也不同。放牧和气候条件影响羊毛纤维的质量，寒冷的气候和高海拔对羊毛的质量有利，因此在世界的最高山区发现了具有最好品质的动物毛纤维品种，如西藏和帕米尔高原的克什米尔小羊和安哥拉山羊以及安第斯山脉的小羊驼。

1.1.2 蚕丝

桑蚕起源于中国，中国是最早利用蚕丝的国家。早在四五千年前，我们的祖先就开始种桑养蚕，是举世公认的伟大发明之一。古史上有伏羲"化蚕"、嫘祖"教民养蚕"的传说，又有说黄帝元妃西陵氏为"先蚕"，即最早养蚕的人。新石器时代的考古表明，公元前2750年，今浙江吴兴钱山漾地区的先民已利用蚕丝织成绢片、丝带和丝线。公元前13世纪，桑、蚕、丝、帛等名称已见于甲骨卜辞。桑蚕的发育温度为 $7 \sim 40\ ℃$，饲育适温为 $20 \sim 30\ ℃$，主要分布在温带、亚热带和热带地区。

1.2 韧皮纤维
1.2.1 亚麻

亚麻是农耕文明的产物，依靠高度发展的农业。在温带气候条件下，纺织和编织的亚麻制品配合适当的织物漂白技术，具有卓越的吸湿性能，使人感觉皮肤凉爽。埃及的亚麻制品一直采用平纹编织，即使历经数千年，平纹编织仍然保持着经典的地位。

1.2.2 大麻

在汉代时期大麻已经在昂贵的漆容器制造业中发挥了重要作用。在最初的黏性树液中，大麻织物被用作一种增强的骨架材料，在这种复杂的漆器制造处理过程中，大麻织物是漆器主要构成。在整个中世纪，欧洲北部几乎处处都种植大麻，某种程度上是因为海运绳索的需要。

1.2.3 荨麻

荨麻族包含7种，尤其是苎麻（Boehmeria nivea）为纺丝提供了极好的材料，起初种植在印度和中国。韧皮纤维被称为苎麻纤维，人们经过很长时间后才知道用细纤维制作荨麻布料。荨麻布料逐渐应用在其他轻薄的材料时尚织物上，并且在19世纪首次应用在棉麻混纺织物上。

1.3 棉花

棉花种植起源于印度，数千年来，棉花是印度纺纱的主要材料。这种材料到达地中海的一些国家后，阿拉伯人开始将来自印度的原材料出口到中国和西方国家。在中世纪后期，棉纱通常被用作纬线而与亚麻经线交织。印染加工后色彩亮丽的棉花材料是出口到西方国家的主要纺织原料。

最终，棉花的种植从印度传播到地中海国家，但是直到18世纪棉花种植才获得巨大的工业意义，北美洲成为最大的生产基地。现在，印度仍然是世界棉花生产的主要国家之一。

1.4 金属线

中国古典文献《唐六典》记载了当时使用的14种金属，其中用于织造的有拈金和织金等。宋元时期出现了大量使用金银线的织物，如"拈金番缎""织金纻丝"和"纳石失"等。明代的《天工开物》则详细记载了传统金银线的制造工艺。传统金银线分为扁金线（或称片金）和圆金线（或称拈金）两大类。将金箔黏合在纸上再切成0.5毫米左右的窄条即成扁金线，将扁金线螺旋地裹于棉纱或丝线外即成圆金线。现在，某些高级传统织物，如中国的云锦和日本的西阵织仍然使用传统金银线。

在13世纪，"纺的金线"作为丝绸编织中的纬线在法国历史记录中被称为or fin。在欧洲，从15世纪开始，镀金的拉伸银线被用于编织和刺绣，同时还产生了其他的制作珍贵纺织产品的技术。

2 纺纱的方法与织造工具

2.1 纺纱方法

在纺纱过程中，短纤维需要通过加捻集聚在一起。希腊花瓶上的绘画描述了一幅三个妇女手工生产纱线的景象，一只手对着大腿挤压一簇羊毛，纬纱就制造出来了，在不同的原始文明中都采用这种方法。这种纱如果用作经纱，则不够牢固，但是作为纬纱性能极好，所以该方法得以流传很久。

为了提高毛纺纱线的强力，需要对纱线加捻使其更牢固。在欧洲的石器时代，锭子是一种极好的工具，并且在全世界范围内广泛运用到很多装置上。

2.1.1 纺纱中的加捻方向术语

无论使用什么样的工具，纺纱时的加捻方向为两种：顺时针或逆时针。纱线的这种特征在早期不同纺织文化中称为"右"和"左"。为了不使这两个术语变得模棱两可，引入一种完全不同的学术名称，称为"S捻"和"Z捻"。

2.1.2 不同纤维的纺纱

纺羊毛纱有多种方法：用强加捻纺成紧密、牢固的纱线，可作为经纱使用；用较弱的加捻纺成柔软的纱线，可作为纬纱使用。羊毛可使S或Z向加捻，纺成如棉纱和野生蚕丝一样的纱线。

韧皮纤维不会发生这种情况，它们有自然的螺旋线趋势纺纱方向，即有一个方向比其他方向更容易纺纱。因此，单股的亚麻纱线通常是S型纺纱，而大麻纱线总是Z型纺纱。利用这个特点，可以通过纺纱方向来鉴别纤维种类。

2.2 织造方法与织机类型

2.2.1 织造方法

据推测，欧洲北部及中部的织造技术均是由东部传过来的，但是公元前2500年至公元前1000年唯一保存下来的纺织品是来自于高加索北部的条纹布以及安纳托利亚的斜纹布。同样，在希腊爱琴海（前2000—前338年）、叙利亚和美索不达米亚的南部和东部也没有发现任何织物流传下来。丹麦和秘鲁分别在公元前1400年和公元前1100年开始普遍使用分绞棒技术，这种技术在青铜器时代的中国比较常用。在编织比较复杂的织物时，如新石器时代的四尾纬线斜纹，爱尔兰的三尾斜纹布及秘鲁的纱罗织物，还需要加入综杆。在公元前2000年前的秘鲁，综织机发展十分迅速。西班牙出土的青铜器时代（前1200—前800年）的文物主要是由平纹编织的亚麻等植物纤维制成。这种编织方法的出现主要归功于综线杆的引入。这样的转变更显示了商品化编织技术的需求，这一点从现存的纺织品和文字记录中可见一斑。

面对织造技术的漫长演变，区分方法和工具是比较困难的。因为真正的织造工具很少可以流传下来，所以仅通过脱离事实的探索是完全不可行的。因此我们需要通过下面的信息来源去发现其演变过程：

①在现代文明中幸存下来的古老工具和方法；
②仍被土著人使用的工具和方法；
③考古保留下来的织造工具；
④同时代艺术品中的描述；
⑤同时代观察者提供的各种历史细节及其他学术资源；
⑥来自不同时期和区域可能与特殊事件相关的现存织法的测试观察。

2.2.2 织机类型

(1) 印度四边织机

这种织造工具可谓是所有织造装置的起源。在经纱中间，一根木棒形成综平梭口，还有一根简单的综棒以形成张开梭口。张开梭口的获得是通过纱线捆绑在综丝眼上，在综平梭口时降低纱线而实现的。当综棒提升时，系在上面的经纱也随着升起，而使一根打纬棒放进梭口。

(2) 挂毯织机

这种织造工具常被称作"带有两个织轴的垂直织机"。毫无疑问，这种织机不考虑经纱的方向，但为了织出挂毯，需要一个牢固的框架，尤其这是一个慢技术活，而且为了打紧纬纱，结构一定要牢固。而梭口的改变与原始织机的方法很像，中心梭口根据需要通过手拉来放松成束的综丝。在织造色织物时，可以用任意多的颜色纱织造出不同的图案。由于这种织法在实际织造时几乎没有局限性，所以一直被用于大规模织造装饰性或图案丰富的服装、地毯、小毯子、挂毯等。

(3) 古老埃及的麻织机

这种织造工具，水平经纱整个长度在两个经轴之间伸直，织轴支撑在地面的木柱上。通过一根简单的综棒，中心梭口被抬起。这种织造可以通过两人分别坐在织物的两头，同时提起和降下梭口来进行织造，如果布幅较小也可以由一个人完成。纬纱在梭口中用一个剑形打手完成打纬。

(4) 用管状或环形经纱织造

一种多用于带状织造的整经措施是在相同方向将经纱螺旋地绕在两根轴上，两轴间的距离取决于经纱的一半长度。两个织轴的类型可以水平放置，也可以竖直放置，如印度和叙利亚的地毯织机，但是也有三织轴的其他类型。这些结构的目的是延长经纱长度，而不是将其绕在一个可旋转的织轴上，那样可能导致伸长不匀，尤其是又重又长的经纱。

沙漠中的贝多因人所用的大黑帐篷，是用三织轴形成的管状经纱织造的。纺纱材料来自粗山羊毛。帐篷布一次成形，没有接缝，呈周长为 20 米的巨形环。帐篷的高取决于织机的宽度，接近 2 米。这种大尺寸的织物需要结实的织机结构，用沉重的石头将粗壮的木柱楔入地面，需要在户外进行加工。

(5) 经纱张力织机

挪威西部斯堪的纳维亚人将一款经纱张力织机称为 oppstadgogn，在一定程度上被世界接受。这种织机有一悬挂经纱的织轴，经纱被固定在织机底部，织轴支撑在斜靠墙壁的木柱上，柱子上也有支撑综棒的支撑物。梭口的改变通过以下方法实现：一部分经纱保持不动，另一部分经纱系到综棒上，可移动；当可移动的纱垂直悬挂时，形成平梭口；向前上方提升综棒，并放到支撑物中，形成张开梭口，这样可织平纹。

在这种织机上也可织 3/1 斜纹，这样经纱要分成 4 个，1 个经纱垂直悬挂（以形成综平梭口），其他 3 个经纱系到三根综棒上，通过交替提起这三根综棒，再利用综平梭口，可生成 3/1 斜纹。实际上，这种方法称作"三轴"（priskept）。

(6) 踏板或传动轴织机

普通的手动水平经纱织机的关键结构支撑着两个可转动的织轴：送经轴和卷布辊，还有一固定的胸梁，在胸梁前一般有供织工坐的座位。综框支架或滑轮固定在穿过上方的轴上，交替作用传动轴和综框。每一根综棒上，在两根木棒之间只有几根综丝。一根完整的综丝上有三个综眼，最小的综眼在中间，经纱穿过其中。踏板安装在底部，与传动轴相连。

这种织机的一个优点是可以织造更长的织物，非常长的经纱可以绕在经轴上，这是一种新的绕纱方式。经纱绕在经轴上后，纱线一根挨着一根地排列，穿过综眼。这种方法不限制经纱的合股根数，如在经纱受重织机中一样。因此不仅在波兰考古中发现许多2/1斜纹毛织物，在中世纪的纳维亚羊毛衫中也发现这种织物。

(7) 印度棉型织机和带踏板的相似织机

在匈牙利拉左烟村的考古挖掘中，发现的两间小房子中都有这类织机的遗迹，经考察研究可以追溯到17或18世纪。在地面上，有一专门为放置踏板和织工双脚而挖的坑。织工坐在地面上，可将双腿放进坑内，大腿上面的卷布辊托在嵌入地面的一对支撑物上。综框后面，长经纱穿过一纱线框（一种框架）连接到有一定距离的立柱上，立柱可通过不同的方法固定。如果在室内工作，支撑物也可以是屋顶。

3 机织工艺与织物组织

3.1 织物的基本分类

经纱和纬纱交织在一起，有三种基本形式，即平纹、斜纹和缎纹，被称作织物组织。它们的区别在于纬纱从织物的一边到另一边所与之交织的经纱数不同。

3.1.1 平纹工艺

平纹组织是最简单的机织物形式，由经纱和纬纱一隔一地浮沉交织而成。如果经纱和纬纱粗细相同，都均匀显示在织物表面，可织成匀称的纵横交错的织物。通过改变经纱的颜色，可以织出纵向条纹图案；通过改变纬纱的颜色，可以织出横条纹图案；如果经纱和纬纱的颜色均改变，就可以织出格子图案。

由于平纹组织具有最易织造、质地最为牢固、外观最为平整的功能，可为印花染色或刺绣提供理想的表面，易于裁剪和缝纫等特点而被广泛应用。只要有织机，人们就可以织造平纹织物。但是特定的织物会产生与众不同的质地，例如起源于伊拉克摩苏尔的棉质薄型平纹细布或源于印度卡利卡特的结实白布。

3.1.2 斜纹工艺

在斜纹中，经纱两下一上与纬纱进行循环交织。这种交错交织的方法能够得到斜线的纹理效果，经纬交错的程度会影响斜纹倾斜的程度。通过仔细的设计排列，可以织出一些变化的斜纹，如山形斜纹、菱形斜纹、人字形斜纹。

斜纹织物厚而结实，是室外用布和工作服的理想选择。例如，产自外赫布里底群岛海力斯岛的结实的粗花呢，被苏格兰高地的居民用来制作短裙、披肩、毯子的苏格兰格子呢，1849年在美国加利福尼亚出现淘金热时期首次被用来制作工作服的棉质牛仔布，都是由斜纹工艺织造而成的。

3.1.3 缎纹工艺

缎纹组织相对平纹组织和斜纹组织要松散一些。引纬时，以经纱一下四上或四上一下为组织规律。这样织成的织物就具有一面几乎完全显示经纱，另一面完全显示纬纱的布面效果，因此织物质地光滑，尤其当经纱为丝或黏胶纤维时，效果更为明显。出于强力和经济方面的考虑，纬纱一般选用棉纤维。

由于缎纹织物具有良好的光泽和光滑的质地，在欧洲和亚洲均被广泛用于女式衬衫、裙子、睡衣等，例如土耳其的丝盖棉条子缎，叙利亚和印度的丝经棉纬奢华缎织物。

3.2 经面织物的织造工艺

经面织物就是用经纱把纬纱遮盖住，所有图案花纹都是通过经纱显现出来。织造经面织物需要在经纱上机前预先设计好纹样，色纱排列的间隔变化决定了条纹的宽度和频率，为确保经纱显花，必须使经纱排列密度或线密度大于纬纱。要想织造更为复杂的花纹图案，则必须周期性地出现一些经浮长线或纬浮长线，类似于缎纹组织。

3.3 纬面织物的织造工艺

纬面织物与经面织物的织造工艺是相反的。纬纱的排列密度或线密度大于经纱，所以纬纱占主导地位并遮盖住经纱，同时显现出花纹图案。对于纬面织物，纬纱必须明显粗于经纱，或比经纱排列更为密集。

3.4 花缎工艺

花缎为本色显花织物，通常由一种颜色的丝或亚麻织成。花缎织物基本上为缎纹织物，有时也会用斜纹。在织造花纹时，往往会有很多柔滑的经浮长线。当织到地组织处时，在织物反面会出现经浮长线，这样织成的织物正面经纱显花，花纹方向为纵向，反面纬纱显花，花纹方向为横向。当光照到纵横交错的织物上时，不同方向的纱线对光的反射不同，随着织物位置的改变，光的照射角度也会改变，从而使织物看起来光芒闪烁。

率先使用多页综框手工提花织机的是中国人，这种织机能够在多个织工的配合下实现对每根经纱的单独控制，从而织造出非常复杂的花纹。丝织花缎是一种富有魅力的服装面料。在欧洲，亚麻花缎一直以来都是桌布和餐巾的经典之选。经纬纱选用不同的纱线织成的花缎则多用来做窗帘和装饰布。

3.5 特加经纱工艺

在织造过程中，按次序提起特加经纱，能够形成浮点斜纹。特加经纱被提起后显现在织物表面，在不提起的组织点处就会藏在织物反面而形成浮长线。织造带有特加经纱的织物时，经纱张力不易控制，需不断地调节经纱与特加经纱，使之张力均匀一致。世界上仅在少数地区生产特加经纱织物，以印尼东部尤其是巴厘岛、帝汶岛、摩鹿加群岛、松巴岛较为普遍，其中松巴岛织造的特加经纱织物最为流行。

3.6 特加纬纱工艺

在织造过程中引入特加纬纱，以另一种方式装饰普通织物。与特加经纱一样，这些特加纬纱只是起装饰作用，并不是组织结构中的必要部分。特加纬纱通常与地纬颜色不同但比地纬要粗。连续的特加纬纱就是按组织规律从织物的一边到另一边进行连续织造。要想织造出花纹，特加纬纱必须以浮长线的形式位于织物表面或背面，这称为纬浮长织物。当特加纬纱不显露在织物表面时，浮长线位于织物反面周期性地与地组织交织，使组织结构更为完整。

为了达到不同的效果，可以将纬纱嵌入织物内部，这需要在织造地组织时嵌入特加纬纱。由于没有了浮长线，所以这种花纹效果更巧妙，同时也因不易钩丝而增加了强力。带有装饰性非连续特加纬纱的织物在世界各地都有制造，通常与连续特加纬纱联合使用。嵌入式纬纱一般是非洲西部阿善堤地区的人和加纳埃维人在织造带有动物或其他动态图案的织物时使用。

3.7 拼块织物工艺

对于幅宽过大而无法在织机上织造的织物，通常会把两块织物缝在一起，这就是拼接法。例如，阿富汗的拼块毯和印尼松巴岛的披风。有些地区的纺织品是由许多块、条、带织物缝在一起制成的。除了乌兹别克斯坦的马鞍毯外，在非洲西部几乎处处可见拼块织物，最著名的要数加纳花布，其纹样多变且有着独特的外观。这种效果得益于经纬面织物的交替使用，在经面织物部分，各种颜色的经纱显示出竖直条纹，而在纬面织物部分，则显示的是横条纹。

在双综织机上可以织造非常长的带织物，其宽度从1.2米到3.0米不等，人们把这些织物剪成更窄的条带然后再缝在一起。在马里，地毯是用羊毛织造的，而棉纱或人造丝经常被用来织造男士宽外袍或更小一点的女士服装面料。

3.8 双层织物工艺

双层织物是采用特殊工艺织造的，它具有完全不同的正反面。所谓的正面和反面是两个单独层，一层在另一层的上面，这两层的纱线会按组织规律进行相间排列或交织，以便把两层织物连在一起同时织出图案。

在一台织机上，有两个独立系统的经纱分别形成上下层，如果纬纱也有两个独立系统并分别与两层经纱进行交织，则形成的就是双层织物；如果仅一组纬纱与两个系统的经纱交织，则形成管状织物。双层织物的织造需要四页或四页以上的综片才能保证经纱能够周期性地进行上下位置的交替，从而使两层织物交换位置。由于这两层织物是由不同材料或颜色的纱线织成的，所以织物的每一面都有花纹图案。双层织物多为暖和厚实的毛织物，因此多在寒冷季节用来做披肩、毯子、被单等。

双层织物的织造在欧洲很普遍，例如苏格兰、西班牙、德国、波兰、意大利。在威尔士，传统地毯织造业至今仍十分繁荣。秘鲁中部的考古发掘表明，该地区在公元1000年到

1476 年期间的双层织物织造业十分繁荣。厄瓜多尔的艾马拉地区,以及玻利维亚、秘鲁等国至今仍在织造双层的带子。

3.9 天鹅绒工艺

天鹅绒是一种奢华的织物,表面布满了绒毛,习惯上称为绒毛的丝织物。绒头在织物表面均匀分布的为素色天鹅绒,绒头按一定花纹图案分布于织物表面的为花式天鹅绒。绒头很长的即为长毛绒织物,绒头有长有短的即为高低绒毛织物。天鹅绒织物通常有许多种颜色,并印、绘着美丽的图案。

天鹅绒上独特的绒毛是通过在绒经提起时把带有沟槽的金属杆像引入纬纱一样织入织物产生的。当织到足够的长度,能够确保绒经已经被固定住时,用锋利的割绒刀从起绒杆的沟槽处进行割绒,从而形成密集的绒毛,然后抽出起绒杆。有时部分绒圈会保持圈状不进行割绒,这样就形成了一种粗糙的效果,或者是形成绒毛和绒圈组成的花纹图案。

4 刺绣、花边与针织

4.1 刺绣

人们曾经常在羊皮纸或树皮上进行刺绣。19 世纪以前的刺绣是由手工完成的,之后开始采用机器操作。现存最早的刺绣是在埃及图特摩斯三世(前 1412—前 1364 年)和图坦卡门(前 1334—前 1325 年)的陵墓里发现的,但刺绣的真正起源可能更早。刺绣在中国的发展也有较长的历史,在考古遗址中发现的刺绣丝绸和薄纱可以追溯到公元前 4 世纪。

虽然现代刺绣工人刺绣时不需要图案模板,但传统上,在下针刺绣前需要认真地设计图案。图案一般可直接画在底布上,更为常见的是先把图案画在纸上,然后从纸上再移到刺绣底布上。

图 1-1 所示为刺绣平纹细布方巾一角,产于 18 世纪英国,方巾上有用抽线刺绣和暗花绣花法刺绣的花卉和叶子图案以及各种填充物。

图 1-1 刺绣平纹细布方巾一角

4.2 花边

从根本上讲,很难给花边下一个确切的定义。花边是一种透孔织物,它不是通过纺织,而是用一根织针或一组纱管将线进行打环、编织或加捻编织而成的,要么用织针织成,要么用纱管织成。有许多网状织物,如透花网眼纱或方网眼花边,传统上都归为花边一类。还有一些技术,如针织、钩织、网织和装饰钩编技术,被用来生产类似于花边的透孔织物,但这些透孔织物通常不归入花边一类。

图1-2所示为金丝梭结花边,产自17世纪。金银梭结花边在17世纪前25年盛极一时,当时主要用来做男性膝盖上的饰带和鞋子上的玫瑰花结。

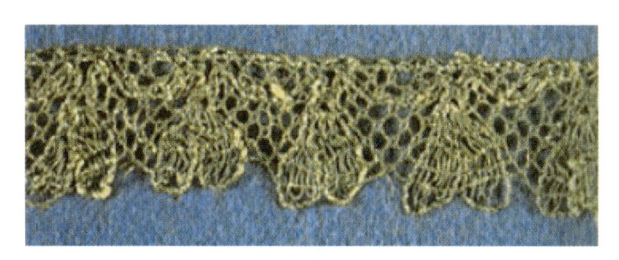

图 1-2 金丝梭结花边

针绣花边源自透孔刺绣,织造时首先要在羊皮纸上画出图案,然后用针迹勾勒出花纹轮廓,或用贴线缝绣法绣出图案轮廓,或在图案里用锁眼针法织造的环圈物,以形成实心或装饰区。使线的前一排和后一排相互支撑、相互连接,成为一个整体。通过把成捆的线连成特定的形状缝在底布上,再用锁眼针迹遮盖住,就会增加图案的立体效果。当图案区完成时,背景区可用相互连接的细小的绣花边来填充,有时也可装饰一些小星星(称为饰边小环),还可用锁眼针法织成的纱网底来做背景。

梭结花边不同于针绣花边,针绣花边一次只用一根线,而梭结花边是由许多不同的线各自缠绕在自己的纱管上编织而成的。与针绣花边一样,梭结花边也是先做在一张羊皮纸板上,但图案不是画出的,而是由针扎出的孔构成。编织时,先用大头针穿过扎出的孔来固定针脚,每做完一块针绣花边就把大头针取掉,这样花边就不会变形。

图1-3所示为威尼斯提花花边,产自17世纪晚期。这是由威尼斯生产的质地厚实的立体花边,非常适合用来装饰当时精美的巴洛克服饰。

图 1-3 威尼斯提花花边

所有梭结花边都是由四根线两次交织而成的。四个纱管分为两对,首先将一对纱管做Z形交叉,然后将中间的一对纱管做S形交叉。通过控制Z形和S形交叉的次数以及纱管的数量,就可编织出不同形状的梭结花边。梭结花边既可通过连续不断的编织法来编织一种花样图案(直线花边),也可分别编织多种花样图案(局部花边),然后再把这些图案用短线或网眼连在一起。

4.3 针织

针织织物是通过连续输送的纱线编织而成的一种环形织物,但是如果用不同颜色的纱线进行针织,或用不同质量的纱线进行钩编,不同颜色或不同质量的纱线之间就会明显隔开。

1500年以后,在欧洲,做礼拜用的针织手套已经比较普遍。十七八世纪,手工针织制造作为女性消遣的一种方式曾盛极一时。1589年,威廉姆·李发明了用于织造长袜的针织机。但直到几百年后针织机才实现了压花针织技术和针织织品款式的多样化。17世纪晚期和18世纪早期,针织机曾被用来织造织锦、丝绸及针织夹克。

图1-4所示为法老时代后期网眼织物锥形毛毡,出土于5～7世纪的埃及,仿制品于1989年由科比·瑞金德斯·巴斯夫人制作。图1-5所示为采用交环针织法编织的儿童短袜,产于2世纪埃及的俄西林古。图1-6所示为朱迪思·达菲的"披着狼衣的绵羊",诞生于1986年。虽然仍旧以衣服的形状为基础,但却是现代针织机"雕塑"的新颖作品。

图1-4 法老时代后期网眼织物锥形毛毡

图1-5 交环针织法编织的儿童短袜

图1-6 披着狼衣的绵羊

针织织物具有伸缩性,能隔热且不易起皱,所以在20世纪的西方国家被广泛用来制作便装和运动装。到20世纪60年代晚期针织织物倍受推崇,当时纱线类型的多样化为织工提供了无限的织造机会。

5 编网、打结和钩编

编网技术早于编织和捻绳,是一项很古老的编织技术。编网织物发现于新石器时代的遗址中,据推测当时可能被用来制作渔网、头巾及帽子。

打结技术是用一个小梭子在细丝、亚麻线、丝线或毛线上间隔打结,这样便可以在底布上编织出各种图案,这些图案甚至可以完全遮盖底布。

钩编织造的织物是一种环形织物,出现在18世纪末的英国,在维多利亚时期各种现代钩编针法得

图1-7 钩编罩布的细部

到了蓬勃发展。与针织织物类似,钩编也是用一条连续不断的线横向地钩出一排排图案,但钩编环圈既有水平方向的固定又有垂直方向的固定。如图1-7所示的钩编罩布的细部,1900—1910年产于英国。

6 毛毡和树皮纤维布

毛毡和树皮纤维布直接通过压缩纤维制成,不涉及任何编织和加捻技术。

6.1 毛毡

毛毡作为最早的纺织方式之一,在中东和中亚占有更重要的地位,至今仍在世界各地广泛使用。

从中亚大草原的巴泽雷克墓葬(5世纪)中出土的两件精美毛毡地毯和几件毛毡残片,向人们展示了当时高度发达的毛毡制作技术以及多样化的毛毡设计图案和制作技巧。虽然毛毡的外表不是很好看,作为衣物用时其质感也不是很柔软,但它舒展、贴身和隔热的特点使其特别适合制作严寒地区使用的衣物和帐篷。另外,毛毡制作技术在西欧的制帽工业中也得到广泛应用。

图1-8所示为菱纹麦尔登呢毡帽,由希瑟·贝尔切制作,1991年产于英国。

毛毡本身的图案并不是很好看,但它可以通过多种方法进行装饰。在进行最后的蒸压前,把不同颜色的毛线添加到毛毡板表面就可创造出图案;另外,可将图案粉刷或印刷在制好的毛毡上面,或者将一块块不同颜色的毛毡缝贴在毛毡上面(贴花),也可以将许多小块毛毡缝在一起形成马赛克图案。

图1-8 菱纹麦尔登呢毡帽

6.2 树皮纤维布

树皮纤维布产于非洲、南美和南太平洋地区,但是该技术在印度尼西亚达到了很高的水平。塔帕纤维布最初只是在某群岛用来说明树皮纤维布,后来逐渐开始泛指所有的树皮纤维布。生产树皮纤维布所使用的最重要的材料是构树、面包树和无花果树的皮,这三种树都属于桑科,其中构树树皮纤维制作的衣物质量最好。图1-9所示

图1-9 塔帕纤维布细部

为塔帕纤维布细部，19 世纪晚期产于波利尼西亚。

将树皮剥下，在水中浸泡数天使其柔软，刮掉粗糙外层，将柔软的内层树皮完全浸入水中，在砧板上用木槌连续敲打，形成一片片很薄的树皮纤维布。在木砧或木槌上刻上小图案就可以在布料上形成水印图案，图案也可以画在上面，或者用硬木模具或竹模具将图案印在上面。整块树皮纤堆布可以用当地染料厂生产的染料进行上色，颜色包括棕色、黄色和黑色以及许多种不同深暗度色调的红色和褐色。

7 印染

7.1 染色

7.1.1 植物与生物染料染色

早在 4500 多年前的黄帝时期，人们就能够利用植物的汁液进行染色。当时的人们使用的都是天然染料，主要利用的是植物的汁液，有的也使用昆虫的血液进行染色。使用天然的植物染料给纺织品上色的方法，也称为草木染。新石器时期的人们在应用矿物颜料的同时，也开始使用天然的植物染料。人们发现，漫山遍野的花果的根、茎、叶、皮都可以用温水浸渍来提取染液。经过反复实践，我国古代人民终于掌握了一套使用该种染料染色的技术。东汉的《说文解字》中有 39 种色彩名称，明代的《天工开物》和《天水冰山录》中则记载了 57 种色彩名称，到了清代的《雪宦绣谱》已出现各类色彩名称共计 704 种。

中国古代使用的主要植物染料有：红色类的茜草、红花、苏枋，黄色类的荩草、栀子、姜金和槐米，蓝色类的鼠李，黑色类的皂斗和乌桕等，它们经由媒染、拼色和套染等技术，可变化出无穷的色彩。

红花（又名红蓝草）可直接在纤维上染色，故在红色染料中占有极为重要的地位。根据现代科学分析，红花中含有黄色和红色两种色素，其中黄色素溶于水和酸性溶液，无染料价值；而红色素易溶解于碱性水溶液，在中性或弱酸性溶液中可产生沉淀，形成鲜红的色淀。

靛蓝是一种具有三千多年历史的还原染料。战国时期荀况的千古名句"青，出于蓝而胜于蓝"就源于当时的染蓝技术。这里的"青"是指青色，"蓝"则指制取靛蓝的蓝草。古人的造靛方法如下：先将刈蓝倒竖于坑中，加水过滤，将滤液置于瓮中，按比例加入石灰，再用木棍急剧击水，加快溶解于水中的靛甙与空中氧气的接触，使之氧化成为靛蓝，沉淀后将水除去，等靛蓝的水分完全蒸发，则可将其盛到容器内，制成蓝靛。这种造靛和染色技术，与现代合成靛蓝染色的机理是完全一致的。

此外，软体动物的分泌物可作为紫红色贝类染料，将其浸入盐水直接涂抹到纱线上进行染色；原产于地中海东部地区和远东地区的苔色素可作为一种直接染料（通常被认为是"基础色调"或"中性色调"），再加入一定的碱或少量的碳酸盐如苏打水能够快速地在动物纤维上着色；姜黄粉（原产于印度和东方）及红花染料（原产于亚洲南部和东印度群岛）与棉花、亚麻和丝绸有直接的亲和力，常被用作它们的橙黄色染料。

植物用水溶液浸泡、研磨或发酵、加热或煮沸前处理，是染色的基本要求。其中有三个步骤必不可少：第一，必须通过发酵提取染料的染色质；第二，纤维必须吸收染料；

第三，纤维必须保留住染色质。从根、树皮、叶、花和昆虫中提取的染料可分为不溶性染料、媒介染料和直接染料，这个简单的分类隐藏着很大的复杂性。染色往往需要先进行复杂的预处理，再经过后着色。动物纤维是由蛋白质组成的，它们接受大多数酸性染料。而植物纤维是由纤维素组成的，染色较困难，它们必须在酸性条件下才能染色，但如果酸性太强会损伤纤维，因此需要考虑染料与纤维的适应性。

7.1.2 矿物染料染色

人类最早用于着色的颜料是红色的赤铁矿和黑色的磁铁矿等矿物质。这些五颜六色的石块很容易从自然界取得，不需经过复杂的处理就可使用。

铁在地球上是以彩色氧化铁的形式（赭石）存在的，赭石可作为永久性的植物纤维染色剂，甚至在今天的亚马逊盆地和非洲中部的植物纤维中也能发现，在法国的多尔多涅河和山谷中发现许多洞穴壁画使用的黄色品种颜料证明了赭石的古老和持久（公元前40000年）。

人们通常把这种利用各种矿物颜料给服装着色的石染方法称为矿物染。矿物染的最早记载出现于商周时期，战国时期的古书《尚书·禹贡》中就有关于黑土、白土、赤土、青土、黄土的记载，说明那时的人们已对具有不同天然色彩的矿物和土壤有所认识。中国古代的主要矿物颜料有：红色的赤铁矿和朱砂（HgS）、黄色的石黄（雄黄和雌黄）、绿色的空青、蓝色的石青、白色的胡粉和蜃灰、黑色的炭黑。

朱砂古时称作"丹"，其主要化学成分为硫化汞（HgS），主要产于我国湖南、贵州、四川等地。用这种染料染成的红色非常纯正、鲜艳。1972年，长沙马王堆汉墓出土的大批彩绘印花丝织品中，有不少花纹就是用朱砂绘制成的，这些朱砂颗粒研磨得又细又匀，埋葬时间虽长达两千多年，但织物的色泽依然鲜艳无比，可见西汉时期炼制和使用朱砂的技术水平是相当高超的。东汉之后，为寻求长生不老丹而兴起的炼丹术，使中国人提高了对无机化学的认识，并逐渐开始运用化学方法生产朱砂。为与天然朱砂区别，古时的人们将人造的硫化汞称为银朱或紫粉霜。其主要原料为硫磺和水银（汞），是在特制的容器里按一定的火候提炼而成的，这是中国最早采用化学方法炼制的染料。人造朱砂还是我国古代重要的外销产品，曾远销日本等国。

7.1.3 扎染

已发现的传统扎染纺织品分布在拉丁美洲东部、高加索、非洲和整个亚洲。在20世纪60年代，这种技术传到了西方国家，扎染服装成为北美旧金山嬉皮士的流行服饰。

扎染是使用针线将布料缝合起来染色后再拆除，这样可以防止染料到达布料的某些部分。这种技术在印度尼西亚被称为特里克（tritik），在尼日利亚被称为阿迪乐阿拉伯来（adire alabere）。该技术在日本、印度尼西亚、塞尔加内、马里、冈比亚、塞拉利昂、布基纳法索、尼日利亚和喀麦隆等西非国家普遍使用。

7.1.4 蜡染

(1) 尼日利亚蜡染

最早的模板可以追溯到19世纪晚期，是从茶叶箱和其他容器的铁皮衬上剪下来的。首先，将一块金属薄片切成长方形，通常是12厘米×8厘米，并将所需的图案切割或打孔。然后，把要印的布被平钉固定在桌子上，标模板牢牢地压放在布料上，再将木薯淀粉涂在模板，再用金属刮板刮印防染浆料。

（2）日本蜡染

在日本工艺的中心三重县的谢罗科（Shiroko）和吉克（jike）小镇，模板防染或称 katazome 被认为是从铁皮网演变过来的。在日本的中世纪时期蜡染制品主要用于装饰盔甲和皮革，但现在广泛用于装饰服装和家纺。

（3）中国蜡染

最古老的蜡染材料可以追溯到公元 6 世纪的中国，如今手工蜡染的传统在中国西南的山区少数民族仍然盛行，它被称为蜡刀技术。蜡刀由两片或多片小三角铜叶组成，一端缚在竹柄上，中间有一定的空间容纳少量的熔融蜡。

一般将新的蜂蜡与从之前染色收集的蜂蜡混合在一起使用，回收蜂蜡保留有一些蓝色使画的图案更明显。将蜡刀浸入蜡后，斜握着放在一块固定在纸板上的光滑棉布或麻布上画蜡。蜡刀上的蜡从底部边缘滴到布料上，形成几何图案或花型，然后将上蜡的布料置于靛蓝染料中染色，以防止蜡熔化。染色后，通过煮沸去除蜡质，就会在蓝色的背景上形成白色的图案。

蜡刀上的铜叶数量决定了蜡的容量。铜叶越多，蜡的储存量就越大，画出的线就越粗，图案就越完整。蜡刀系列中多叶刀用于画不同宽度的线，特殊刀用于画边线、点线、交叉线条。

（4）其他地区蜡染

同样，在印度和泰国的山地部落中也使用蜡染方法。在染色前使用防蜡剂以形成负片图案是爪哇语蜡染一词最常提及的。蜡染工艺在印度、斯里兰卡、中国、土耳其斯坦以及东南亚和非洲都有应用，但在爪哇岛的印度尼西亚，蜡染工艺达到了极致，其精细程度是其他地区的蜡染工艺无法媲美的。

蜡染的起源尚不清楚，但可以肯定的是，爪哇人发明的斜蜡染工具使最精细的手工蜡染得以生产。手工蜡染以其独特的工艺而闻名于世。卡听壶（canting）由一根木柄嵌入一只小型铜储罐，带有一个或多个喷嘴。将其浸入装有熔融蜡的碗中，使其保持恒温，将 canting 从蜡碗中取出，然后在一块精制棉布的表面画蜡。织物一面涂蜡完成后再涂画另一面。蜡染的完成包括一系列的上蜡，然后上色，上蜡布料的未染色部位，再脱去部分蜡，然后再上色。所需的配方越复杂，工艺越繁琐。最后用清水煮沸除去蜡质。

7.2 凸纹印花

凸纹印花主要有三种方法，分别采用模板、刻花辊筒和筛网来完成，其中手工模板印花最为古老。尽管 17 世纪以前西方几乎还不了解印花布，但在中世纪欧洲就已经开始用模板直接在亚麻布上印花了，这项技术很可能是罗马时期从亚洲引进的。不管这项技术的起源地是波斯还是埃及，其最终在印度发展成为一门伟大的手工艺术。

7.2.1 模板印花

在手工模板印花中，需在木板上刻出一些突出的图案，或者用钉子把铜或黄铜条钉到木板上以达到线条精细和点刻的效果。模板面积一般不会超过 46 平方厘米，厚度不超过 6 厘米，因为面积过大模板就会很重，不便于染工操作。染缸放在印染桌旁的栏杆上，模板一旦在染缸里染上颜色后，染工就将它紧紧地按压在摊开的布料上，并用木槌在上面用力地敲打，这个动作要重复多次直至印完整块布料。钉在模板四角上的钉子用来把模板准确地固定在要印染的图案上，使布匹的图案色彩能与模板上的图案色彩完全吻合。每种颜色都需要一块单独的模板，而且必须要等前面印染的颜色干了之后才能再印染其他颜色。手工模板印花是一项耗时耗力的劳动，因而不能用于大规模生产，但却能产生绝佳的印染效果。这种技术作为一项手工艺术一直被沿用到 20 世纪，主要用来生产长度较短的装饰织物。图 1-10 所示为白棉布上的手工模板印花，出自 1754 年约翰·布罗的《新艺术与科学通用词典》。

图 1-10 白棉布上的手工模板印花

7.2.2 刻花辊筒印花

刻纹铜版印染技术只在 18 世纪下半叶短暂流行，这种凹雕技术与蚀刻相关联，它能使精美的图案从手刻的铜版上印染到布料上，这些铜版为 30～91 平方厘米。与木版印花相比，刻纹铜版印染可以染制更大、更精美的图案，但刻纹铜版印染法却很难印染多种颜色，因为手刻铜版的图案十分精细，染色时手刻铜版的图案很难做到与布匹上的图案完全吻合。在 1760—1800 年间这项技术被用来生产出了第一件精美的印花纺织品。

如 1-11 所示为使用刻纹铜辊筒进行棉布印花，出自 1835 年爱德华·贝恩斯的《大英帝国棉制品生产史》。

图 1-11 刻纹铜辊筒棉布印花

从某种意义上说，辊筒或滚轴印花是由铜版印花发展而来的。因为辊筒也是用同样的方法雕刻而成的，两者之间的主要不同点在于辊筒的圆周一般不会超过 76 厘米，甚至更小。

辊筒印染第一次实现了完全机械化，可同时印染一整块布。第一台辊筒印花机是由苏格兰人托马斯·贝尔于 1783 年发明的，并于 1800 年前作为铜版印花的替换品来印染织物图案。辊筒印花机使整个纺织业发生了翻天覆地的变化，它能够代替 40 个手工模板印花工的工作，并且在一天内就能印染 5000～20000 米布，大大提高了生产效率。在 20 世纪 60 年代，虽然筛网印花机在很大程度上取代了辊筒印花机，但随着技术的不断改进，辊筒印花机至今仍然一直为织工所使用。

7.2.3 筛网印花

筛网印花是在模板印花技术的基础上发展起来的一种印花法。模板印花在远东，特别是在日本有着悠久的历史。20 世纪 20—30 年代间，模板印花被引入欧洲进行商业化印染生产时，起初也只是手工操作。筛网印花机的网筛是一个较浅的托盘，上面盖有尼龙或涤纶薄纱（丝绸）。筛网印花的流程是：首先把一种专门的涂料涂抹在布料上不需要染色的区域（现在商业生产中采用光化作用技术），然后用带有橡胶边的楔状压浆辊给染料加压，使染料被迫穿过筛网，落在布面的准备上色的图案区域，这样就可以印制出图案了。与模板及辊筒印染一样，每种颜色都需要单独的筛网，但对筛网的大小及数量没有限制，完全按照实际应用中的需要而定。每印染完一次，筛网就会抬高，并沿印染桌移动，准备下一次的印染工作。

筛网印花法具有凸纹印花法的优点，且几乎没有缺点，一个筛网配上木版或铜版便可反复使用。筛网印花的成本相对低廉，因此可帮助生产商对花样款式的流行变化做出快速反应，而不用冒太大的资金风险，同时筛网印花产品亦可以与辊筒印花产品相媲美。

7.2.4 平网印花和圆网印花

平网印花的自动化始于 19 世纪 50 年代中期，它的印染流程不是通过筛网的移动而是通过织物在每种颜色的筛网下移动来进行印染的。圆网印花于 20 世纪 60 年代中期在欧洲及美国普遍使用，它大大提高了印花速度及效率。图 1-12 为荷兰斯托克公司制造的现代圆网印花机。不同于平网印花，圆网印花用钻孔精细的柱形镍网取代了平网，染料从里面的空管被引入到筛网上。圆网印花的速度比平网印花快一倍，但与平网印花一样，都是让织物在筛网下移动进行印染。

图 1-12　现代圆网印花机

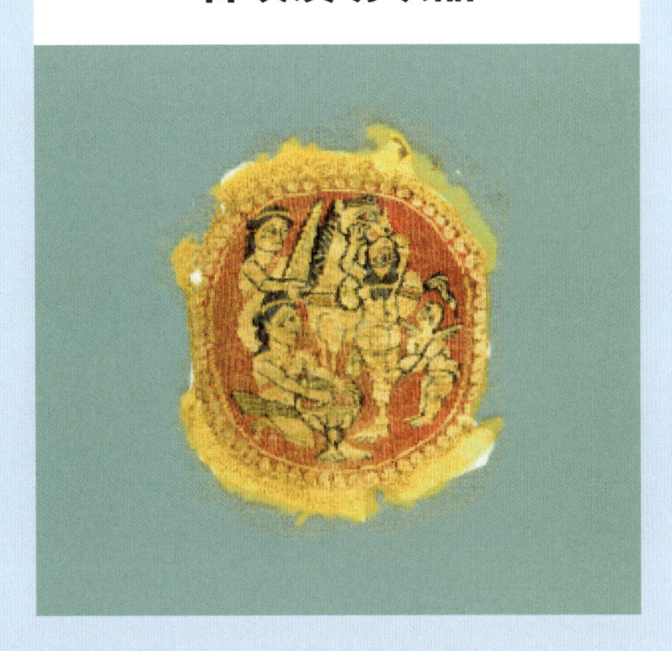

第 2 章
古埃及纺织品

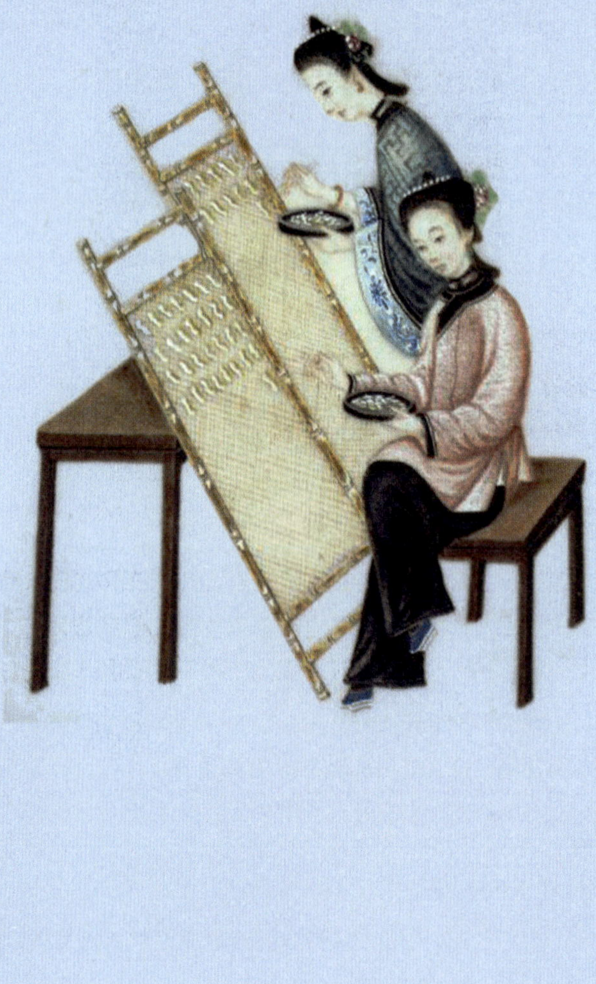

早在公元前 6000 年，古埃及的织造艺术就已达到极高的水平。从那些由亚麻织成的古埃及纺织品中，可以看出古埃及织工的精湛技艺，这些纺织品足以与中国的丝绸、印度的麻纱相媲美。令人惊叹的是，他们用于纺纱和织造的纺锤和织机在如今看来是非常原始的工具。而用于织造的原料种类也相当丰富，如粗帆布、包裹木乃伊的半细布和精美的细麻布等。

在整个古埃及时代，纺织品的发展并不是闭门造车，曾受到许多外来文化的影响。波斯王朝、托勒密王朝和罗马帝国的文化对古埃及纺织品的发展都有着显著的影响，其中后两者的影响最为明显和深远。

1 古埃及纺织技术的发展

考古发现，在公元前 7000—4500 年的新石器时代，古埃及就已经出现石纺轮和陶纺轮，这表明古埃及人已能纺纱和使用简易的水平织机织布。

在从公元前 3100 年开始的长达三千年的法老时期，麻是古埃及人的主要纺织原料，麻纺织业得到初步发展。

古王国时期（第 3 到 6 王朝，前 2686—前 2181 年）的古埃及进入金字塔时代，木乃伊的制作进入高峰期，作为用来制作木乃伊的原料，麻纺织业得到进一步发展。

中王国时期（第 11 至 12 王朝，前 2133—前 1786 年）的古埃及已经存在纺织作坊，主要使用圆纺轮和水平织机进行麻织物的生产。除服用外，麻布还开始大量用于室内用品和制作木乃伊。麻纺织业已经成为具有重要社会地位的支柱产业。

在新王国时期（第 18 至 20 王朝，前 1567—前 1085 年），也就是青铜时代全盛期，古埃及人发起了大规模的对外侵略。外来奴隶大量涌入古埃及的纺织行业，引进了不同国家精湛的纺织技艺，如在什班（Thebain），第 18 王朝国王图特摩斯四世（Thoumosis IV）的墓中出土了埃及最早的壁挂毯，其纹样具有明显的叙利亚风格。可织制门幅较宽织物的竖机（包括悬式纺锭和立式织机）也开始出现，麻纺织业在这个时期得到了很大的发展。

公元前 332 年，古埃及进入西方统治时期。这一时期，通经断纬的缂织技术被引入古埃及，古埃及人将其发扬光大，在此基础上开发出了精湛的科普特织造技术。

2 埃及纺织品

2.1 伊斯兰统治时期的埃及纺织品

阿拉伯人在 7 世纪占领了埃及，埃及进入伊斯兰统治时期。埃及的建筑、艺术和手工业在这一时期得到了快速发展。

埃及的开罗，因其能够生产精美的纺织品而出名。在法蒂玛时期（910—1171 年），纺织技术达到了那时的巅峰水平。哈木兹（953—975 年）曾有一条挂毯，用精湛的纺织技术展现了他所统治地域的大山、河流、马路和城市，甚至用丝线、银线或金线织出了每个乡村的名字。杜姆亚特（Damiette）、杜比克（Dabik）、杜美亚斯（Domairash）和图内（Tuneh）织造的织物上生动地描绘了宴会、舞蹈、狩猎甚至战争的画面。大旅行家伊本·白图泰（1304—1377年）赞美过本内沙（Behnessa）的羊毛服装。

埃及的廷尼斯因彩色亚麻纱而闻名，当地可以用金线制作服装。另外还织造一种叫作巴克莱姆（Bukalemum）的织物，其颜色会随着光线而变化。

法蒂玛时期丝绸长袍（图2-1）十分普遍，法国的巴黎圣母院收藏了法国国王圣路易（1226—1270年）从巴勒斯坦带回的丝绸文物，其中一个藏品上面有长耳兔、带着枝叶的花以及鸭子的组合图案。另一个藏品圣安妮的面纱，是一块金银绸缎的平纹细布，上面详细织就了阿拉伯文字、狗、鹦鹉、斯芬克斯以及花环团，织物的颜色为金色，图案颜色包含蓝色、粉色、绿色和黑色。

图 2-1 古埃及女子（左）和男子（右）的长袍

2.2 古埃及挂毯的编织

挂毯上编织的图案与绘画的艺术能在一定程度上体现国家的文明程度。这些早期的挂毯本是用来遮阳避寒的，后渐渐形成了其独特的风格。最早带有图案的挂毯可以追溯到东方，然后传到了西方。

古埃及出土的最古老的一件挂毯可以追溯到公元前1400年。它是什特莫西（Thotmosis）国王坟墓里出土的由亚麻制成的挂毡，上面有各种颜色的图案，如今被收藏在开罗博物馆。在这家博物馆还保存了一些古埃及挂毯的残片，距今已有3000年的历史，但其亮丽的色彩依旧让人惊艳。

科普特（Copt）在希腊语中原先是指埃及人的意思。1世纪末，基督教传入古埃及，科普特开始被专指是信仰基督教的埃及人。科普特人在传承古埃及纺织技术的同时，发展并开发了新的纺织技术。科普特织物可以说是古代埃及织物中最为丰富、最具特色的织物，通常由亚麻作经线、羊毛为纬线交织而成，他们使用彩色的羊毛和未染色的亚麻纱线织造成挂毯，将表观亮丽的羊毛引入纯天然亚麻布的织造，通过彩绘的图案为亚麻布增色。

古埃及人早期制作挂毯时的图案不是在织造过程中依靠经纬纱的交替穿梭形成的，而是借助工具绣在成型的亚麻织物上。科普特后期，古埃及人开始采用经纬纱交替穿梭的技术，将一簇簇彩色的羊毛缠在经纱上，并用纬纱来固定位置，在织造挂毯的同时将图案展现在挂毯上。

图 2-2 是来自公元 5 世纪古埃及的一件科普特挂毯织物，现收藏于克里夫兰艺术博物馆，整幅画面呈紫色调，描述的是一个神话场景，穿着束腰外衣的大力神（左）手拿一棍棒，肩膀上披着由狮子皮做的坚固盔甲，他的同伴伊奥劳斯（Iolaus）（右）在一旁帮大力神拿着弓和剑鞘。用显微镜观察分析可知，织物表面图案和卷曲的线条是通过另加纬线织就的，未经染色的亚麻包裹在由深紫色羊毛织造的区域中，同时织物采用平纹地组织。图 2-3 是织造于 7—8 世纪的挂毯织物，图案以喂马为题材，素材完全源于生活。

图 2-2 挂毯织物

图 2-3 挂毯织物

2.3 古埃及纺织印染技术

作为四大文明古国之一，古埃及的印染文化对于后世印染的发展产生了深远的影响。时至今日，时尚界仍然可以从中汲取无尽的灵感。

埃及早期染织原料以麻和羊毛为主，但也发现同时期的某些亚麻布有被茜草染色的痕迹。亚麻蜡染纺织品是古埃及社会宗教生活中不可缺少的纺织品种之一。古代埃及的羊毛主要用于地毯、挂毯和帐篷的编织，如图 2-4 至 2-7 所示。

图 2-4 机织挂毯（3 世纪）

图 2-5 挂毯（6—7 世纪）

图 2-6 挂毯装饰（7—8 世纪）　　　　　　图 2-7 围巾残片（4—5 世纪）

埃及人最早用编筐的方式来制作地毯，根据颜色、花纹的需要来接结，这些花纹体现着原始纯粹的想象力。从图 2-4 至图 2-7 中的挂毯织物可发现，埃及的挂毯图案常以红、蓝、绿等色组成亮丽的色调。当时的染料都是从天然矿物及动物体中提取的，如从孔雀石、翡翠石中提取绿色，从石灰、贝壳、白土中提取白色，从大青植物中提取蓝色、青色，从昆虫、贝紫类贝壳中提取红色、紫色等。但总的来说，埃及人偏爱未经染色的纺织品，因此染色在古埃及并不是非常受重视。

古埃及在印染方面的成就不断取得突破和发展，在托勒密时期印染工艺达到顶峰。虽然染织原料仍以羊毛和麻为主，但染料中天然染料更加丰富，同时已使用矿物、植物为染料，明矾等作为媒染剂，许多织物中出现一种称为"腓尼基紫"的紫颜色。贝紫染色工艺在传到埃及后，古埃及人用蓝色和茜红混合成"假紫色"，并广泛用于织物。就纹样题材而言，科普特时期的染织图案题材有海中仙子、鱼、尼罗河风景、神等。其中人物多为正面描绘，大头大眼，表情严肃、忧伤。在图案表现上多用方框使图案形式对称，有时也用葡萄枝分割图案。而在色彩表现方面，这个时期已出现了渐变色，相对古埃及早期的染织技术有所突破。公元 9—10 世纪，古埃及人学会了蜡染工艺。

但是服装染色在埃及并不普遍。古埃及人的衣服多数用亚麻织成，如图 2-7 所示，亚麻是不易染色的，并且古埃及人也偏爱材料本身的颜色。所以古埃及服装颜色多以白色为主，或是以红、蓝、绿色做小面积的手绘或纱线绣花，比较素雅。

2.4 古埃及织物的图案与颜色

1896 年，在安蒂诺波利斯（Antiopolis）挖掘出大量精美的纺织品文物。一部分织物装饰有一圈方形多彩丝线，环绕着一圈星星的图案，十字、新月型、棕叶饰、四叶玫瑰花结、卍以及各种植物对称地点缀在整件服装上。德国的亚琛（Aachen）和法国的桑斯（Sans）都有这类服装的藏品。由于古埃及特殊的葬礼以及干燥的气候，使得这些无与伦比的织物得以保存下来。

自公元前 1500 年以来，埃及已经产有大量的亚麻挂毯，上面有莲花、生命之树等图案，这些五颜六色的图案编织在白色的亚麻布上。1903 年，在底比斯（Thebes）发现了埃及法老托特梅斯四世（Totems IV）（前 1466 年）的坟墓，出土了一小部分这种挂毯。当时出土的其他织物上也有树叶、鸟类和生命之树的图案，其中一件织物上有非常丰富的颜色：红、蓝、黄、绿、褐和黑。还有些精美的纺织品来自一位英年早逝的法老图坦卡门（Tutankhamun）（公元前 14 世纪）的坟墓，他大多数的长袍都是用五颜六色的亚麻线和珠球刺绣缝制的，以显示其尊贵的身份。在王座的背部发现了其妻子的肖像，穿着一种网状的服装。

埃及织物的名声逐渐传播到了其他国家，为了满足他国对埃及织物的需求，法老在底比斯（Thebes）、阿赫米姆（Ahmim）、孟斐斯（Memphis）等城市开设了纺纱和织造作坊，这些作坊都是由政府经营的。在公元前 1325 年之前，亚麻纱线和埃及织物在当时被认为是非常重要的东西，因为亚洲和地中海地区国家的需求量非常大。

3 科普特织物

3.1 历史渊源

埃及地处非洲东北角，是欧、亚、非三大洲的交通要塞，也是世界古代文明的发源地之一。古埃及文明形成于公元前 3150 年，经历了 31 个朝代的发展变迁，孕育创造了让后人叹为观止的古埃及艺术。在这片神秘的土地上诞生了令世人瞩目的灿烂纺织艺术。古埃及人源于信仰，他们将死者的躯体制成木乃伊保存。由于埃及独特的地理环境和气候条件以及尼罗河的定期泛滥，定居于尼罗河沿岸的古埃及人为了能将死者的尸体长久地保存，将坟墓修建在了干燥少雨的沙漠中。沙漠的环境不但有利于死者尸体的保存，也给墓主人所随葬的珍贵纺织品的保存提供了有利条件，加之古埃及人有着厚葬的习俗，大量的古埃及染织品得以被后人发掘和研究。

古埃及的染织艺术史中最具有代表性的当属科普特染织品。科普特染织品是指科普特人所生产的织物，科普特（Copt）一词源自阿拉伯人将 Egypt 误读之后的衍化，后来逐渐成为了埃及人的泛称。科普特染织品绝大部分出土于埃及沙漠的墓葬中，这些用作裹尸布的麻毛交织物，被较为完整地保存了下来，让世人目睹了世界染织艺术史上的璀璨珍宝。

3.2 纤维材料与工艺特色

公元前 5000 年左右埃及就出现了纺织品。埃及早期的染织原料多以麻和羊毛为主，在早王朝时期工匠就已经能熟练地使用织机了，在这一时期的塞尔王木乃伊出土时包裹的就是亚麻布，布幅宽 1.525 米，经纱 160 根，纬纱 120 根，同时期的一些亚麻织物有防腐处理，且有被天然染料染色的痕迹。在古埃及，羊毛主要用于地毯、挂毯和帐篷的编织。科普特织物的纺织材料主要选用羊毛和亚麻，其中以羊毛材料的使用最常见，大部分是以亚麻为经线、羊毛为纬线的彩锦，织成四方形、圆形或矩形等。织物形式有织锦、起圈织物、平金缎、挖花织物、浮经或浮纬织物条纹布以及编织物等。

图 2-8 是出自埃及 5—6 世纪的一块科普特束腰袖带残片，现收藏于美国克里夫兰艺术博物馆。织物图案呈紫色调，由藤状图案和人物组成，大致表达着当时人们的生活状态，织物由染色羊毛和未染色亚麻织制而成。图 2-9 是一块出自同时期的科普特窗帘残片，也被克里夫兰艺术博物馆收藏。图 2-10 是科普特儿童腰衣，织造于公元 7—8 世纪，图案题材活泼，色彩为红色调。

图 2-8　束腰袖带残片　　　　　图 2-9　窗帘残片

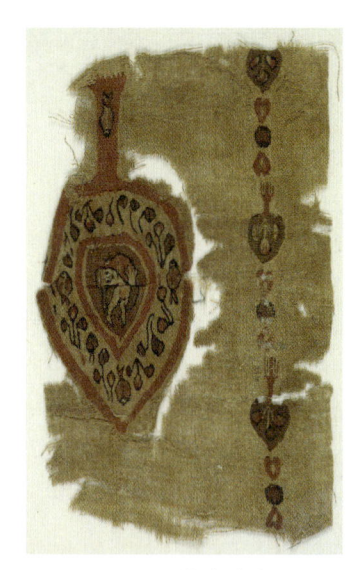

图 2-10　儿童腰衣

3.3　不同时代背景下的科普特织物

科普特人是指信奉基督教的埃及居民，科普特织物是古代纺织艺术中的珍品，也是当时埃及平民百姓常用的纺织物，所以得以在平民百姓的墓葬中被大量发掘。科普特织物兴起于公元 2 世纪，大致经过了三个不同的发展阶段。

3.3.1　罗马帝国时期

公元 2 世纪末期，罗马帝国分为东、西两部分，埃及属于东罗马帝国，这时的埃及不是一个独立的国家，而是罗马帝国的一个行省。这一时期，科普特织物逐渐发展起来，埃及原始的艺术纹样开始慢慢淡出人们的视野。科普特织物在这一时期的色彩多为单色，有黄、深褐、茜红等，最为典型的是深紫色。受希腊与罗马文化和艺术风格的影响，科普特织物纹样的题材多来自于希腊神话，例如众神之宙斯、光明之神阿波罗、战神阿瑞斯、美与爱之神阿芙罗狄蒂、海神尼普顿与尼阿丽德，以及构成神话故事中不同故事情节的骑士与士兵等。埃及的母亲河尼罗河横跨埃及全境，河的两岸有着空旷辽阔的原野，在尼罗河沿岸生长的埃及人对尼罗河有着特殊的情感，所以在科普特织物的图案中，尼罗河风光也是主题取材的重要来源。除此之外，也不乏人们对日常生活的歌颂，对飞鸟、鱼虫、雄狮、羊群等动物也有生动的描绘。这一时期的科普特织锦会使用颜色多样的纱线，但主要以黑白两色为主，类似于罗马时代壁画的表现风格，是科普特织物最早的风格类型。在淡褐色的织物上织出黑色纹样廓形，在细节部分，如人物的五官或者肢体形态则用白色纱线织造出凸起的立体效果。受基督教的影响，圣经中的人物也逐渐出现在科普特织物的纹样题材中。

3.3.2 基督教拜占庭时期

从大约公元 5 世纪开始，在拜占庭帝国统治下，古埃及染织艺术走进了鼎盛时期，科普特织物的色彩与纹样题材开始丰富起来。传统的经编织物开始改进，这些织物已使用同质地的亚麻线混合来表现各种纹样，同时出现了使用补纬手法来织造起圈织物的方法。与前期的科普特织物相比较，织物的色彩更为鲜艳大胆（图 2-11），人物形象、故事情节刻画得更生动（图 2-12）。

3.3.3 伊斯兰时代

伊斯兰文化中对称工整的几何纹样是审美的主流。大约 8 世纪开始，埃及人开始自己织造丝绸织物，不再依靠进口。这一时期的科普特织物受到伊斯兰文化的影响，织物的纹样图案几乎都来源于伊斯兰文化，其中几何图案占据了绝大部分，绘画式的图案逐渐消失不见，虽仍然能在少量的毛锦织物中看到传统的科普特人物纹样，但是先前生动活泼的科普特织物逐渐失去了往日的神彩。

图 2-13 是束腰外衣的一块残片，属于 8 世纪中叶至 9 世纪中叶的科普特织物。在当时古典的图形和有翼的动物一直是伊斯兰民族早期流行的风格，织物图案描述了希腊神话中的酒神狄俄尼索斯（Dionysus）手拿棍棒，身上装饰着常春藤树叶和松果。该腰衣由羊毛制成，御寒效果非常好。

图 2-11 伊萨的潘祭　　　图 2-12 人物纹样织锦　　　图 2-13 束腰外衣

3.4 科普特织物的艺术风格与纹样内涵

科普特人具有较高的文化素养，科普特人所创造的艺术形式也是西方科普特研究关注的一个重要方面。古埃及的朝代更迭、历史的发展深深地影响着科普特艺术。科普特人历经 12 个世纪的发展，经历过罗马帝国时代、拜占庭帝国时代，之后又被阿拉伯人所征服。因此科普特艺术中混合了希腊、罗马、拜占庭、波斯、伊斯兰等元素，显示了独特的艺术特色。科普特织物的艺术风格也有着与众不同的表现形式，分析科普特织物在社会、政治、文化发展背景下的演变过程、制作技艺的差异和艺术表现形式的不同，将其归纳总结为以下三个特点。

3.4.1 象征性与神圣性

早期科普特织物纹样题材的选择主要受到古希腊和古罗马艺术的影响，更多的是以象征的形式表现，多为古希腊神话人物，表现出当时的人们对未知世界的向往及崇敬。古埃及人对色彩有着独特的解读，埃及人欣赏艺术作品中的自然色彩。在古埃及语中，"颜色"与"自然"是同一个词。他们表现光影的艺术创作，鲜少色彩的层次变化，最初的艺术作品中常常运用简单的颜色与图形，以便于简明扼要地表现事物的特征。所以早期的科普特织物纹样中人物与动物的神态和姿态刻画得非常生动形象、特征鲜明。

由于科普特织物不但是当时埃及人日常生活中普遍使用的纺织品，也被大量地作为殉葬品，所以它的存在也是庄严且神圣的。

3.4.2 写实性与完美性

在拜占庭帝国时期，埃及科普特织物的发展达到了历史的巅峰，无论是织物的材料与工艺还是艺术审美风格都有了很大的改良与丰富。在科普特织物出现的初期，人们喜欢将蓝色和茜色的天然染料混合而成的紫色作为常用色。到了拜占庭帝国时期，开始在亚麻布料上织入紫色羊毛纱线，并在平面的人物形象上用细线编织出立体的类似于刺绣的效果。整体的风格样式更为大胆和直接，其样式来自于对自然界的直接描绘。优美的花卉图案、动态原始的动物图案、自然奔放的狩猎图案等，对于图案刻画的生动写实性更加精致。

3.4.3 对称性与平衡性

在阿拉伯人统治之下，崇尚基督教的科普特人与穆斯林统治者有过多次冲突，科普特织物随着时代更迭发展到了历史的尾声，伊斯兰艺术风格开始逐渐同化了科普特艺术。伊斯兰纹样的艺术风格以伊斯兰美学为理论基础，以抽象为主，特点是大量使用柔美精致的花卉植物图案。以蔷薇、风信子、郁金香、菖蒲等植物为题材，展现艳丽、舒展、悠闲的效果，文字图案以纳斯希体最为常见，有单纯库菲克体、叶状库菲克体、花体库菲克体等。并将圆形、多边形、菱形、格子形、波浪形、卍字形等几何纹样与植物图案和文字图案结合运用，极简抽象的几何图案在伊斯兰艺术创作中最为常见，点线面造型的交织让图案呈现出对称平衡的特性，以单个形状进行重复的二方连续或四方连续的形式呈现对称性。这一时期的科普特织物图案在此影响之下逐渐失去了往日的生动与活力，图案纹样逐渐被同化而失去原有的风格，继而悄无声息地淹没在了伊斯兰艺术中。

4 小结

作为古埃及纺织品的优秀代表，科普特织物以其独具风格的色彩、栩栩如生的造型、匠心独具的技艺向人们传达着古埃及人民的勤劳智慧，凝结了古埃及的历史与文化，不但深深影响了埃及人的日常生活与社会文化，开创了埃及纺织艺术的辉煌篇章，也为人类非物质文化遗产史添上了浓墨重彩的一笔。

第3章

南亚纺织品

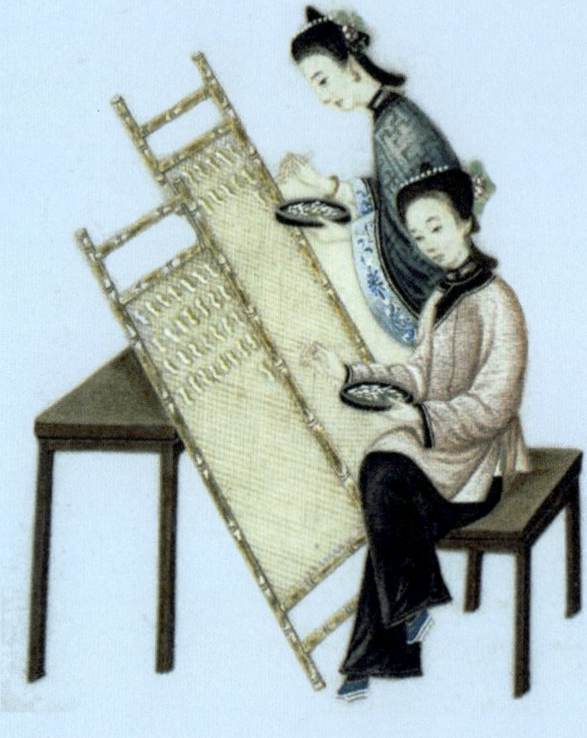

东南亚地区民族众多，文化多样，作为世界学术界公认的人类文化多样性的宝库，其纺织服装非物质文化遗产的类别也是多样的，是东南亚各民族的精神财富。东南亚地区大致有传统纺染织技艺、北部丝绸织染文化、文化空间和巴迪克服饰文化等，这些类属又都呈现出活态性、表演性、社会性、传承性的特征。印度是东南亚地区纺织服装非物质文化遗产有代表性的国家，它悠久的历史和区域的特殊性决定了其纺织文化的多样性，具有重要的研究价值。

1 印度纺织品

印度是世界四大文明古国之一，有着悠久的纺织历史和文化，它是棉花种植的发源地，也是最古老的纺织大国。在距今四五千年的遥远年代，古印度已经有了棉纺织业。

古代印度处在丝绸之路的中间地带，出产的各类物资曾被源源不断地运往各国，现收藏于叙利亚博物馆的一种蜡防蓝印花布是印度最早的花布，其图案和工艺技术都已达到很高水平。在公元前4世纪至2世纪的孔雀王朝时期，印度已出现了一些以棉纺织业著称的地区。历史研究证实，在公元前1400年左右，印度已盛行印花织物，有学者认为印度就是印花工艺的发源地。印度印花布很早就通过陆路和海路运往地中海、黑海、埃及、北非，甚至远到希腊、罗马等国家和地区。公元4世纪至6世纪末的笈多王朝时期是一个生产力大发展的时代，当时最重要的产业是纺织业，纺织品不但大量供应国内市场，而且也有许多出口国外。公元5世纪的罗马历史学家海罗德斯曾经评价印度的印花布"像天堂花园那样灿烂夺目"。在若干世纪里，印度棉织品由商人们从不同的路线运往世界各地。当欧洲人看到印度织物时，称其为"流水""夜珠"。北部城市贝拿勒斯所生产的锦缎，上面嵌满金丝银线，富丽闪光。

印度传统的社会等级制度为手工艺产业能够延续至今提供了一个坚实的保障。过去，在印度，一个大家庭便是一个完整的社区，里面有织布工匠、印染工匠。他们与本族成员通婚，依据家族传统，他们的孩子很小就要帮家里干一些简单的纺织活。因而，他们从小便通晓当地的各种纺织材料和纺织技巧，一辈子都和纺织印染打交道。就这样，纺织工艺一代代地传下去。

1.1 纱线扎染织物 IKAT

纱线扎染织物 IKAT 是印度最有特点的传统织物，历史悠久，在公元6世纪的阿江塔 (Ajanta) 洞窟壁画人物的服装上就有这种织物的体现。

IKAT 织物的工艺方法很特殊，它是在织造前先将纱线作图案相应部位的染色使纱线上出现纹样变化。染过的经纱和纬纱在织机上交织，当交织部位的经纱和纬纱颜色相同时，呈现纯色效果，经纱和纬纱颜色不同时则呈现两者的复合色，随着织造的过程，一幅色彩绚丽的图案就完整地展现出来了。由于这种特殊的工艺，IKAT 织物被称为"纱线与色彩的艺术结晶"。

IKAT 织物以棉和丝为主要原料。从工艺上，它又分为经纱扎染织物、纬纱扎染织物和经纬纱同时扎染织物三种类型，其中第三种工艺最复杂，对技术的要求最高，而印度的 IKAT 就以这一类型为多。IKAT 绝大部分是平纹织物，色彩非常丰富，在印度历来用作女性常用的纱丽面料。公元 6 世纪，印度的 IKAT 织物已出口到马来亚、爪哇等岛国，并广泛流传到亚洲、非洲乃至南美洲（特别是南亚和中东）等地区。印度的 IKAT 织物以其登峰造极的精湛技艺和独特、情调神秘的迷人图案，被公认为世界纺织艺术中的瑰宝，至今仍在印度一些地区继续发展着。

帕托拉（Patola）是印度西部顾加拉（Gaujrat）和苏拉（Surat）两地生产的 IKAT 织物的总称。帕托拉纹样的特点是棋盘式几何构图，图 3-1 所示在方形或菱形框架内嵌入各种程式化的花卉、鸟纹、象纹、狮纹、人纹等图案，纹样构成的角度都统一为 90°和 45°。色彩多以红、黑、白、绿、蓝色相配，呈现各种纯色的几何形块面，图案清晰，色彩明快，十分悦目。帕托拉纹样要求经纱、纬纱都作扎染处理，而且在平纹织造时相应的部位必须准确对位，使色块的轮廓清晰，避免出现边缘羽化现象，因此对工艺操作技术的要求极高。

在这种经纬纱同时扎染的织物中，棋盘式排列的菱形纹样最多见，经常表现为印度特有的"九宝"纹样，即由环行排列的 8 个图案元素和中心的图案元素共同组成的一种程式化格式如图 3-2 所示。在印度，"九宝"象征太阳系的九大行星，太阳是中心，代表灵魂，其余 8 星围绕太阳，象征人的"八性"。

玛斯如（Mashru）是伊斯兰教统治印度北方后，在帕当（Patan）地区发展起来的一个 IKAT 品种，是一种棉背纱线扎染织物，是供男性穿着用的面料。如图 3-3、图 3-4 所示，其纹样以各种纵向、横向、斜向的锯齿状折线纹为主，色彩明亮醒目，常常会间隔地加入色泽明亮的单色条纹或织棉条纹。织物的经纬纱多采用单向染色（如经纱扎染），以缎纹组织或其他组织形式织成，把扎染色纱的色彩变化充分地展现在织物正面。玛斯如图案有明确的方向感，纹样比较粗放，不拘泥于严格的轮廓，由于纱线的色彩交接处出现渐变的虚实，织物的色彩既鲜明又含蓄，非常自然。我

图 3-1 帕托拉织物

图 3-2 帕托拉九宝纹

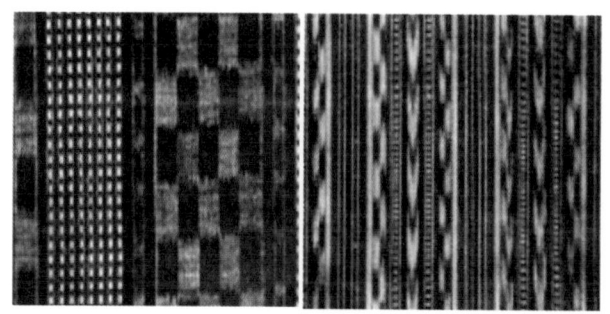

图 3-3 玛斯如纹样

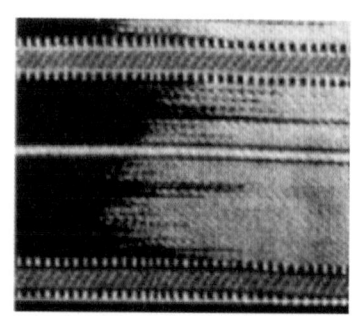

图 3-4 玛斯如织物纹理

国新疆生产的艾德莱丝绸就源于印度的玛斯如织物。

班达(Bauridhas)是印度东部突利沙(Orissa)地区的一种IKAT织物，如图3-5所示。班达与前两种直线风格的TKAT织物不同，它的纹样由柔和的曲线构成，轮廓为毛羽状，虚虚实实，使图案呈现出细腻而神秘的效果。要织出变化细腻的图案，需要用丝或很细的高支棉纱作扎染，每次染的纱数量非常少，有时仅染几根，因此需要十分耐心和精湛的技术。织物图案的构成元素一部分为含有吉祥寓意的动植物纹样，另一部分是文字书法纹样。

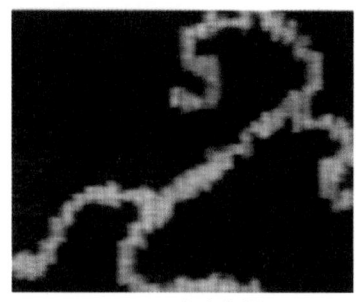

图3-5 班达纹样

IKAT在印度民间非常普及，多为家庭手工业的产物。民间织IKAT一般不用设计图，而是将整个纱线扎染和织制的过程编成口诀，按口诀就能准确无误地制作出各种具有复杂图案的织物。印度许多家族都有自己世代相传的IKAT纹样，充分展现出印度人民的聪明才智。IKAT织物本身具有的纱线与色彩完美结合的美感，与图案蕴含的民族传统观念的美融为一体，使印度的IKAT织物成为印度优秀民族文化的载体，流传于世。

1.2 印度花布

17世纪初，欧洲各国激烈争夺纺织业的贸易霸权，当时毛织物的主要生产国是荷兰、英国和法国，丝绸的主要生产国是意大利和西班牙。法国的丝织业在17世纪得以快速发展，迅速超越了意大利和西班牙。印度的印花棉布就是在这样的市场背景下从亚洲传入欧洲的。

一般所说的印度花布是指印度产的手绘或印染的棉织物。印度被认为是印花布的发祥地，早在中世纪，印度花布就已经出口到伊斯兰诸国和远东地区。16世纪末，随着海上运输业的发展，印度花布的出口范围进一步扩大。到17世纪中叶，印度花布通过东印度公司进入欧洲，花纹图案也结合欧洲人的趣味，市场愈加扩大。17世纪50年代末期，印度花布进入圣日耳曼市场，1664年，法国的东印度公司创建后，印度花布的贸易更加兴盛。

印度花布的流行不仅仅是因为欧洲人对异国情调的猎奇心理，还在于其本身色彩花纹的美，以及棉织物轻软的质感、低廉的价格、便于洗涤等特有的实用性对当时的欧洲人非常有吸引力。印度花布最初多用于床罩或窗帘等室内装饰品，后来也作为男子的室内服装衣料以及女性的围裙、衬裙用料，在法国和英国流行起来。在室内服装中使用印度花布的风尚从贵族逐渐向富裕的资产阶级扩大。印度花布对当时欧洲的纺织物具有很大的影响，而且，由于其诱人的市场潜力，也使得欧洲出现了许多仿制品。印度花布的印染技法在17世纪中叶传入法国，于是，就在普罗旺斯出现了法国产的印度花布。17世纪70年代后半期，英国也能生产棉印花布。同时，为了保护丝织业和毛纺织业的利益，法国在17世纪末出台禁止进口和生产棉印花布的禁令，反而招致人们对棉印花布的更大兴趣。这起"棉印花布之争"一直到18世纪中叶才结束，织物的印染才被解禁。

科罗曼德尔沿岸地区生产的"卡拉卡里"印花棉布的精美，主要在于其高质量的印染技术，其染料取自一种含有茜素的名叫克伊的植物，这种植物用不同的媒染剂可产生鲜红色、黑褐色、紫色和棕色等不同颜色。绿色和黄色也是从当地植物中提取的，但易褪色。这时，欧洲人开始研究印度人制作印花棉布的工艺，以推动本国纺织业的发展。18世纪的欧洲还陆续出现了一些有关印度花布的书籍与介绍资料。随着铜版印花工艺的发展和滚筒印花工艺的发明，欧洲市场对印度扎染印花布的需求直线下滑。然而，印度传统的手绘花布再度在欧洲市场得到关注，因为人们为了研习和模仿花布上的精美图案，以便自己能够制造类似的滚筒印花棉布，以出口销往印度。对所有的印度纺织工匠来说，19世纪末是一个十分艰难的时期，因为他们要与廉价的欧洲进口织物竞争。

1.3 锦缎织物

织锦是印度最精细、最优质的纺织工艺之一。如图3-6所示的织绵，其丝绸面料用镀银线织锦而成，镶边采用娜卡日风格的织锦即用彩色丝线在金色底布上织锦，19世纪中期产于印度中西部的柏罕普尔。印度新一代的纺织工匠技艺高超，他们精湛的织锦工艺传遍了印度中部和孟加拉地区。孟加拉盛产优质的野蚕丝，因而该地区织造的柔软、斑斓的纯丝织锦远近闻名。织金缎是一种用金、银丝织锦的锦缎，一度在印度中部流行。从17世纪起，贝拿勒斯成为最负盛名的金银丝织锦生产中心。

19世纪末，欧洲进口的机织锦缎严重威胁到本土锦缎的生存，沉重的压力使纺织工匠绞尽脑汁来制造更复杂、精美的锦缎。19世纪70年代起，贝拿勒斯生产的金银丝织锦的织金缎以花卉图案为主，朵朵争艳的鲜花簇拥着各式鸟雀和动物。如今，高雅、迷人的织锦纱丽仍十分受市场追捧。

如图3-7所示为手工编织的棉质纱的镶边细部图，19世纪产于印度东部的奥里撒邦。

图3-6 织锦　　　　　　　　　图3-7 镶边细部图

1.4 纳加部落纺织品

在众多的部落织物中，纳加部落(聚居在阿萨姆和曼尼普尔邦)的织物可谓最有特色。在纳加部落的每个家庭中，妻子都有责任为丈夫和全家其他人编织服饰。妇女把特斯重隆(一种简易的腰机)顶部的经轴固定在墙上或绑在树上，再将系在织机上的皮带或腰带缠在自己的髋部以形成张力，方可织布。简单的几何图形可用手工编织。若干块较窄的布幅用针缝合起来，就可形成一块较大的布，其中有些织物还会添加一些染成红色的狗毛或玛瑙、贝壳。

纳加人主要通过当地的两种植物来提取色素，一种是马蓝叶子，另一种是被当地人称作大叶茜草的植物。提取的色素为深蓝色、淡蓝色和红色。

在纳加部落中，基本的男士服饰用布是兰塔（lengta），即一种窄长的蓝色或白色的棉布，布幅的边上饰有各种图案。穿着时，人们需要先将这种棉布折叠，在腰间和双腿之间将其系紧，把镶边饰满图案的一面放在身前，使其自然垂下。纳加妇女通常穿着一种名为瑟汉姆（surham）的束腰短裙，裙子的镶边偶尔会添加黄色的兰花图案。工作时，她们通常会穿白色或深蓝色服饰。节日里，阿萨姆和曼尼普尔邦的各部落妇女都会穿上装饰着精美图案和其他装饰品的服饰，图 3-8 为用于制作女孩舞衣的棉布，20 世纪初产于曼尼普尔邦的卡纽尼部落。

图 3-8 用于制作女孩舞衣的棉布

图 3-9 为夹衣棉布，印度阿萨姆的纳加部落织造。

图 3-9 夹衣棉布

2 克什米尔羊毛披肩

18 世纪末 19 世纪初，克什米尔生产的柔软的羊毛披肩开始在欧洲各国流行，这种长方形的披肩图案设计美丽大方，与当时流行的高贵典雅的古典风格的衣服相搭配，效果堪称完美。克什米尔披肩最初在整个印度北部和中亚地区销售，主要供上流社会男士冬天披在肩上御寒保暖。据印度莫卧尔王朝的编年史《阿克巴律例》卷记载，披肩织造在克什米尔地区由来已久。

克什米尔的各种艺术都受到波斯文化的影响。位于伦敦的阿尔伯特博物馆收藏了一件产自克什米尔的 17 世纪晚期的披肩残片。披肩末端的镶边较短，上面整齐地排列着一排布塔斯（bustas）花，下垂的花蕾正在含苞待放。到了 18 世纪末，布塔斯花的图案比以前更大，且风格更趋大众化，下垂的花蕾发展成为一种圆柱体的图形，被欧洲人称为"克什米尔圆柱体"。

克什米尔披肩是由山羊毛编织而成的，最精美的披肩则由柔软、精细的野生山羊绒编织而成。人们将脱落的羊绒收集起来，清洗后纺成羊绒线，再用当地特有的植物染料印染成各种淡淡的颜色。他们使用的织机十分简易，底布主要采用斜纹编织，每个图案都是采用斜纹壁挂针法手工织造。早期的布塔斯图案大多受到了纺织工艺的限制，尺寸较小，如图 3-10 所示为约 1680 年莫

图 3-10 披肩残片

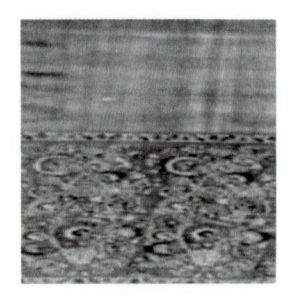

图 3-11 19 世纪初克什米尔的手工编织披肩

图 3-12 19 世纪中期克什米尔的手工编织披肩

卧尔王朝晚期克什米尔织造的披肩残片。为了迎合欧洲人的品味，他们设计了大型图案，由于只能在小型织机上进行编织，这给纺织工匠们带来了巨大的压力。

自从欧洲发明了提花织机，各种复杂的图案便可以很快地织造出来，因此欧洲各地开始仿制克什米尔披肩。19 世纪 60 年代末，克什米尔的纺织工匠发现，要满足人们对复杂图案的需求，最快捷的方法是直接在一个被当地人叫作阿尔瓦尔 (alwar) 的素色披肩布上添加刺绣图案。一种早期名叫暗伯利 (amli) 的刺绣披肩质量相当好，图 3-11 为 19 世纪初克什米尔的手工编织披肩。图 3-12 为 19 世纪中期克什米尔的手工编织披肩。但到了 19 世纪末，质量大不如前，而生产披肩布的收入仍很可观。在阿克巴大帝统治年间 (1556—1605 年)，丝织锦缎的出现为纺织工艺注入了新鲜血液，成为纺织业发展的一个新的里程碑。阿克巴大帝恢复了宫廷织造坊，引进了用于制造华丽织锦的高级波斯织布机，同时聘请了波斯的工艺大师乌斯塔德斯，专门指导印度纺织工匠使用新技术。

3 俾路支斯坦纺织品

俾路支斯坦是一个干旱的高山地区，其主要的生活方式仍然是游牧。俾路支人擅长织造精美的编织毛毯，布拉灰人（俾路支斯坦昔日的统治者）则以华丽极致的刺绣著称。

平常，这些游牧部落的妇女都用她们自己制作的绵羊毛、山羊毛和骆驼毛来编织日常所需的各种织物。由于经常迁徙，使用的织布工具十分简易，易拆易装，便于部落迁移时随身携带。尽管这样，织物的图案和色彩却十分绚丽。她们几乎很少编织一些像地毯、床单、盖布这样的大型织物，除非部落决定要在一个地方长时间扎营。她们经常编织各式各样的小织物，如玉米袋子、盐袋、马粮袋等，配有羊毛流苏、棉布镶边、骨头和贝壳等装饰物，20 世纪初产于俾路支斯坦，扎格蔓格部落织造，如图 3-13 所示。

毛线本身具有自然的和谐色：绵羊毛为纯白色或灰白色，山羊毛为淡黄褐色、棕色或黑色，骆驼毛则多为黄色或棕色。自 19 世纪晚期起，俾路支斯坦地区的一些城镇便开始使用苯胺染料，但那些买不起这些商业染料的游牧民族不得不仍然使用原始的植物染料。

图 3-13 羊毛编织的盐袋

第4章

远东纺织品

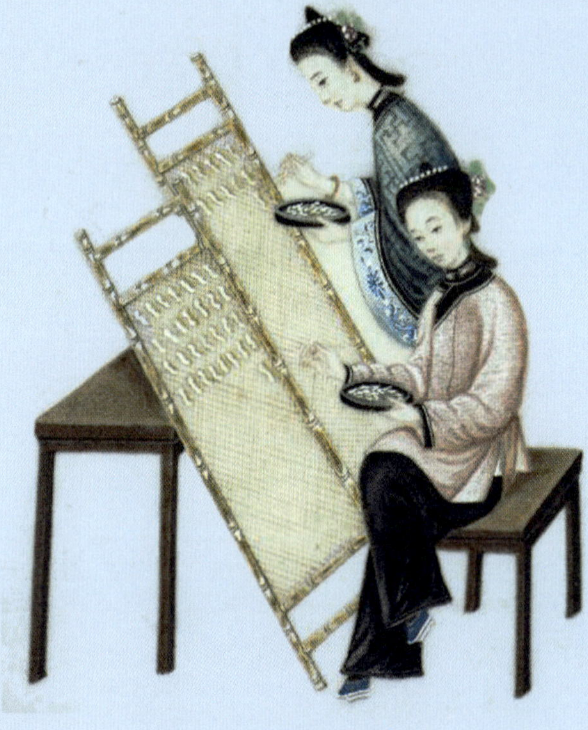

远东地区的古代纺织以中国和日本为代表。中国黄河长江流域居民在新石器时代就开始了利用葛、麻纺织，这个时期的原始纺纱工具纺专和原始织机零件已在中国河北、浙江等地区出现。西周时期具有传统性能的简单机械缫车、纺车、织机相继出现，早期纺织以手工借助简单工具器械进行纺纱织布，是手工纺织阶段，手工纺织历史阶段在中国一直延续了四、五千年。4700多年以前，中国已经能用手工的方法织造出比较精细的锦缎丝绸。汉代广泛使用提花机、斜织机，唐代以后中国纺织机械日趋完善，大大促进了纺织业的发展。从汉代时开始，中国的丝绸织品大量地从陆路或海路向欧亚诸国输出。

1 中国纺织品

中国是世界上最早开始纺织加工的国家之一。在原始手工纺织和手工机器纺织时期，中国的纺织科技水平在世界上一直处于领先地位，在原料的开发、缫纺、织造、染整等方面均有技术创举。19世纪后期，在欧洲国家的影响下，中国纺织逐步走上工业化道路。

1.1 中国原始手工纺织

在中国，原始手工纺织贯穿了整个原始社会时期，自远古持续到公元前22世纪夏朝建立时。旧石器时代中期，由于狩猎和采集活动的需要，人们制作一些简单的绳索和网具。距今10万年前的大同许家窑遗址出土了大量狩猎用的石球，表明当时已经有了投石索和搓捻技术，这是中国纺织的前奏。北京周口店山顶洞人遗址有骨针出土，表明旧石器时代晚期，中国已经创造出缝纫技术，并且能够搓捻出较细的线缕，这使得编织原始织物成为可能。

1.1.1 原料的采集和初加工

原始手工纺织时期的加工原料以就地取材为主。当时主要的植物纤维有葛、纻（苎麻）、大麻等，动物纤维主要是蚕丝和动物毛。

夏代以前，中国已经掌握了植物纤维制取和初加工的技术。提取植物纤维的方法大致有两种：一种是直接剥取、利用，这种方法在旧石器时代已出现；另一种是后来长期沿用的浸沤脱胶法，该方法出现于新石器时代。

中国是世界上最早开始利用蚕丝的国家，从各种野蚕中选取桑蚕，驯化饲养，并将其迁入室内。缫丝技术在夏代以前已经被中国先民掌握，如浙江吴兴钱山漾出土的绢片，其经纬丝的纤维断面的三角形已分离，丝胶已被脱去。

1.1.2 原始纺纱和织造

1.1.2.1 纺纱

古代的纺纱技术是从手工搓合、缉绩逐步发展起来的。

搓合即手工搓捻。劈绩是纺成细而长的纱线的必要工艺，在纺纱技术的发展中意义重大。

纺坠是夏代以前使用过的唯一的纺纱工具，由圆形纺轮和一根捻杆（专杆）组成；纺轮（图4-1）多由石片、陶片制成；专杆又称锭杆，由木、竹或骨制成。纺坠大约在旧石器时代的晚期出现，新石器时代被广泛应用。

图 4-1 纺轮

1.1.2.2 从手工编结到原始机织

夏代以前的织造技术是从编结到编织逐步演进而形成的。中国编结技术的出现，估计不会晚于旧石器时代晚期。新石器时代出土的陶器上编制物的印痕非常多，表明编织在当时的生产活动中占据重要地位。

手工编织和原始机织之间有着明确的源流关系：编织的经向纱线成为织机上的经纱；骨针和骨针上穿引的纱线成为梭子和纬纱；骨刀成为织机的打纬刀。原始腰机是最典型的一种原始织机，从浙江余姚市河姆渡遗址出土的工具与江苏吴县草鞋山、浙江吴兴钱山漾出土的织品来看，在新石器时代早期，中国已有了原始腰机（图4-2）。

使用原始腰机织造是中国新石器时代纺织技术的重要成就之一。原始腰机比手工编织在技术上有了巨大的进步。

图 4-2 原始腰机

1.1.3 染色技术的萌芽

从出土文物来看，中国最早的染色行为出现在旧石器时代晚期。新石器时期的文化遗址中出现了不同颜色的彩陶，色谱有所扩展，表明了染色技术的发展。

起初在衣服上涂色只用于祭祀，以后逐步发展为日常的装饰。原始人用矿石颜料着色，方法简单。山西夏县西阴村遗址发现了一个石臼和一根下端染红的石杵，这应该是研磨颜料的工具。

1.1.4 夏代以前的纺织产品

在草鞋山、钱山漾等地，出土了一些属于这个时期的织品和有关的实物。草鞋山新石器时代遗址（距今约5500年）出土了3块绞纱葛织品，织品残片上有山形和菱形花纹，系纬纱绞转而成，图4-3为草鞋山出土的绞编葛布编织组织。

钱山漾遗址中发现了绢片、丝线、丝带和苎麻布。绢片为长丝产品，经纬向丝线是由20多个茧缫制而成的，平纹组织，这是当今世界上出现的最早的丝织物。出土的丝带采用的是斜编组织，图4-4为钱山漾出土斜编丝带的结构图。苎麻织物是平纹组织，经纬纱捻向分别为S捻和Z捻。

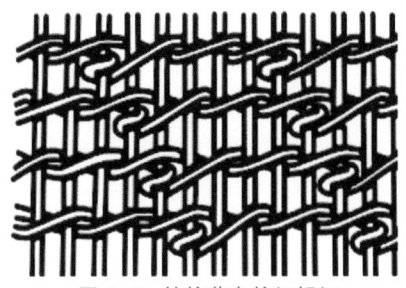

图 4-3　绞编葛布编织组织　　　　图 4-4　斜编丝带的结构图

从上述材料可以看到，新石器时代除了生产普通的平纹织物外，还可编织较为繁复的绞纱织品，并出现了较为精细的丝织品，说明夏代以前纺织技术已达到了较高水平。

1.2　中国手工机器纺织的形成

中国的手工机器纺织是从夏到战国期间逐步形成的。夏、商、周时期，纺纱、织造和染整工艺逐步形成，缫、纺、织的手工纺织机器诞生，这是人类纺织史上的第一次飞跃。

这个时期，随着纺织技术和产能的提高，出现了一些以生产纺织品著称的地方，比如：夏末时的薄，盛产纂组；周代，绛时期盛产文错之服；春秋以来，齐能织纨，鲁能织缟。纺织生产方式有所改变，出现了官府手工纺织作坊。这个时期所生产的织物越来越精细，品种较多。当时，中国是世界上唯一的饲养家蚕、缫丝、织绸的国家，丝织技术在纺织生产中处于领先地位。

1.2.1　原料的培育和初加工

1.2.1.1　植物纤维

大麻、苎麻和葛是当时主要的植物纤维原料。新石器时代晚期开始出现人工种植大麻，到商周两代已经非常普遍，人类对于大麻的雌雄异株以及纤维质量都有了较深的认识。

据《禹贡》和《周礼》记载，周代曾以纻充赋，说明苎麻已开始人工种植。苎麻的分布地区虽不如大麻广泛，但在长江流域和黄河流域都有苎麻织物出土。

商周时期葛的使用较普遍，《诗经》中涉及葛的采集和纺织的几十处。这个时期所使用的葛纤维有野生的和人工种植的，《越绝书》中记载了葛的人工种植。

1.2.1.2　动物纤维

这个时期所用的蚕丝种类很多。野蚕的种类有很多，但多数没有沿用下来，家蚕只有一种，就是桑蚕。

中国从原始社会时期就开始利用毛纤维，《列女传》："鸟兽之龘毛，可绩而衣之。"在新疆哈密、鄯善的两处墓葬（距今约 3300 年）里，发现一批毛织物和毛毡。

1.2.1.3　纤维的初加工

商周时期，植物纤维浸沤脱胶已经普遍应用。《诗经·陈风》："东门之池，可以沤麻"、"东门之池，可以沤纻"。葛纤维的脱胶已经采用加热的方法，和沤比较，煮可以缩短脱胶时间。

商周时期，缫丝工艺已经建立起来。很多商代铜器、玉器上的丝绸残片都是长丝织物；到了周代，《周礼·月令》和《礼记》都记载了缫丝的程序。

1.2.2 手工纺织机器的形成

1.2.2.1 由纺坠到纺车

麻葛沤煮之后，需进一步劈分，然后进行绩纺。毛纤维纺纱与麻的绩纺均可用纺坠，但毛纤维在纺前乱成一团，纺纱时需要通过手指来牵伸，相当于梳理。因此，毛纤维纺坠纺纱法的形成是纺坠纺纱技巧的进步。

商代出现了捻丝，据推测可能是利用了纺车一类的加捻设备。从这个时期起，可能已出现手摇纺车的雏形。

1.2.2.2 手工织机的形成

夏至战国时期，织造技术和织机结构趋于完备，原始腰机逐步发展成完整的手工机器。

（1）从腰机到织机

《列女传·鲁季敬姜传》中有一段对织机结构的描述，有人根据这段描述复原了一台织机，称之为鲁机（图4-5）。在原始腰机织作工具的基础上，增加了机架、定幅筘、经轴，成为比较完整的织机。

战国时期，带踏板的斜织机已经被广泛应用（图4-6）。织机采用脚踏板提综开口的设计是织机发展史上的一项重大发明，它将织工的双手从提综动作中解脱出来，专门从事投梭和打纬，大大提高了生产率。

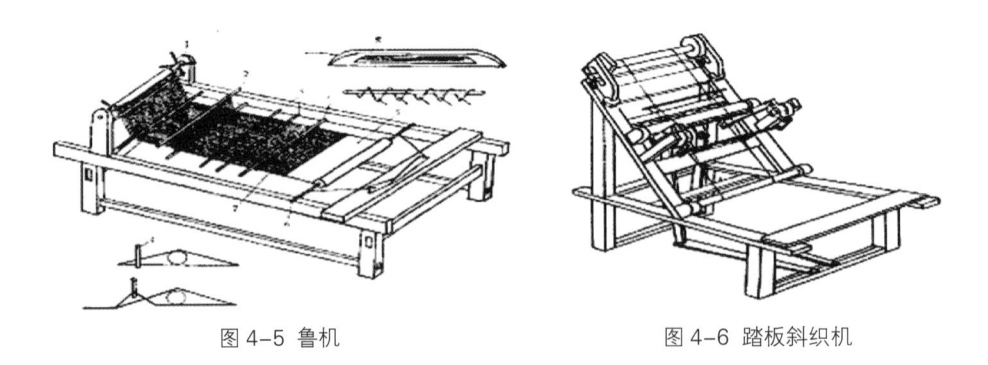

图4-5 鲁机　　　　　图4-6 踏板斜织机

（2）提花技术的出现

腰机提花是原始的提花技术，也是春秋以前最主要的提花技术。织造时，首先用木棍把经纱分成上下两层；提综分地、花两部分，地组织是平纹（出土商周提花丝织品均是平纹地），两根竹制手提综竿，上面绕上作为吊综的细绳。提花起综部分，每页综中每一根综线穿入经纱根数和次序提前设计好。使用时，织工席地而坐，两脚踩上绕经纱棍；开口顺序是一梭地、一梭花交替进行。

腰机提花所用工具很原始，但它为多综和束综提花的出现奠定了基础。从出土的花纹丝织品看，战国时期中国已把这种提花方法和鲁机结合在一起，构成多综片的脚踏提花织机。

（3）绞经机构的出现

江苏吴县草鞋山遗址中出土的绞编葛布表明，中国在6000年前就已经有起绞的手工编织组织。从出土的绞纱丝织品看，商周时期可能已经使用简单的罗机，这种织机可能是在带有支架的腰机（如鲁机）上，加一二片起绞装置。

1.2.3 练染工艺技术

在夏至战国时期，中国已能生产色彩丰富的丝、麻、毛织品。据《周礼》记载，当时的练染工艺已经形成比较完整的体系，印花技术也已经出现。

1.2.3.1 石染

商周时期，利用矿物颜料给服装着色，称为石染。赤铁矿（赭石）是最早被利用的颜料；第二种红色矿物颜料是朱砂，故宫博物院收藏的商代玉戈上面有麻、丝织物痕迹，其中渗有朱砂。

1.2.3.2 草染

草染，就是用植物染料对织物进行染色。植物染料在周以前已开始应用，至周代时，在品种、数量上达到了相当的规模，并有专业的管理部门；当时所用的植物染料主要有蓝草、茜草、紫草、荩草和皂斗等。

1.2.3.3 染色技术

在染色方面，商周时期有很多技术成就，主要包括：①粘合剂的利用。用粘合剂作为颜料和纤维之间的媒介，在周代典籍中已经出现。②先染后织和先织后染。染丝，即先染后织；染帛，是先织后染。染后的色丝被用于织锦或作为绣线。③染色的季节性。周代把染事分季节进行，春暖时分，开展染色的准备工序——练，染色则在夏秋进行。④多次浸染法。春秋战国时已经采用多次浸染法。⑤画缋和印花。除浸染工艺外，用描绘的方法在织物上形成图案，古称"画缋"。其后，春秋战国之交，出现了印花工艺。⑥媒染工艺的采用。在周代，由于茜草、紫草的应用，已经采用媒染工艺。媒染工艺不受植物本身颜色的限制，对后世印染技术的发展有深远的影响。

1.2.4 刺绣和手工编织

1.2.4.1 刺绣

刺绣起源于人们对装饰自身的需要。古代原始人类用色彩来装饰自己的身体（彰身），后来画缋在衣服上，最后发展到刺绣。刺绣的起源时间很难考证，最早的考古发现是安阳出土的殷商青铜器上的刺绣印痕。

早期刺绣中，锁绣占据绝对的主导位置。锁绣是由绣线环圈锁套而成，针迹似锁链（图4-7），故名。因其外观呈辫子形，俗称"辫子绣"。20世纪90年代，新疆哈密五堡春秋墓出土过平直针绣的毛织物（图4-8）。

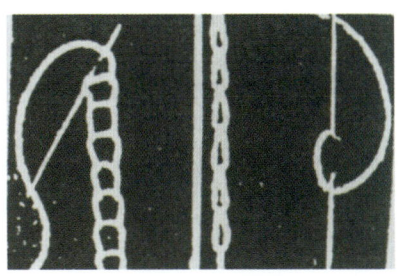

图4-7 锁绣针法　　图4-8 哈密五堡平针绣

1.2.4.2 手工编织

手工编织是人类采用最早的成布技术。夏商周时期，手工编织中的经纬双系统编织逐步演变为手工机器织造，但手工编织中那些无法为机器织造替代的织法仍然得以延续，主要用于组带、冠、履的编织。

商周时期最早的手工编织实物出自河南安阳市殷墟妇好墓。新疆哈密五堡和鄯善苏巴什出土了毛线帽和发罩（距今 3000 余年），分别为环编和钩编（图 4-9a、b）。后期有山东临淄郎家庄东周墓出土的手编丝履残片，为绞编组织（图 4-9c）。

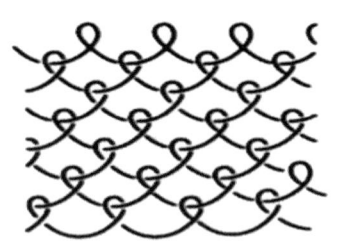

（a）哈密五堡环编　　　　（b）鄯善毛发套　　　　（c）郎家庄绞编织物

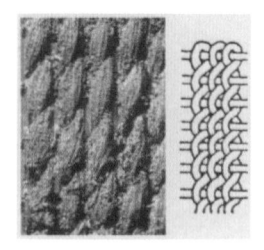

图 4-9　商周时期的手编织物

1.2.5 夏商周时期的纺织品

夏至战国，手工纺织技术得到了大幅度提高，织品繁多，织物组织也日趋复杂。各类织品中，以丝织品最为突出。

1.2.5.1 丝织品

丝织品的大量出现是夏至战国时期纺织品生产的一个重要特征。该时期的文献中出现的丝织品有绡、纱、纺、縠、缟、纨、绨、罗、绮、锦等多种。

结构最简单的平纹类丝织品有绡、纱、纺、縠、缟、纨等，都没有花纹，古代都把它们归于绢类。以丝粗细、线捻度和织物疏密的变化形成各自的风格。

绨是厚实的平纹染色丝织品，经纬丝较粗，纬丝更粗一些。

罗织物采用绞经组织，在织物表面有纱一样的方孔，又称纱罗。有花纹的称为花罗，无花纹的称为素罗。花罗的名称是以花纹来命名的，素罗则以绞经数来命名。

绮是在平纹地上起斜纹花的织物。绮多为素织，织后染色；也有色织的，颜色一般为两种。绮在织物组织的运用上是一种创新，它为织物品种的发展奠定了基础。

锦是以彩色丝织成的有花纹的织品，为最为复杂的丝织品。锦和绮虽然都有花纹，但锦的颜色多于三色，绮则多为素织，虽有色织，但到战国为止从未超过两色。从出土文物看，锦都是采用复杂组织。织锦是古代产品设计上的重大突破，也是中国商周时期丝绸生产技术高度发展的重要标志。

1970 年在辽宁朝阳西周早期墓中发现了大宗丝织品，其中有经二重丝织品，正反面都采用三上一下的经重平组织。这种组织的织品最初出自汉墓，因此被称为"汉锦组织"。

古籍和出土实物证明，中国织锦技术的形成不晚于西周。春秋战国时期中国的织锦生产已形成中心，当时的陈留襄邑出产美锦、文锦，和齐纨鲁缟齐名。

1.2.5.2 葛麻织物

夏商周时期，葛麻织品的生产相当广泛，是民众的主要衣料。周代以来的葛麻织品，统称为布。

在周代，葛织物的生产占有很重要的地位。这个时期，除了葛织品，生产最多的是大麻织品。先秦所称的麻即指大麻。由于大麻对气候的适应性比葛强，葛织品逐渐被大麻织品所代替。

纻指苎麻或苎麻布。中国是苎麻的原产地。苎麻纤维洁白、强韧，苎麻织品在所有麻织品中质量最好。

1.2.5.3 毛织物

毛织品在北部和西部少数民族的经济生活中占有重要地位。中原一带，当时也生产毛纺织品。

1979 年在新疆哈密发现了大量商代末期的毛织品，其中有彩色毛纺织品。1957 年在青海柴达木盆地南部的诺木洪发现了大量西周初期的毛织品，以平纹居多，有黄褐或红黄两色相间的条纹织品，也有素织品。这些手工毛纺织品均匀平整，说明商周时期的毛织品生产技术已经达到较高的水平。

当时不仅利用毛纤维进行纺纱织布，而且还掌握了毛纤维的缩绒性，有了成熟的制毡技术。

1.3 中国手工机器纺织的发展

秦汉至清代，是手工机器纺织的发展时期。秦汉时，缫车、纺车、络纱、整经工具、多综多蹑织机均已相当成熟，束综提花机已产生。隋唐时期，纬显花织物大量出现，束综提花机已经相当完善。随后出现了变化斜纹组织向缎纹组织的过渡，织物的三原组织臻于完整。

宋代以后，纺织技术持续发展，并出现了划时代的新技术——水转大纺车。棉花栽培区域扩大，棉纺织业发展迅速，取代麻成为第一衣着原料。丝织生产重心向南方转移。明、清两代形成了纺织业的专业地区，如江南嘉、湖地区的丝织，松江的棉织造业，芜湖的浆染业等。

秦汉开始，"丝绸之路"把精美的纺织产品传播到了国外。以后各代，陆路往西，海路向日本和东南亚，继续纺织技术的交流和贸易。

在封建社会里，中国纺织生产一直存在着三种形态：分散而广大的农村副业，城镇独立手工业，强大的官办手工业。

1.3.1 纺织原料的变化和换代

纺织原料的发展大致分为两个阶段。秦汉至唐代，丝、麻在全国均有发展，葛逐步为麻所取代，毛分布在西北等地区，棉只在新疆、南方等少数地区种植。宋代以后，丝织中心随着全国政治、经济中心的南移，到了江南一带。棉花在温带地区的种植技术逐步普及，到明代已遍布全国，取代麻类成为首要的纺织原料。

1.3.1.1 蚕丝的发展

秦汉时代，桑树培育和嫁接技术已经比较成熟。桑树嫁接最迟在战国后期就已出现，以后，《齐民要术》对嫁接技术的原理和方法都有记载。

秦汉时，各种蚕具均已配套，以后千余年无大变化。主要蚕具包括：盛蚕之具——蚕箔或蚕筐、架曲薄的木架——蚕槌、作茧工具——蚕簇、盛蚕上簇之器——蚕盘、拾蚕工具——蚕网。

秦汉时期，家蚕的数量以黄河流域为最多。以临淄为中心的齐地，蚕桑丝织业生产规模"冠带衣履天下"，成为中国历史上第一个蚕桑丝织业中心。

东汉及魏晋南北朝时期，中原频遭战乱，北人向南移居，使北方的蚕桑丝织技术向南方传播。由于自然条件优越，长江流域的蚕桑丝织业迅速发展，北宋时，其在生产数量和质量上已超过北方。南宋时，已成为全国最大的蚕桑丝织业中心。此外，长江中游的蜀地一直是蚕桑丝织业发达地区。

秦汉以来，野蚕也被采集利用，并逐步发展到人工放养。汉唐以后，历代都有关于野蚕成茧的记载。宋元以后，柞蚕首先在山东登州、莱芜等地人工放养，同时仿效家蚕缫丝织茧绸。明清时，各地争相到山东引种放养，先后引到辽宁、陕西、河南、贵州、安徽等省。

1.3.1.2 葛、麻的兴衰

据文献记载，汉代在黄河中下游的豫州和青州以及南方的吴越都生产质量高的葛织物。到了唐代，葛的生产只局限于长江中下游一些山区。到了明清，仅广东沿海山区还有葛的生产。

秦汉以来，大麻的种植和利用很广泛。魏晋南北朝时期，战争频繁，当时军队的服装大部分是麻布。宋元之后大麻生产日渐减少。

秦汉时，苎麻主要分布在黄河和长江流域。据记载，当时的河南、山东、海南、湖南和四川是苎麻种植和利用的主要地区。隋唐时，苎麻的种植集中于长江流域及其以南地区。宋代开始，苎麻的大众衣料地位渐渐被棉花取代。

苘麻纤维的纺纱性能不如苎麻和大麻，但在中国的种植和利用历史亦很悠久，大部分被用来制作绳索。在宋代，黄河流域及其以北"处处有之，北人种以织布及打绳索"（南宋，《尔雅》）。

现在所知亚麻最早出现于宋代著作的《图经本草》："亚麻子出兖州威胜军"，表明在北宋时，中国山东、江苏、安徽一带种植亚麻。亚麻纤维应用于纺织的记载比较晚，清代《方土记》《三农记》记载，亚麻"皮可绩布，秸可作薪，饼可肥田"。

1.3.1.3 动物毛的利用

中国古代毛纺织中，采用的毛纤维品种是多样的，羊毛一直是主要的原料。

在西、北部地区，很早就利用牦牛毛和骆驼毛进行纺织。秦汉以来，藏族的祖先西羌人常用牦牛毛织造篷布。在新疆吐鲁番阿拉沟战国古墓出土了一块毛布，其经纱是骆驼毛，纬纱是羊毛。

东晋、南北朝时期，中国还利用孔雀毛，雉毛，燕羽等进行纺织。《世说》记载，东晋谢万和谢安晋见晋文帝时，曾着白纶巾，鹄氅。鹄氅即是燕羽织物。南齐文惠太子"织孔雀毛为裘，华贵无比"。

另据文献，安徽、江苏一带在唐代就已经用兔毛进行纺织。

1.3.1.4 棉的大发展

古代文献和出土文物证实，中国南部、西南部、亚热带和新疆地区很早就种植和利用棉花，宋元逐步向中原推广，到明代已普及全国，在衣着原料中的地位越来越重要。

棉花在唐以前只在西域的河西走廊一带种植。宋元之后，棉的种植、初加工、纺织和印染工艺迅速发展，逐步完善起来。元朝当局在组织编辑《农桑辑要》时已注意到棉花，一度设置过"木棉提举司"。王祯在《农书》中也总结了植棉和纺织技术。

1.3.2 缫纺和织造机器的发展

1.3.2.1 缫丝工艺及手工机器的完善

战国时期的缫丝技术比较先进，秦汉之后两千年间，又有所发展。在煮茧温度的选择与控制、水质乃至燃料的选择方面，都有很多经验及成果。

秦汉时，沸水煮茧缫丝相当普遍，已总结出煮茧温度的控制方法。若汤温太高，会使丝胶溶解过多，不利于丝的抱合，并易使丝色变褐；温度太低，则舒解太慢，影响缫丝产率。最佳温度为略低于 100℃。人们通过观察水面气泡的大小和多少来判断水温，水面出现蟹眼大小气泡为最好。

用"冷盆"的方法将煮茧和抽丝分开。茧经煮练几分钟后，移入水温略低的"串盆"中抽丝，这样抽丝可从容不迫，还可避免因抽丝不及而煮茧过熟，损坏丝质。

从明清两代一些地方志和笔记中可以看到，当时在缫丝用水质量方面，已懂得采用流动的水或者泉水。缫丝工还总结出燃料与丝的质量间的关系。

秦汉时，手摇缫丝车逐步普及。使用手摇缫车时，一人投茧索绪添绪，另一人手摇丝䈅。据推断，手摇缫车的普及早于晚唐，最早的记载为宋秦观《蚕书》；元之后，不见记载，只见脚踏缫车（图 4-10）。脚踏缫车是手工缫丝机器改革的最高成就。它是从手摇缫车的基础上发展而来的，索绪、添绪和回转丝䈅可以由同一人分别用手和脚来进行，缫丝的生产率大大提高。

图 4-10 宋代脚踏缫车

1.3.2.2 纺纱工艺的发展

（1）纺车的兴起和推广

商周时期已出现原始的纺车。秦汉以前，高工效的手摇单锭纺车逐步形成并得到推广。手摇纺车的主要机构为锭子、绳轮和手柄。常见的手摇纺车是锭子在左，绳轮和手柄在右，中间用绳弦传动，称为卧式纺车（图 4-11a）；另一种为立式纺车，把锭子安装在绳轮之上，也是用绳弦传动。立式纺车需要二人同时配合操作。

卧式纺车由一人操作，更适合一家一户的农村副业之用，故历代沿用。

（2）脚踏纺车

脚踏纺车（图 4-11b）是中国的重大发明，它是在手摇纺车的基础上发展起来的。汉代，受脚踏纺织机的启发，人们在纺车上使用脚踏板，以腾出双手进行纺纱操作。纺车的绳轮作圆周运动，要把脚的往复运动转变成圆周运动，需要一种传动机构，即连杆和曲柄。

从现有资料考证,中国历史上的这种机构首先开始于脚踏纺车。

（a）卧式手摇纺车　　　　　　　　　（b）脚踏纺车

图 4-11 手摇式和脚踏式纺车

（3）大纺车

最初出现的大纺车是用人力摇动的,它装有几十个锭子,人力驱动极为费力。宋代,水力大纺车（又称水转大纺车）在"中原麻苎之乡,凡临流处所多置之"（元王祯《农书》）有记载。这要比西方应用水力纺纱早了 400 年。大纺车被发明后,没有更大的发展,反而趋于缩减。原因之一是它不适合家庭作业,另外一个原因是没有牵伸机构,无法完成牵引细纱条的任务,不能适应棉纺的需要。

1.3.2.3 织机和织造机具的发展

秦汉两代,由于充税和贸易以及统治者间互相馈赠的需要,纺织品的产量越来越大,质量越来越高。产、质量的提高促进了织机、织具的发展。

（1）斜织机

约在春秋战国时期,中国已逐步在手提综开口的基础上,形成了脚踏提综的斜织机。从江西贵溪岩墓出土的织机零件和汉画像石推测,斜织机的改造完成至少可以追溯到战国时期,至汉代已普遍推广使用。

斜织机的经面与水平的机座成 50°～60°的倾角,织工坐着操作,可看到经面是否平整、经纱有无断头。踏板将织工的双手从提综动作中解脱出来,专门从事投纬和打纬,提高了生产率。唐宋到明清,斜织机又有一些改革,是后世各种普通织机的前身。由于汉唐丝绸之路的畅通,斜织机、平织机陆续传至亚欧各国。欧洲到公元 6 世纪才开始出现,13 世纪才广泛应用。

（2）多综多蹑机

脚踏开口机构和多综提花结合起来,就是多综多蹑机。随着织物花纹愈来愈复杂,综蹑数也越来越多,到西汉出现了 120 综蹑的绫织机。综路过多,织作不易,生产率很低。三国时马钧曾进行改革,以 12 蹑控制 60 多片综的运动,使操作大为简化。

古代的蜀锦产地成都双流县还保存着原始的多综多蹑织机——丁桥织机（图 4-12）。因为它的踏板上布满了竹钉,状如四川乡下河面上的过河石墩"丁桥",故名。

多综多蹑机对提高织品质量和发展花色起到了重大作用,它是后世多臂织机的前身。

(3) 束综提花机

多综多蹑机上的综片数有限，织出花纹的纬循环根数不能太大。在战国到秦汉时期，发展出了束综提花装置。束综提花机开口不用综片，每组经线用线综牵吊，每梭所需提起的经线上的线综再另用线挽起来，另由一人坐在机顶上牵拉。经线可分为几百、上千组，由几百、上千条提综线控制——花楼机（图4-13）。这样，花纹的纬循环根数可大大增加，花样可以很大。唐朝以前，多综多蹑机居多，唐朝以后，束综提花机较为普及。这种织机是纹板提花机的前身。

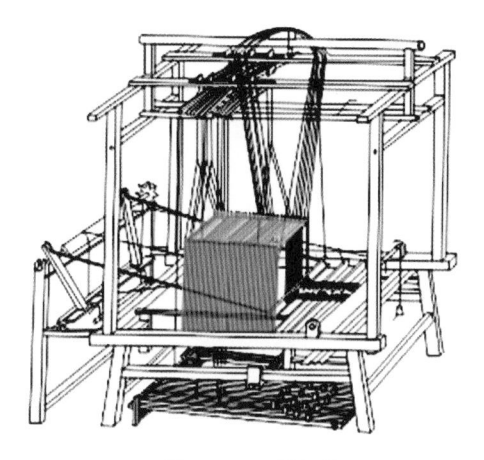

图4-12 丁桥织机

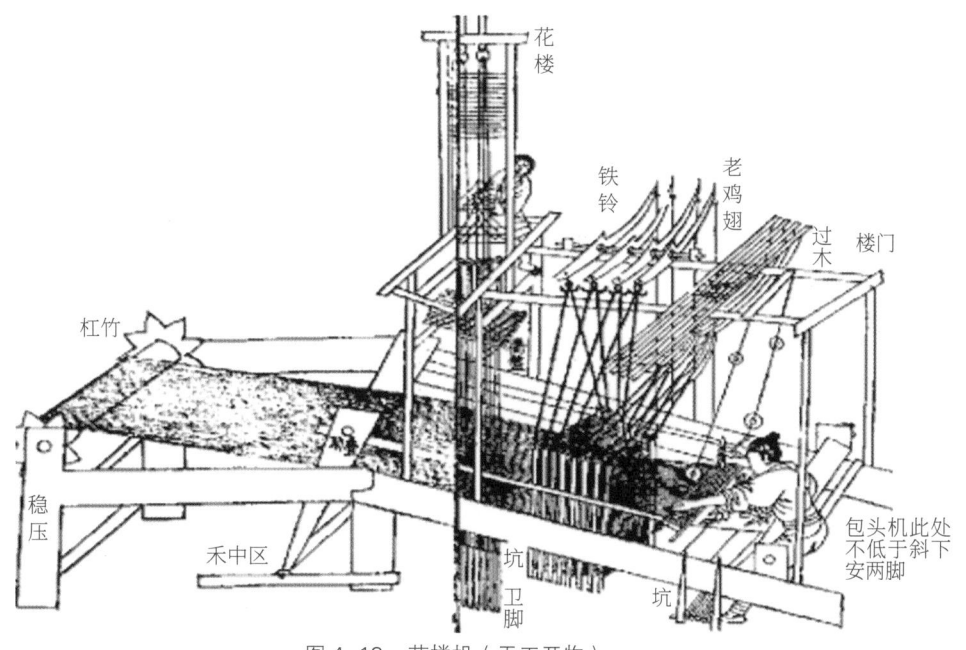

图4-13 花楼机（天工开物）

(4) 其他织机

中国古代还有过一种立织机（图4-14）。这种织机的经纱面垂直于地面，故又称竖机。早期的立织机可能是用于织造地毯、挂毯和绒毯等毛织物。唐宋以后，立织机在一些地区用于生产丝、棉织物。

罗是中国古老的一种织物品种。罗织机（图4-15）上配备有绞经机构。商周时代的罗主要是二经相绞的素罗，它使用的绞经开口机构比较简单，只要有一片绞综和一片地综就可织造。

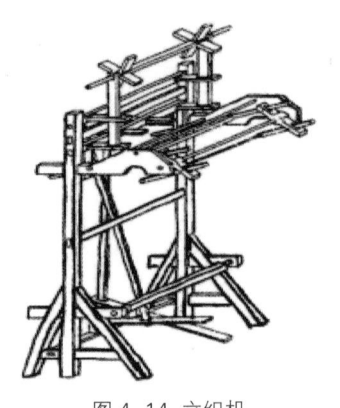

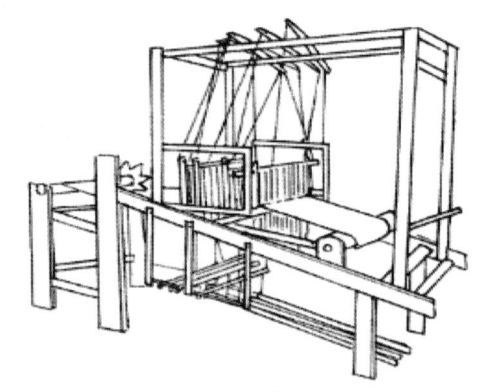

图 4-14 立织机　　　　　　图 4-15 古代罗织机

竹笼机是生产壮锦的古老织机。广西的壮锦是有悠久的历史，《广西通志》记载：宋代就有壮锦生产，明代万历年，龙凤花纹壮锦是当地重要的贡品。清代，壮锦生产相当普遍。竹笼机是竹木结构，开口提花机构形似用竹编成的猪笼，故又称为猪笼机。

1.3.3 印染和整理技术

秦汉以后，织物的染色和整理技术得到了进一步的发展，生产具有相当规模，但所使用的工具一直是手工工具。

1.3.3.1 练漂工艺

周代，以楝木灰汁为碱剂，使用浸泡及反复清洗、日晒等方法为丝帛脱胶，以成熟丝，此工艺称为"慌氏湅丝"。据《考工艺》载，周代湅漂工艺已具较高水平，在碱剂的选择和用量、浸泡时间的掌握，清水漂洗所用水质的要求，日晒漂白方法的创造等方面，均处世界先进水平。

秦汉时期，在"慌氏湅丝"的基础上，已采用草木灰与砧杵相结合的方法精练丝绸。精练剂的品种，由原有的蜃灰和楝木灰等，扩展到 15 种以上。南北朝期间，民间曾利用天然白土作为练浣织物的助白剂。隋唐至宋元时期，捣练工艺继续发展，逐渐改变为双杵坐捣，提高了生产率。对于麻类织物，除了发展草木灰椎捣法脱胶精练外，宋元时期应用半浸半晒法脱胶，以改进外观和手感。明清两代，创造了用猪胰进行脱胶练帛和精练棉布技术。这是中国较早应用生物酶脱胶精练的工艺技术。

1.3.3.2 染料和颜料

秦汉以来，植物染料的品种和种植面积不断增加，总结出制靛和制红花等方法，使这些植物染料可常年贮存使用，不受季节局限。隋唐以后，植物染料应用更为普遍，色彩众多。颜料和染料品种的增多以及印染工艺技术的演进，使染色的色谱继续扩大。色彩的名词，秦汉有 20 余种，到清代已扩展到 700 余种。

秦汉以后，在前代画缋和印花的基础上，型版印花有所发展。最初用的是凸纹印版，后来发明了印花辊和镂空板。以上印花技术都是直接上染花纹色，底布不上色。

除直接印花法外，属于防染印花工艺的蜡缬和夹缬先后问世，并逐渐成熟。宋元时期，在原有印金、描金工艺的基础上，发展了贴金印花，使织物外观富丽堂皇。明清时期，印花工艺继续发展，型版刻制精美，并开拓了木戳和木滚，印制工艺也分为刮印花和刷印花两大类，印浆更新，从而使印花色彩更加丰富。

1.3.3.3 整理工艺

汉代就有用熨斗对织物进行熨烫整理，历代相沿并演进为卷轴定形，其熨烫原理是后代织物定形的基础。

秦汉以来，涂层整理技术不断发展，主要产品是油布和漆布。在丝织物上进行髹漆整理，是先秦已有的整理技术，至汉代其工艺相当精细，后世一直沿用。

砑光整理在战国以前已有出现，其工艺是利用大石块反复碾压织物，使其获得平整光洁的外光，经过历代发展，到清代已应用大型踹石踹布，产品表面光洁，布质紧密，是机械轧光整理的前奏。

薯莨整理技术在东晋时期已用于麻类织物，以后用于丝绸。清代生产的莨纱（香云纱）是著名的品种之一，产品具有耐汗、耐晒、凉爽、易洗等特点。这种染整结合的一浴法工艺，是中国较早的特殊整理技术。

1.3.4 刺绣和编织

1.3.4.1 刺绣

和先秦一样，汉代刺绣（图4-16）仍然以锁绣为主，但也出现过少量的平针绣、十字绣和打籽绣。汉代刺绣十分繁盛，在技术上炉火纯青。汉代刺绣纹样以云气纹、动物纹和植物纹为主，飘逸奔放。

图4-16 汉代刺绣及锁绣针法

直到魏晋时期，锁绣依然是最主要的针法。唐代的刺绣针法开始转变，用平绣为主，并采用多种不同针法。唐代刺绣与宗教有密切的关系，有不少刺绣佛像。除了佛像人物，山水楼阁、花卉禽鸟也成为刺绣图样。运用金银线盘绕图案的轮廓，加强实物之立体感，为唐代刺绣的一项创新。

由于当时朝廷提倡之故，宋代刺绣非常发达。除了实用品外，宋绣尤致力于绣画。《宋史·职官志》载：宫中文绣院掌纂绣。徽宗年间又设绣画专科，使绣画分类为山水、楼阁、人物、花鸟，名绣工辈出。元代绣品传世极少，其风格承继宋代，但不如宋绣精致。

明清时期，刺绣日益普及，形成了许多不同风格的地方刺绣。明嘉靖年间上海顾氏露香园，以绣传家，世称顾绣。顾绣针法主要继承了宋绣，在材料和针法上加以变化，所用色线种类多，不拘成法，真草、鸡尾、薄金、头发均可入绣。在民间，先后出现了许多地方刺绣，著名的有鲁绣、粤绣、湘绣、京绣、苏绣、蜀绣等。苏、蜀、粤、湘四种刺绣，被称为"四大名绣"。

1.3.4.2 编织

汉代的手工编织（图4-17）十分盛行，且工艺非常精湛。织机无法实现的编织方式大量出现，如斜编、绞编及其变化组织。与春秋战国时期一样，汉代的手工编织物依然用于组带、履、冠等成形产品。编织物的显花编织技术在汉代得到了很好的发展，西汉时，双层斜编显花技术非常纯熟，东汉时，出现了绞编显花编织物。

（a）马王堆双层斜编千金绦 　　（b）马王堆斜绞编漆纱帽 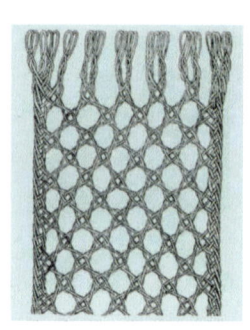　　（c）大葆台符合斜绞编

图4-17　汉代手工编织物

唐代的编织技术也比较发达，但在编织组织上趋于简练。斜绞编继续得到应用，用于编织组带等。唐代斜编以单层结构为主，需要显花时，通过配合不同色彩的丝线来实现。绞编制履因费工、费时，到南北朝时成为禁断之物，唐代转用于编织经帙。

随着手工纺织机器的日益完备和普及，宋以后的手工编织逐渐衰落，技术和艺术成就均比较有限。但是，手工编织工艺在民间的普及程度大幅提高，出现了很多地方编织方法，成为中国民间传统手工艺的一个分支。

1.3.5 丰富多彩的纺织品

1.3.5.1 丝织品

（1）绢类

商周时期已有的绢类织物在汉代之后依然大量生产，名称及结构特征基本延续不变。其中，轻薄带均匀孔眼的纱织物是秦汉时期做夏服和衬衣的一种非常流行的品种。汉以后历代，纱织物都有大量生产。表面起皱纹的平纹丝织物縠，也是平纹丝织物的重要品种。

（2）罗织物

质地轻薄、经丝互相绞缠的罗织物，在汉以后经魏晋到隋唐得到进一步的发展。宋代的罗更是风靡一时，成为江南一带名贵的丝织品，在润州（镇江）专门设立织罗务，每年的贡罗多达10万匹以上。

（3）绮和绫

绮是平纹地起斜纹花的提花织物。绫是斜纹（或变形斜纹）地上起斜纹花的丝织物。

绫是在绮的基础上发展起来的，出现较晚。从汉代史籍中的记载看，秦汉前可能已经出现绫织物。汉代的散花绫可与刺绣媲美，身价高贵。六朝至隋唐，绫盛极一时，到唐代达到了高峰。元代以后，绫的织造一直很受重视。明代的绫织技术非常高超，可织出五枚经斜纹组织。

（4）锦

周代的锦已达到很高水平，秦汉以后有很大的发展和变化。

绒圈锦是西汉织锦的一个重要品种。其基本组织与平纹经锦相同，但是需要在平纹经重组织的基础上再提起绒圈经丝，织入起绒杆，织成后将起绒杆抽去，这样在锦面就会出现由绒圈形成的立体花纹。绒圈锦的流行期很短，集中于西汉时期。

东汉至魏晋，织锦实物多见于西北地区。

南北朝的锦在纹样上与汉代有明显差异，云气、异兽被写实的动植物取代，很多是联珠对鸟对兽纹。

唐代织锦的地区分布很广泛，织造工艺技术更趋成熟。唐代织锦的突出特征是纬显花取代汉晋之前主导的经显花，这是显花技术的一大进步。经锦的花型比较小，因为织机上了一批经丝以后，色彩不能中途改变。纬线显花的织法中，一架织机完全不改变经线和提综顺序，只需改换纬线的颜色，就可织出花型色彩各异的织品来。

西北地区出土了大量的唐锦（图4-18），主要有两种风格：一种是继承南北朝纹样风格的联珠对鸟对兽纹锦；另一种是花鸟纹锦、瑞花遍地锦、小团花纹锦、菱形团花纹锦等。唐代的锦作为主要出口商品，和各国的贸易往来频繁。日本的正仓院、法隆寺、神护寺等保存了一批中国唐代的锦。

图4-18 唐代织锦

到了宋元时期，织锦在花纹图案、组织结构、织造工艺技术等方面都有所发展，逐步演变形成了独特的宋锦、妆花、织金锦等特色品种。

宋锦是宋代开始盛行的纬三重起花的重纬织锦，是唐代纬起花锦的发展，其生产地区主要是在江南一带，大多用于装裱书画。

织金锦是指织入金线的锦。中国使用金丝、金箔的历史非常悠久，临淄出土有东周时的金箔和金丝。在汉代金缕玉衣上，用金丝作为缀结玉片的材料。马王堆出土丝织物中有用金线作刺绣、用金泥在织物上绘花的。这些文物证实了中国在北宋初年已经利用捻金线进行织造。元代，织金锦大量生产，在文献中被称为纳石失，用片金或捻金织造。

妆花是用各种彩色纬丝在织物上以挖梭的方法形成花纹。这种方法在汉、唐的一些挖花织物上均有出现，到宋元期间已广泛应用。其构成方法是在地纬之外，另用彩纬形成花纹。这种方法可以应用于缎地、绢地或罗地上，依次为妆花缎、妆花绢、妆花罗。

（5）缂丝

缂丝是用通经回纬织法，以彩色纬丝显花的织物，常织成书画供装饰用。缂丝织造时，以平纹组织为基础，全用彩纬，根据花型的需要编入经纱中。传世的缂丝织机，用二片综开口。织前先将画稿或画样衬于经纱之下，由织工用毛笔将花纹轮廓描到经纱上，再以具有各色彩纬的小梭子，按花纹轮廓分块地缂织成花纹。

缂丝相传盛行于唐代。通经回纬织法实则由来已久，在汉代已经运用，南北朝时期也有实物出现。日本正仓院保存着一些唐代缂丝。

1.3.5.2 葛麻织品

秦汉以后，中原地区的衣着原料除蚕丝外，主要是麻类和葛。葛、麻织物总称为布。其中，麻织物一直是大众的主要衣料，葛织物逐渐减少。

夏布是比较精细的苎麻布，名称始见于清代文献。宋元以后，随着棉布在中原地区的逐渐普及，苎麻布开始专做夏服用布。苎麻布，按精细程度，曾有各种名称：苧布、絟布、緆布、緦布、毹布、繐布（或絿子）及服琐（或绫布）。其中，毹布、繐布、服琐均是极精细的苎麻布，前面四种是指一般的夏布。

葛是中国远古时期的夏服衣料。秦汉时期，东南沿海一带还在生产葛。到清代，在南方尚有精美的葛织物生产，其余地方大都被苎麻取代。

1.3.5.3 毛织品和毛毡

古时，毛织物细者统称为罽，粗者统称为褐。各少数民族对同一种毛织物往往有不同的名称，新疆地区称毛毡为氍毹，西藏、青海一带称为氆氇。

通经回纬的缂织首先用于毛。1930年斯坦因在新疆古楼兰遗址中，发现一块汉代奔马缂毛。彩色纬纱地缂出奔马和细腻的卷草花纹，体现出汉代新疆地区的纹样风格。这是迄今为止出土文物中年代最早的一件通经回纬织物。

花罽是提花织制的精细毛织物。东晋郭璞在《尔雅》注中说，罽是"胡人绩羊毛作衣"。

毡是动物毛经湿、热、挤压等物理作用而制成块片状的非织造布。"氈""旃""氈"都是毡的古异字。

1.3.5.4 棉织物

白叠，又称帛氎，是古代本色棉布的统称。新疆地区的棉布，早在东汉末年已以鲜洁闻名于中原地区。

斑布是色织棉布的古代名称（有时也指色织麻布）。宋末元初，黄道婆将海南的纺织经验带回到松江一带，形成"凡棉布寸土皆有，而织造尚松江"的局面。此后，松江棉布负有盛名。

19世纪30年代，英国风行用中国杭纺绸做衬衫、用紫花布做裤子的绅士服装。紫花布是用天然棕色棉花手工纺织制成。由于这种棕色棉开紫花，故名之为紫花布。紫花布当时以南京为集散地，东印度公司称之为"南京布"。

另外，棉还与其他材料交织，如泉州地区有丝布，系"丝经棉纬者"。

1.4 中国动力机器纺织时期

以动力机器为基础的工业化纺织生产首先兴起于欧洲，是纺织史上的第二次飞跃。动力机器纺织在中国经历了两个阶段：一是形成阶段，自1871年到1949年；二是发展阶段，1949年之后。

1.4.1 西方工业化纺织对中国的影响

16世纪，欧洲的手工机器纺织技术有了较大提高。17世纪下半叶，英国凭借强大的海军掠夺海外殖民地和市场并长期致力于发展纺织技术。到18世纪，随着飞梭装置、梳理机、牵伸机构和珍妮纺纱机的相继发明成功，纺织业进入了动力机器生产阶段。

1840年，鸦片战争爆发，英国用军舰和枪炮瞄向了中国丰富的资源、廉价的劳动力和庞大的市场。鸦片战争后，中国被迫开放口岸、划出租界、允许外国以优惠条件办厂。国门打开后，其他欧洲国家也接踵而至。

19世纪后期，明治维新后的日本，纺织工业迅速发展，也看上了中国丰富的资源和广大的市场。甲午战争后，日商陆续来华开设办事处。第一次世界大战（一次大战）期间，蓄势已久的日本纺织业大举进入中国。

大量"洋纱""样布"进入中国，对中国本土的纺织手工业形成了灾难性的冲击，迫使中国被动进入纺织生产的革新。

1.4.2 工业化纺织生产的形成

中国近代工业化思想始于军事工业。鸦片战争后，政府及有识之士将失败归因于武器不够精良，遂于19世纪60年代兴办官营军事工业，19世纪70年代扩展到了纺织生产。

1.4.2.1 动力机器纺织在中国的兴起和扩展

中国近代纺织工业始于机器缫丝，1872年，广东侨商陈启源在南海开办了中国第一家机器纺织工厂——继昌隆缫丝厂。

1878年，宁波湾头建起了最早的机器轧花厂；1878年，左宗棠兴建了兰州织呢局；1890年，李鸿章扶持开办上海机器织布局，成为最早的棉纺织厂；同年，张之洞在武汉兴办湖北织布局和纺纱局，后增设制麻和缫丝局；1894年，盛宣怀受李鸿章之托，在上海创建华盛纱厂。此后几年里，在宁波、无锡、苏州、南通等地，官办、官民合资及民营纺织企业不断增加，到1911年，华商棉纺厂达到32家，83万锭。机器纺织成为中国主要的工业门类。

1914年，第一次世界大战爆发，西方列强对中国的经济压力减缓，国内纺织品价格上涨，纺织企业受益丰厚，民族企业不断壮大。在此期间，日资企业在中国乘机发展，1919年，日资在华棉纺织厂共23家，120万锭。1919年，全国机器织绸工厂由几家发展到了54家，多分布在沪、江、浙地区，基本都采用电力织造。

总体上，此阶段民族纺织企业资金不足、设备简陋、规模较小、技术和管理落后，设备、技术和管理全部或部分依赖外国。

一战结束后，外资纺织以日本为主，接近垄断。出口贸易由列强控制，对民族企业带来严重抑制。外资公司还利用低价竞争、高利放贷等手段，迫使民族企业出售、转让和倒闭。抗日战争前夕，全国棉纺织有495万锭，近80%分布于上海、青岛、天津等沿海城市，其中，日资为194万锭，英国为20万锭。

抗日战争期间，日本大肆掠夺资源，挤压和吞并中国企业，致使民族资本纺织企业降至全国总量的五分之一。抗日战争结束后，日资纺织企业被国民党政府接管，生产能力的三分之二由政府控制，三分之一由民族资本控制，主要企业依然分布于上海、青岛、天津等城市。政府在上海设立"中国纺织建设公司"，主要由接收的日资企业组成，形成了集中统一的管理系统，建立了较完整的技术和操作规范。

解放战争爆发后，纺织生产又步入艰难，物价暴涨暴跌，通货膨胀加剧，苛捐杂税繁多，企业虚盈实亏；政府寻求美国援助，大量美棉、美纱、美布进入中国。到1949年，民族企业多数开工不足，或歇业甚至破产。

这一时期，中国早期的纺织教育开始兴起。最早的纺织学校是浙江蚕学馆（1897年）。1911年，京师高等实业学堂设机织科；20世纪初至40年代，天津北洋大学、河北工学院、南通学院、交通大学等设立了纺织专业，上海出现了多所专门的纺织专科学校。

1.4.2.2 动力机器纺织形成阶段的技术发展

（1）纺纱

1870年前后，除了手摇单锭纺车外，中国已有多种形式的复锭脚踏纺纱机，并有20锭转轮推车式捻线架和竹轮式纺车，可用于合股捻线。但这些设备缺少牵伸机构，难以多锭化。此期间，欧洲对其已有的牵伸机构进行过几次革新。1906年，发明了三罗拉双区牵伸，牵伸倍数为7～8；1911年，出现了皮圈式牵伸，牵伸倍数提高到18～20倍；1923年，卡式皮圈牵伸的牵伸倍数可达25倍；其他如清棉、梳棉也得到革新，逐步高效化。上述技术由英、日逐步传入中国。

抗日战争期间，纺织品匮乏，一些小型纺纱设备被开发出来。抗日战争初期，由上海申新二厂制成新农式成套纺纱机，每套（开、清、梳、并、细纱、摇纱、打包）128锭，占地75平方米。另有三步法成套纺纱机，将棉纺中的开清、梳理、并条、粗纱、细纱改为弹棉—并条—细纱三道工序。抗日战争结束后，技术革新也有出现，如纺建式大牵伸和雷炳林大牵伸。

（2）织造

18世纪初期，中国民间广泛使用手工投梭的踏板织机，织造精美织物时则采用大花本束综提花机、多综多蹑机、竹笼机和纱罗织机。

手工织机的动力化改造是由欧洲人完成的。18世纪中叶，发明了飞梭装置，后来逐步演变成凸轮带动木棒拉绳或直接用木棒套滑块打梭，并将脚踏板改为动力驱动踏盘（凸轮）。1895年欧洲出现了自动换纤机。1926年，日本人研制出自动换梭的丰田织机，并发明了断经自停装置，使织造技术得到升级。变革的织造技术以各种方式陆续被引入中国，并为民族纺织企业所采用。新技术使得纺织产品逐渐精细化，织物品种增加，单位用工减少。

1.4.3 工业化纺织生产的发展

1949—1952年，中国处于三年恢复调整时期。1953年，纺织工业开始大发展；20世纪80年代，随着改革开放的逐步深入，纺织业进入新的发展阶段，迅速增量，并有大量外资企业进入；至20世纪90年代，纺织业逐步市场化，产能趋于过剩，随后，逐步开始升级、转型。

1.4.3.1 发展过程

新中国成立初，政府接管了官僚资本纺织厂，使之成为国营企业。随后，对民族资本纺织企业进行社会主义改造，由公私合营逐步收归国有。1953年开始实施"五年计划"，致力于发展国民经济，在中央一系列方针政策的指引下，纺织工业蓬勃发展。

"一五""二五"期间，国家开展大规模生产建设，规划布局，改、扩、新建了一大批纺织企业，在北京、石家庄、邯郸、郑州、西安和咸阳、呼和浩特建起了新的纺织生产基地。六大基地的建立改变了纺织生产布局的不合理状态，使纺织生产和原料产地接合、与消费市场接合，并带动了相关产业发展，促进了工业化和经济的发展。

1949年之前，中国化纤工业接近空白；20世纪50年代，由东德引进设备建立保定化纤厂，生产再生纤维；20世纪60年代，开始发展合成纤维；20世纪70年代，由欧洲和日本引进设备，开始兴建化纤基地。到1984年，全国共有化纤厂265家，总产量74万吨，占纺织纤维总量的22%。

1949年前，纺织设备基本依靠进口，只有维修配套业务。1949年后，通过改造老厂，兴建新厂，引进消化先进制造技术，纺织装备生产能力不断得到强化，到1982年，全国有纺织机械厂179家，纺织器材及配件厂254家。

新中国成立时，印染技术落后，设备陈旧。到20世纪80年代初，机械化连续染整设备发展迅速，煮漂、高压染缸、印花机、热定型、高温高压染色机、树脂整理机达到6000台。

新中国成立初期，中国服装行业以个体手工和家庭作坊为主，规模企业寥寥无几。此后几十年，国家逐步发展整套服装生产线，引入国外先进的缝纫机、定型设备和配套加工设备，成衣率逐步提高，由新中国成立初的0，发展到20世纪80年代的25%左右。

新中国成立初至20世纪50年代末，纺织业由中央集权管理，人、财、物统归纺织工业部管理，中央计划一贯到底。1958年起，因企业大增、分布很广，开始实行"条块管理"，即大型化纤和纺织机械企业由中央管理，棉、毛、丝、麻纺织企业下放，由所在地管理，纺织工业部进行归口管理，负责规划协调及技术指导。

1.4.3.2 发展成就

新中国成立初的10年，主要的技术进步在于改进生产工艺，节约原材料，改善工作条件，提高产量和质量。

20世纪70年代，主要致力于提高机械化水平，提高生产的连续化程度，提高生产效率和产品质量。同时，逐步发展化纤生产及其应用，并进行设备和技术改进，适应化纤加工。

改革开放以后，中国纺织工业的重点是大力发展新型纺纱、新型织造和非织造布，提高国产设备的设计和制造能力，继续发展化纤生产技术，提高纺织品染整技术，提高产品功能，开发功能性纺织品。在此期间，服装制造业水平也迅速提升。

新中国成立至 20 世纪末，中国纺织工业取得了巨大的进步，主要成就包括：纺织工业布局改善；天然纤维品种和品质改进；化纤工业崛起；纺织机械革新和产业形成；新型纺织技术和产品开发取得成效；产业链的协调性提高；管理逐步科学化。市场观念和品牌意识逐步强化；纺织教育和科研事业发展迅速。

2 日本纺织品

唐代不仅在中国的历史上各个方面上达到了鼎盛的时期，在历史上也起到了不可磨灭的积极贡献。日本传统纺织服饰的源头就是唐代。奈良时代日本所派出的大批遣唐使、僧侣到中国学习、交流和吸收，把唐代的政治、经济、文化各个方面包括桑蚕技术、丝织技术和丝绸服饰工艺等都带回了日本。日本对其吸收、消化，例如，和服发展到现今已经有其自己的风格，但是仍然能从其身上看出唐代服装的影子，唐代的服装起到无法代替的作用。中国的纺织文化印记在现今的日本传统服饰中依旧保存着，包括丝绸工艺、服装的款式、配饰和妆容几个方面。公元 600 年，日本圣德太子派遣使节到唐朝，从此开启了 300 年友好往来的历史。他们先从中国引进了"冠位十二阶"，制定了宫廷用冠和参朝服，并邀请中国技工去日本传技，桑蚕丝织工艺、天然植物染料染色工艺和服饰工艺也在日本蓬勃发展起来。

2.1 日本的历史概况

日本位于亚洲东端，由本州、四国、九州、北海道四个大岛及六千多个小岛组成。公元前 145 世纪至公元 3 世纪，为"绳文时期"，系母系氏族社会。公元前 2 世纪起，进入弥生时代，属于金石并用时代。公元 3 到 7 世纪是奴隶制时代，公元 3—6 世纪前期为古坟时代，随后 100 年为飞鸟时代。8 世纪初至 8 世纪末为奈良时代，此时的政治、经济、文化及宗教以中国唐朝为模式而展开。8 世纪末到 12 世纪末的平安时代，日本废止了遣唐使，并创制了日本的假名文字，由唐风转向和风。12 世纪末，建立了军事封建国家，进入幕府时代，经过两大武士阶级对立的南北朝时期（亦称战国时期）后，在京都建立了室町幕府(1336—1573 年)，恢复了对中朝的贸易。此时，中国明代文化给日本带来了很大影响。17 世纪初，日本进入江户时代，封建势力割据，阶级矛盾日趋激烈，与此同时，欧美国家对日本施加压力，要求通商。1868 年，幕府灭亡，天皇登基，日本开始明治维新，实行改革政策和有力措施，使日本迅速走上了现代化道路。经过 1912—1926 年的大正时代和 1926—1989 年的昭和时代，日本逐步强盛起来。

2.2 上古时代的纺织

上古时代是指绳文时代，跨弥生时代，直到古坟时代，即公元前 145 世纪到公元 6 世纪初。

在绳文文化时期，日本已经可以运用搓捻技术，并能进行手工编织。日本历史上最早的纺织技术大概是在弥生时代。

早期的日本纺织原料主要是大麻等韧皮纤维，或来自桑树和紫藤等，系就地取材。蚕丝的使用最初来自中国。

关于上古时期的纺织技术状况，并无直接的资料可以参考。按照有关说法，自秦朝开始，在公元 1 世纪前后，中国的养蚕育丝和纺织技术已经较多地传到日本。西汉哀帝时（前 25 年—前 1 年），纺织技术中较为复杂的织罗技术经由朝鲜传入日本。

据记载，到公元 4、5 世纪时，有许多中国和朝鲜的纺织工匠由朝鲜半岛来到日本，带来了高超的大陆风格的纺织技术。5 世纪前后，从大陆来的秦氏一族在山城之国，也就是当今的京都太秦定居，在当地推广养蚕缫丝和织造技术。早在桓武天皇建造平安京之前的 5 世纪，京都的纺织业已开始起步。随着平安京迁都、负责管理宫廷织物的织部司设立，京都的纺织业得到了进一步发展。

2.3 中古时代

日本的中古时代是从公元 6 世纪初的飞鸟时代到江户时代，止于 1868 年。这一时期的纺织技术，除了后期的江户时代，其余时期依然缺少足够连贯翔实的资料和实物。

2.3.1 飞鸟、奈良时代

飞鸟时代，日本派遣使节和留学生到中国学习，佛教与儒教从中国传入日本，中国文明对日本的影响进一步深化，深入到日本人生活的各个方面。

奈良时代是日本历史上的一个短暂而辉煌的阶段，与中国唐朝的密切联系带动了社会的发展，纺织和染整工艺也有了很大的进步。

公元 6 世纪中叶到 8 世纪的一些纺织品在日本奈良法隆寺可以见到。天寿国曼荼罗丝绸绣帐 (图 4-19) 制成于日本推古天皇三十年（622 年），是日本遗存的最古老的纺织品。绣帐原长 5 米余，宽 1 米余，上面有铭文四百字，分别绣于一百个龟甲上。现存断片 6 个，有天女飞翔、玉兔捣药、莲花坐佛等部分，色彩简练，线条雄劲。

除了法隆寺等地之外，今天能够看到的日本早期的纺织品基本都来自正仓院，也都属于飞鸟、奈良时代的遗物。这些织品在技术和风格上都具有浓重的大陆色

图 4-19 天寿国曼荼罗绣帐

彩，很难看出日本的特质，当时的日本织部司和缝部司的工匠多是来自中国或朝鲜的归化人员及其子孙。

飞鸟、奈良时代，刺绣很流行。因为佛教文化兴盛，所以"绣佛"的形式在刺绣工艺中占据了重要位置，天寿国曼荼罗绣帐是现存最早的代表作品。

除了刺绣，奈良时代已经能够生产织锦、绫、罗等较为复杂的织物。当时，锦町被用来指显花织物，主要是织锦。

奈良时代，日本有了绫织物的织造，绫是一种由联合斜纹组织织成的暗花织物，包括经面斜纹和纬面斜纹。纱罗织物在奈良时代也有织造，纱是一种简单的绞纱织法，罗则是一种更复杂的、有菱形花纹的织物。

奈良时代的染工使用了中国传来的染色和直接印花技术。明石染人《染织史考》记载，早在南北朝时，凸版印花由中国传入日本。此外，防染印花工艺——蜡缬、扎缬和夹缬也在奈良时代得到了较为广泛的应用。夹缬是6世纪从中国传入日本的，在奈良时代有了很好的推广。

2.3.2 平安时代和镰仓时代

8世纪末—12世纪末的平安时期，来自中国的影响虽有持续，但日本纺织品逐步形成了自己的风格，即所谓和风式样。对于飞鸟、奈良时代的纺织工艺技术，在平安时代有所继承，但在织物方面，高超的织造和印染技术有所退化。纺织品中，织锦变得比较简单，多是倭锦（日本式锦）。与过去相比，鸟、蝶、虫等纹样受宠，锦缎上的唐草纹逐渐消失。呈圆形并散开的碎小而明丽的连续纹样，以及将自然物作为纹样的构成形式多了起来，表现出洗练的日本气质。另外，还出现了二倍织物（双层织物），纹样风格特征与和风一脉相承。

平安时代，日本转向过度细致的礼仪，服装很繁琐，一个女士可以穿多达12层衣服（图4-20）。这一时期的纺织品没有传世的实物，但紫式部创作于1010年的《源氏物语》，其对宫廷服饰有比较详细的描述。

图 4-20 平安时代的多层衣服

平安时代后期，织部司下的官营纺织作坊逐渐衰减，工匠们在织部司东边的大舍人町聚集定居，脱离宫廷的管理，开始自由作业，制造出大舍人之绫、大宫之绢等纺织品。

镰仓时代（1185—1333 年）是日本武士家族活跃的时代，纺织技术也由朝廷风格转向了武士家族风格。在此期间，长期作为古代百姓的衣用材料而广为使用的麻类纤维应用依然很多。

这一时期，还出现了大纹（染有家徽）服装，这是武士贵族织物纹样的一个重要特征。家徽纹样可用绘和绣的方法，被用于识别贵族、家庭及其仆人。同时，女士们放弃了多层衣服而转向小袖。生活态度总体趋于实用。

2.3.3 室町时代和桃山时代

室町时代（1334—1573 年）是一个持续战乱和艺术勃兴的时代，基本与中国的明朝同期，足利幕府将首都迁到了 8 世纪以来最重要的纺织和刺绣中心——京都。在染织工艺方面，称作名物裂的一系列外来纺织品大量输入，对此时日本织染工艺产生了极大影响。武士家族纺织品中的贵族气质逐渐消失，百姓的穿着要素显著提高。

在纺织技术上，外来的影响很显著。唐织、厚板、摺箔、纱金等一系列具有舞台效果的纺织品大量涌现。各种华丽的织物作为戏服，被用于新兴的能剧。普通服装中的小袖得到了很大发展。在桃山时代进一步发展，涌现出自由、舒适而华美的服饰。至此，在社会各阶层不尽相同的衣服形态皆为小袖形所统一，称为"着物"。和服的服装形式也就成为日本最具代表性的服装。此时，织染技术也有很大的进步，仅在小袖所用的布面上，便可描绘出气象万千的世界。

室町中期，京都爆发了东西军之争，战乱结束后重新开始发展纺织业。西军的大本营遗址，也就是西阵，成为了优质纺织品的产地，因而诞生了著名的西阵织（图 4-21）。

从古坟时代延续到室町时代，西阵地方基本沿用中国的织造方法，并有一些变化。其代表性产品之一是由染色纱线织成的提花织物。

室町末期，西阵织及其产地西阵获得朝廷的认可，受到丰臣秀吉等人的保护。而随后工匠们引进中国明朝的纺织技术，生产出

图 4-21 西阵织

优秀的绸缎，进一步推动了西阵织的发展。西阵织成为日本丝绸业代表的同时，也成为了京都具有代表性的产业。

桃山时代（1573—1615 年），所谓"南蛮交易"在持续，日本与欧洲国家的交往有所增加。日本的纺织品，主要是丝绸，通过东南亚港口，被运往国外。16 世纪，西欧开始跨进资本主义的门槛，日本仍停滞在封建社会。此时，幕府的力量有所加强，日本仍坚持以农本经济为纲，采取闭关锁国政策，未能看到与西方国家均衡发展的机会。

16 世纪中期，国外的棉纺织品进入日本。棉花逐步取代以往的麻类纤维成为纺织的重要原料。

室町和桃山时代，日本比较有代表性的织物中，有一种是用不规则浮长线形成的棉

绉织物，另一种特别的织物是所谓的嵌花织物（tsuzure nishiki），这种织物是对中国缂丝织物的发展。

在室町和桃山时代，各种织锦依然是最重要的织物。其中一种最为华丽的织金锦（图4-22）是在斜纹地组织上用缎纹起花纹的织物，上面有精致的植物、动物和鸟类纹样。这种织锦工艺的样板来自中国。

丝绒是桃山时代后期、江户时代早期的另一种代表性织物。

桃山时代，织物的印染流行使用缝线扎染和墨水印花。受织金锦的启发，刺绣中使用金属丝也比较盛行。

图4-22 桃山时代的织金锦

2.3.4 江户时代

在江户时代（德川幕府，1615—1867年），日本封建政府对外部世界关闭了门户，奢华的艺术被江户（东京）建立起来的宫廷专享。在佩里准将1854年开启日本和美洲贸易之前，日本和域外的纺织品交易很少。

江户时代，作为纺织中心的西阵逐渐陷入困境，饥荒引发社会动荡，幕府的"奢侈禁止令"使西阵织的需求量减少。享保15年（1730年）和天明8年（1788年）的两次大火，西阵的织机机户被全部烧毁。西阵织之外，丹后、桐生等新丝绸产地逐渐崛起，改变了西阵织独领风骚的局面。

江户时代日本纺织的一个特点是盛行采用古老的染色技术，绞缬（扎染）、夹缬和雕版印花得到很好的发展，米糊防染技术得到发展和应用。绞缬和刺绣的技法并用而成的缝箔，效果清新别致。

江户时代最为著名且一直盛行于礼仪和服的一种织物是友禅染（图4-23）。友禅染是17世纪的扇画师宫崎友禅斋开发的一种手绘涂防染胶的印染方法。友禅染的出现，是日本印染技术的一场革命。日本人此前的印染技法大多是从外国学来的，只有友禅染是日本特有的染色技术。图4-24为友禅染服装。

此时的日本纹样多是本土风格和中国主题的混合物。忠孝、中国神话传说、日本神话故事、动物、植物、写实的和象征的题材都有所表现。

在城市纺织中心之外，江户时代的民间纺织也有了较大的发展，出现了一些比较有名的产品。九州出产的大岛绸是其中之一，其制作工艺的独特之处在于，先将手工纺出来的丝线用鹿儿岛泥染成红棕色，然后手工平织成绸布。大岛绸的特点是古朴雅致、质地轻盈，保暖且不易变形，另外配色独特。此外，还有各式各样的绊染产品——绊织，绊织始创于印度，盛行于印度、东南亚等地并传入日本。

江户晚期，由于印染技术十分兴盛，刺绣的应用逐渐减少，但金属线缝绣工艺依然比较常见。

图 4-23 友禅染

图 4-24 友禅染服装

2.4 近代纺织

2.4.1 发展概况

1868年,天皇复位,日本恢复了对外关系,开始了文明与开化时期。在西方资本主义工业文明的冲击下,日本开始了全面西化与现代化改革运动,即明治维新。这次改革始于1868年,政府进行了政治改革,建立了君主立宪政体;经济上推行殖产兴业,学习欧美技术,发展工业化;并且提倡文明开化,大力发展教育。

纺织业作为殖产兴业运动的一个重要部分,有了一系列重大举措。以棉纺织为龙头,开展了推进机械化生产的育成政策、奖励植棉的劝农运动等。由于资金匮乏,明治新政府采取官民并举的方针,支持民间及地方政府投资办厂。一家由民间集资创办的纱厂——大阪纺绩株式会社,于1884年建成投产并取得成功。日本民间资本的产业投资热情大受鼓舞。1886年以后,各界人士纷纷集资兴办机械化纺织厂,大量购置西方先进的纺织设备。据统计,到1891年底,日本全国已建成各种规模的纺织企业36家。同时,一边消化西方的机器纺织技术,一边大力推行技术改造和革新,卓有成效。

日本的机器化纺织业在兴起后不久,就遇到了生产过剩危机。1889年,全国受灾,物价大涨,棉布的需求量大幅减少,纱价大跌,纺织厂的经营陷入困境。为了克服困境,日本通过国家干预,减少纺织品进口,保护国内市场。同时采用进口原棉以降低生产成本,并增加对朝鲜、中国的产品出口。早在1877年,三井物产会社就在上海开设了营业所,进口棉花。大阪的棉花商于 1887 年组成内外棉会社，并于 1889 年在上海英租界设立营业所，开展进口棉花贸易。

20 世纪初，日本步西方国家后尘，开始在中国开办纺织工厂。1914 年，欧洲爆发一次大战，日资纺织企业乘机发展在华业务。1919 年，在华日资纺织厂 23 家，120 万锭，为外资纺织的主体。随后 10 余年，日本通过独资、合资和兼并等各种方式扩大在华企业规模，逐步接近垄断。到 1935 年，日资在华纺织占到全国总量的四成，主要分布于上海、青岛、天津等沿海城市。

2.4.2 技术成就

明治维新以后，在学习西方动力机器纺织技术的同时，日本国内对于纺织加工技术的革新卓有成效。革新的代表性人物是丰田佐吉。1890 年，他研制成功了高工效的木制人力织机。1897 年，他发明了柴油机带动的铁木混合结构丰田式汽动织机（图 4-25），这是日本历史上第一台非人力自动织机。1902 年，丰田佐吉发明了断纱自停装置，这一发明打开了自动纺织业的大门，直到百年后的今天，这种装置仍然被沿用。丰田佐吉在 1926 年发明了自动换梭的自动织布机（图 4-26），丰田自动织机是日本织机制造技术达到当时世界先进水平的标志。丰田佐吉的一系列发明极大地推动了纺织业的发展，使日本纺织业跃进到了一个新的发展阶段。

图 4-25　丰田汽动织机　　　　图 4-26　丰田自动织机

与此同时，日本传统的纺织生产基地和生产技术也纷纷进行革新。

明治时期，首都迁至东京，京都失去了核心地位。然而，西阵迅速抓住了文明开化的机遇，向欧洲派遣人员，引进提花技术，成功实现了近代化。大正（1912—1926 年）、昭和（1926—1989 年）年代，在推动高档丝织品大众化的同时，致力于发展传统手工纺织工艺，继续维持西阵织在日本纺织业中的独特地位。

江户中期开启的友禅染，在明治时代也迎来了新的发展。明治三年，京都开办舍密局（工业试验所），设立织部和染部，积极推广新技术的应用。广濑治助开发了化学染料的友禅技术，推动友禅从手工业迈向工业化。此外，适合大批量生产的型染技术得到运用。自此，友禅开始普及到普通百姓的生活中。

第5章

波斯地毯

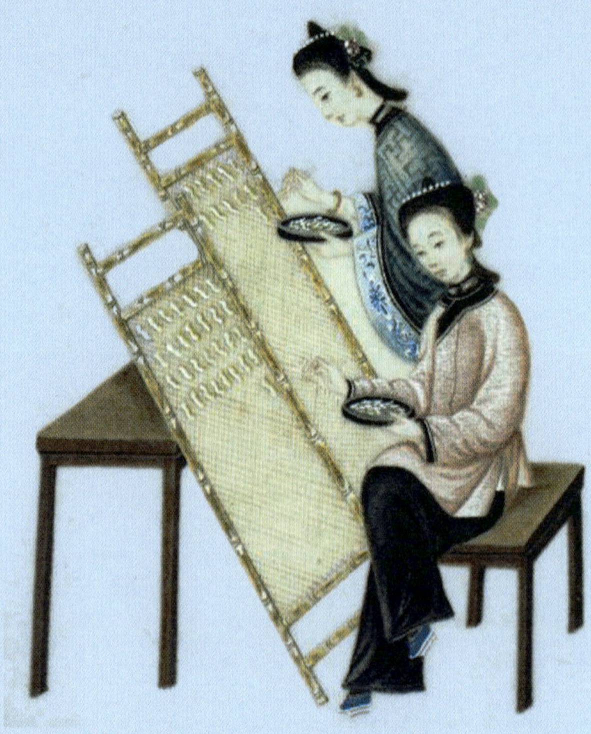

波斯文明兴起于伊朗高原的西南部，是西亚地区历史上当之无愧的古老文明之一。作为波斯文明的缔造者，波斯帝国始于公元前550年的阿契美尼德王朝，历经国力强盛的萨珊王朝，7世纪时被阿拉伯帝国征服。而后经历数世纪的外族朝代统治，公元16世纪初，萨菲王朝再次复兴波斯文明，经济贸易、文化艺术等方面得到了空前发展。到1935年，巴列维王朝将国名改为伊朗。波斯帝国作为世界上第一个世界性大帝国，全盛时期横跨亚欧非三洲。领土东起帕米尔高原，南抵埃及，西至小亚细亚、巴尔干半岛，北达高加索山脉、咸海。优越的地理位置赋予了波斯丰富而优质的织毯原料，加之地处丝绸之路，波斯地毯更是成为东西方文化交流的媒介。而现在，波斯地毯历经千百年的发展，不仅造就了它无以替代的品质，也将古老的波斯文明融入了其中，成为人们了解波斯文化与波斯人生活的一部分。

1 波斯地毯的发展及文化遗产

1.1 波斯地毯的发展

在地毯编织史上，波斯地毯如同波斯文明一样影响深远。作为波斯人世代相传的工艺，至少已有两千多年的历史，它的成就是通过祖祖辈辈的努力而达到的，是一个人类智慧运用资源的故事。每一张精妙绝伦的波斯地毯，都是一件有生命的艺术品，一针一线中，承载了千年文明的沉淀，述说着波斯辉煌的历史。

公元前550年，居鲁士大帝建立阿契美尼德王朝，史称古波斯帝国。王朝鼎盛时期横跨亚非两洲，远达欧洲大陆，文化和经济十分繁荣。这个时期，波斯地毯作为宫廷和王公贵族生活中最重要的装饰物，一直享有盛名。

公元前331年，亚历山大大帝征服了波斯，中亚的帕提亚人与波斯人有了文化联系，因此波斯艺术中有一些希腊艺术的影子，这种情况一直持续在接下来的100年里。在希腊艺术的影响下，波斯生产的纺织品中，只有少量的挂毯和刺绣品带有原来的样子，其图案为一种简化形式的百合花和带有几何图案的模板。

公元224年，萨珊王朝重建波斯帝国，史称波斯第二帝国。这个时期波斯地毯工艺十分兴盛，地毯不仅质量上乘、产量颇丰，而且装饰华美、富丽堂皇，成为当时世界上比银器更高档的工艺品。公元7世纪，萨珊王朝被信仰伊斯兰教的阿拉伯帝国所灭。此后，随着伊斯兰教的广泛传播，波斯地毯更是以"东方地毯"闻名于世，许多不同国家的书籍都对它有记载。公元10世纪，罗马皇宫举行盛大典礼时，地上铺的就是贵重的波斯地毯。

经历了数个世纪的异族统治及短暂的地方王朝统治后，1501年，堪称波斯第三盛世的萨菲王朝建立，波斯文明再次被唤醒。当时的首都伊斯法罕是"丝绸之路"南路所途径的要站，波斯地毯作为东西文化交流的热点，迎来了发展的黄金时期。该时期的波斯地毯在图案、色彩、编织技术方面都达到了发展的顶峰，以优质的材料、精致的做工、变化多端的编织技巧享誉全球。后来在其影响下，整个伊斯兰地区生产的地毯皆被称为波斯地毯。萨菲王朝时期也涌现出许多手工编织中心，如伊斯法罕、塔伯利兹、科尔曼和卡桑等地，这主要得益于波斯人丰富悠久的文化积淀及中世纪波斯灿烂的文化。

在17世纪晚期和18世纪早期，阿富汗的入侵（1721—1722年）使萨菲王朝逐渐衰落。这深深影响了整个波斯文化和地毯编织艺术，手工编织艺术走向衰落，18世纪的工艺品也因为连年战争的影响而失去了明显的风格。19世纪由于西洋诸国需求的增加，尤其是塔伯利兹的巴扎（民间市集）地毯经销商不断地向欧洲出口地毯，大大推动了波斯地毯业的发展。英国、德国和美国建立了很多地毯商店，其中Ziegler地毯公司发展飞速，伊朗王国的地毯再一次誉满全球，波斯地毯的生产地除了里海南岸、波斯湾和阿曼沿岸以外，几乎遍及全国各地。

1.2 波斯地毯文化遗产

1.2.1 帕兹里克（Pazyryk）地毯

现存最古老的波斯地毯（公元前5世纪），是俄罗斯考古学家萨尔盖·鲁丁柯（Rudenko）于1939年夏天在蒙古的阿尔泰地区（Altai）靠近西伯利亚南部帕兹里克的一个冰冻墓穴中发掘出来的，被人们称为帕兹里克（Pazyryk）地毯，如图5-1所示。有一个合理的假设，盗墓贼来到这个墓穴，他们偷走了金银珠宝，但是没有带走地毯，后来雨水灌进了墓穴，形成了这个天然冰窖。该地毯大小约为1.8米×2米（6英尺×6.5英尺），每平方厘米有36个土耳其结（或编织密度为每平方英寸220个结点，这种编织密度按照现在的标准来看也是不低的），颜色有深红色、橘黄色和墨绿色。地毯由羊毛织成，毯面的中间是由24个小方块组成的几何图案，即同一式样的四叶型花卉图案（图5-2所示）。地毯一共有5条边，最大的一条边有一圈按逆时针方向排列的骑兵，其中一些骑兵骑在马背上（图5-3所示），一些骑兵在马旁边行走。据考证，该地毯属于公元前5世纪的阿契美尼德王朝，图案中波斯骑兵的服饰和武器与波斯波利斯王宫的图案一模一样。第二大边上的图案是曾经生活在伊朗北部里海南端地区灭绝已久的黄斑麋鹿（图5-4所示），每边有6只麋鹿。两主边之间的小边上有与毯面一样的四叶型花卉图案，其他两条小边上的图案是近似正方形的怪兽。

由于当地严寒，该地毯几乎完好地保存了下来。专家认为，这块地毯应是由2500年前位于伊朗高原东部的米底亚人或帕提亚人编织的，现保存在俄罗斯圣彼得堡国家文化遗产博物馆内。有两个原因使得帕兹里克地毯对波斯地毯的研究极为重要：第一，它的华丽可能意味着一个永远不会被人知道的悠久传统；第二，它的很多特征，其中毯面的正方形花型图案，仍是保留下来的传统的一部分。

1.2.2 考斯罗春天毯（Khosrow "spring" carpet）

考斯罗春天毯属于古波斯地毯，是为萨珊国王考斯罗一世(531—579年在位)的泰西封宫制作的，是传说中最大的东方手织地毯。

在公元531年到公元579年，波斯帝国打败罗马军队，占领了阿拉伯南部地区。为庆祝这一胜利，波斯国王考斯罗一世下令生产一张巨大的地毯，史称"考斯罗春天毯"。

该毯由羊毛和真丝织成，并镶嵌有金、银、贵重金属和宝石，象征百花盛开的春天。又称为"冬天的地毯"，因为它可以使人们在天气恶劣时也能观赏到花园景色，象征国

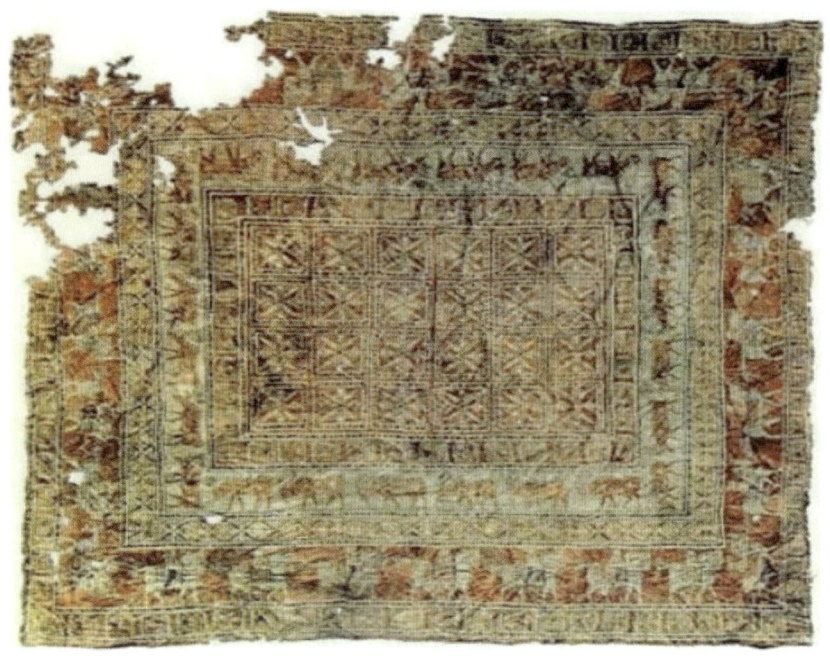

图 5-1 帕兹里克地毯

图 5-2 四叶型花卉图案 　　图 5-3 骑兵 　　图 5-4 黄斑麋鹿

王有令大地回春之力。图案为具体化的天堂，有小溪、曲径、长方形花坛和繁花满枝的树木。水是用水晶石做的，土是用黄金做的，花果用宝石制成。该地毯长为121.92米（300英尺），宽为30.38米（100英尺），采用了经典的花园图案设计，地毯上有沙漠地区少见的绿色植物、流水与花鸟景象。这张异常华丽的大型地毯，具有重要的政治意义，象征着国王的权力和国家的经济实力。

公元651年，阿拉伯人打败波斯人，占领了塞锡封。这张神话般的地毯被当作战利品掠走，并被割成碎块分给打了胜仗的战士。尽管如此，这张富丽堂皇的地毯在后来的几个世纪里仍鼓舞了波斯人民的信心，更激发了波斯民族创造出辉煌的历史、诗歌和艺术的壮志，也为后世波斯地毯的图案设计提供了灵感源泉。

1.2.3 阿德比尔地毯 (The Ardabil carpets，aka Twin carpets)

阿德比尔地毯是早期古波斯工艺品中最出名的两张波斯地毯。较大的一张长15.59

米（38 英尺），宽 5.39 米（18 英尺）。两张地毯皆由真丝和羊毛植绒织成，结子密度为每平方厘米 46～54 结。该地毯完成于 1539—1540 年，萨菲王朝沙-塔赫马斯普一世 (Shah Tahmasp I，1523—1576 年在位) 统治期间，原铺于伊朗的亚塞拜然省阿德比尔清真寺内。两张地毯都有丰富、高雅精细而井然有序的设计，大地靛蓝，浅黄色中心，上面布满雅致而细腻的花饰，尽头是带有杏状吊子的 16 个尖塔，如图 5-5 所示。

图 5-5　阿德比尔地毯

两张阿德比尔地毯在 19 世纪晚期均受到破坏，传说在 1893 年地毯被一位不知名的英国人从伊朗带走，较小的一张（现藏洛杉矶县立艺术馆 Los Angeles County Museum of Art）部分被用来修补较大的一张（现藏伦敦维多利亚和艾伯特博物馆 Victoria and Albert Museum in London）。较小的地毯剩下部分被秘密保存到 1931 年，并在 1965 年捐给洛杉矶县立艺术馆，为此它也被称为秘密地毯（the secret carpet）。

2　波斯地毯的结构与工艺

2.1　波斯地毯的组成与布局

2.1.1　波斯地毯的布局

波斯地毯的布局主要可以分成三种，即满地花式（图 5-6）、中心葵式（图 5-7）和单向式（或称为直挂式）（图 5-8），而最有代表性的波斯地毯的布局形式是中心葵式。

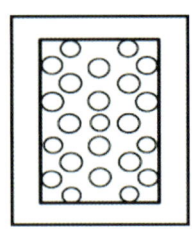

图 5-6　满地花式 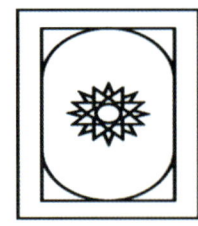　　　图 5-7　中心葵式 　　　图 5-8　直挂式

满地花式：此图案没有中心葵圆，一个或一种纹样连续重复出现在大地中。

中心葵式：此种图案的大地由一个突出的中心作为主图案，此中心叫作奖章或葵圆。葵圆可圆可方，也可为多边形、放射状或星形。此图案多为轴对称型，是最为常见的地毯图案。

直挂式：此类设计图案为不对称图形，包括人物、静物、风景等。因为只能单向看图案，所以多作为挂毯使用。

2.1.2 波斯地毯的组成部分

波斯地毯的一般组成部分如图5-9所示，下面将对各部分作详细说明。

中心葵：中心葵可以是正方形、菱形、六边形、八边形或圆形的。最常见的中心葵是圆形的，代表伊斯兰清真寺里的圆屋顶。

垂饰：分成两个部分，靠近中心葵的一部分在波斯语中叫作卡提背，而远离中心葵的一部分叫做卡拉雷。

角花：在土耳其语中也叫拉茶客，一个出名的地毯布局有中心葵也有角花。角花有时可以是中心葵花纹的四分之一，有时角花的图案元素与中心葵的图案不一样，再有时角花可以是拉长到地毯边上的中间与另一个角花连接。

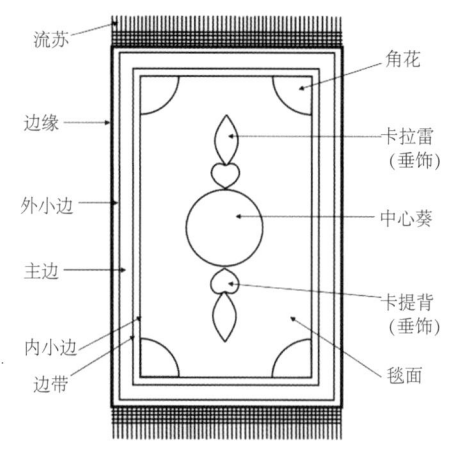

图 5-9 波斯地毯的一般组成部分

毯面：根据伊朗各个地区的编织习惯，波斯地毯的毯面可以是清地（色素）或满地（花卉）。

边界：边界可以分成大边（主边）和小边。小边还可以分成内边和外边，内边和外边的图案通常是相同的。

边缘：地毯的布边在绒头结束的位置。因为它易受到磨损，所以它有几种加强工艺，包括纬纱包边，如图5-10所示；双包边，如图5-11所示；纬纱布边，如图5-12所示；双布边，如图5-13所示。

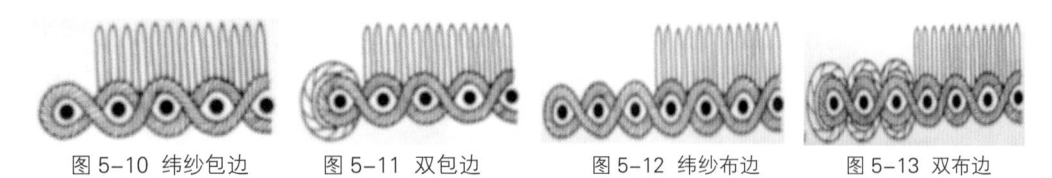

图 5-10 纬纱包边　　图 5-11 双包边　　图 5-12 纬纱布边　　图 5-13 双布边

边带：由纬纱一上一下地织入经纱，在地毯上、下面形成一个2.54或5.28厘米（1或2英寸）大的带子。带子大多数是平纹组织，有时也可以织一些图案，如图5-14所示。

流苏：是地毯上下两端自由、延长于边带的经纱。

2.2 波斯地毯的原料

波斯地毯通常融合了羊毛、棉、真丝、金丝和银丝等多种材料，质地优良的原料对波斯地毯的品质影响极大。耐用的波斯地毯，采用光亮的羊毛做绒面，使用上等的真丝加强图案效果，并用稳定性好的棉作为地毯的基面（经线和纬线）。尽管我们感觉波斯地毯是棉质的，但实际上，

图 5-14 俾路支地毯的边带

羊毛是编织波斯地毯的主要原料，羊毛主要源于牧民饲养的羊群。伊朗放牧山区的阴冷气候使得羊毛纤维柔软细长，质地优于其他温暖地区所产的羊毛。8～14个月羔羊身上的羊毛最为优质，称为考克。高质量、多结的波斯地毯通常以考克为原料，这样的地毯手感细腻、平滑且柔软。

伊朗的羊毛颜色多种多样，有黑色、米色、棕色、黄色，这些自然的色彩大大增添了地毯的光彩。地毯匠人尤其喜欢用羊颈部和腹部的毛，这两个部位的羊毛毛色最鲜亮。羊毛其他的颜色则用明矾或植物的根、茎、皮提取的染料染成，比如淡黄色是用石榴皮染成的，红色则用一种黑色的小昆虫染成。

真丝通过丝绸之路从中国传入波斯后，有些波斯地毯也用真丝作原料，图5-15所示的是一块手工真丝波斯地毯。光滑的真丝可以使地毯变得非常柔软且有极佳的反光效果，具有强调地毯图案的设计和主题的作用。除此之外，还有一些波斯地毯会用到金丝和银丝。这类地毯以波罗涅兹地毯最富盛名，之所以称之为波罗涅兹地毯是因为它们首先在波兰展出，其上镶有波兰皇室的徽章。作为17世纪的波斯地毯，据说它是克山和伊斯法罕城用来送给欧洲权贵的礼物，用真丝、金丝和银丝编织而成。丝毯主要产于伊朗西南部的卡尚，由于质地不如纯毛地毯柔软舒适，因此丝毯大都用来做装饰物。

图 5-15 手工真丝波斯地毯

棉通常作为地毯背面的经线原料。在15～16世纪的地毯黄金时期，优质的地毯是用丝作经线、毛作纬线来织成绒面。从地毯的背面可以看到地毯的经线通常以棉作原料。而这赋予了波斯地毯的独特性：波斯地毯就像雪花一样，没有哪两张波斯地毯是完全一样的，这也正是它的魅力所在，使它极具收藏价值和投资价值。

3 波斯地毯的编织工艺

波斯地毯强调手工编织，质地优良的波斯地毯均由手工编织，编织一张波斯地毯需要极大的耐心。伊朗工匠是古代文明中第一批手工编织者，每一张波斯地毯都融入了编织者独一无二的技艺和用心，经过一代又一代工匠的传承，手工编织工艺如今已达到相当高的水平。

虽然现在的地毯制造工艺已经发展到了车间批量生产的水平，但制作一张精美的波斯地毯仍需要若干工匠几个月甚至几年的辛勤劳作。传统的手工波斯地毯甚至需要14～18个月才能完成。据说手工波斯地毯的编织工艺，专业织工要从七八岁开始学起，直到适婚年龄才能完全掌握。

区分手织地毯和机织地毯的方法有以下几条：第一，折叠地毯，让绒面向外，可以看到手工地毯每个线头的末端都有个小结，手工地毯是不会完全对称的，而且如果每

2～7厘米就有轻微的图案不规则现象出现，这是可以接受的。第二，观察地毯的背面，手工地毯可以清晰地看出图案，就像挂毯一样，而机织地毯就没有这么明显的特征。第三，手工地毯的须边是自然延长的经线束，而机织地毯的须边是机器另缝合上去的。第四，手工地毯可以用手来感知绒面的倒向，顺面手感顺滑，逆面就会有些受阻的感觉；顺面和逆面的反光效果也不同，顺面看起来颜色较浅，逆面颜色较深。

很明显，真正的手工编织地毯比机织地毯更具有价值、品质更高。手工编织的波斯地毯寿命长达100年以上，而且其价值随着时间的推移会不断升高。

3.1 地毯织造的过程

如图5-16所示，一位波斯地毯工匠正在手工编织地毯，使用的工具如图5-17所示，主要有刀、钩、梳等。手工地毯织造的具体过程如下：

①将经纱绕在框架的两端，经纱长度为地毯的长度，经纱根数取决于地毯的宽度；

②使用两根杆子，两根分别系上每根经纱；

③在地毯下端或开头将纬纱横向地穿过经纱以形成2.54～5.08厘米（1～2英寸）宽的带子；

④按照纹样的颜色将相应的彩色纤维束一个一个地在经纱上打结，在地毯表面形成绒头；

⑤每一排结子后引入一两根纬纱，引入纬纱时要靠这两根杆子的上下运动，轮流地将每根经纱抬起或下落，以便纬纱容易地沿地毯宽度穿过经纱所形成的梭口；

⑥用一把梳子将每一排结子与纬纱往下面均匀地打紧；

⑦重复步骤④⑤⑥直到所需要的地毯长度；

⑧在地毯上端形成另一个织入纬纱的带子；

⑨地毯的布边是以包围纬纱或另一种方法而形成的；

⑩解开延伸在地毯两端的机织带子的经纱，以形成地毯的流苏；

⑪均匀剪掉随着织造的进行而产生的绒头。

织毯的主要工艺是编织、打结。地毯的质地和价值很大程度上取决于其原料、细密程度以及结的多少。打结越多，地毯的花纹越精致细密，地毯平面越光滑、细腻、结实。打结一般有两种方法，即土耳其结和波斯结。

图5-16 地毯织造工序

3.1.1 土耳其结（Turkish or Ghiordes）织法

土耳其结为最早的编织方法，绒线置于两根相邻的经线之上（图 5-18），其两端环绕着这两根经线向内绕上一个圈，然后竖立形成地毯绒面，组成漂亮图案。土耳其结对波斯地毯的影响深远，直到今天人们仍在使用这种方法。这种对称的打结方法分布在伊朗西北、东北部，如大不里士 (Tabriz)、比哈尔 (Bihar)、麦什特 (Meshed) 等地。

图 5-17 织造的工具（从左到右为刀、钩、梳）

3.1.2 波斯结（Persian or Sinneh）织法

绒线在一根经线上绕一圈（图 5-19），然后穿过相邻的另一根经线的下面，两端绒头竖立形成地毯绒面，组成漂亮的图案。这种不对称的打结方法主要分布在伊斯法罕 (Isfahan)、卡山 (Kashan) 地区。

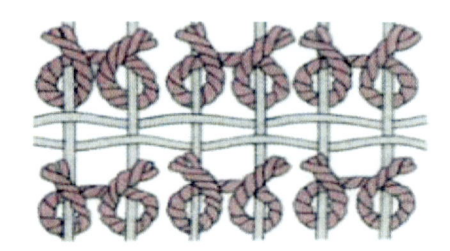

图 5-18 土耳其结　　　　图 5-19 波斯结

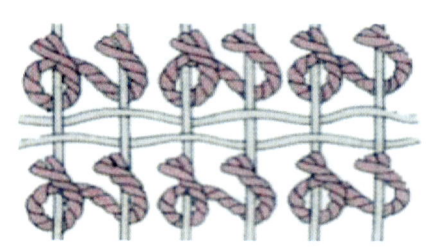

3.2 无绒头地毯 —— 基里姆地毯（Kilim）

通常无绒头地毯或平织地毯所需要的劳动力和材料比绒头地毯少，因此它们的生产成本更低。此外平织地毯的技术比绒头打结更简单，所以平织地毯的技术被认为早于绒头地毯。多个世纪以来，平织地毯的技术逐渐丰富。其中如图 5-20 所示，是苏马科地毯编织技术。

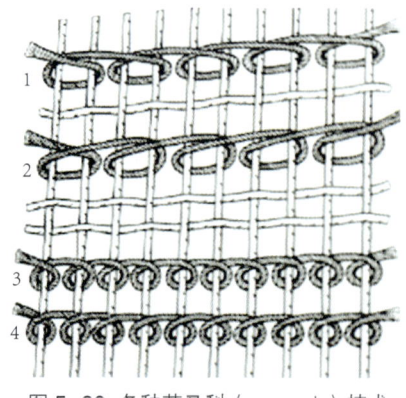

图 5-20 各种苏马科（soumak）技术

3.3 结数及密度

伊朗地毯的密度是按每平方米的打结数计算的，表示在经、纬方向上每 10 厘米的打结数。据统计，伊朗地毯的最低密度一般在 30 结 /10 厘米左右，约 9 万结 / 平方米，最高可达 100 万结 / 平方米。

地毯密度和使用的原料是评判其质量和价值的主要指标，单位面积内的结数越多，织出的图案越精致细密，地毯的品质就越高，相应的价格也越高。

但密度表示法只代表了地毯的编织密度和地毯的内在质量，没有表示出地毯在经、纬方向的实际打结数。通常波斯地毯的经、纬打结密度是不相等的，主要归因于经线、纬线、起绒毛纱的粗细比例及编织打结方式。此外，地毯纬线也分粗、细纬以及双纬、单纬。

伊朗各地的地毯密度各不相同，伊斯法罕地毯的打结密度一般是 60～100 结/10 厘米。高密度的地毯打结数可以达 130 结/10 厘米以上，相当于我国 30 道/厘米的密度，结越多，地毯表面越光滑、细腻、结实。在伊朗博物馆内有一块产于马什哈德的地毯，在 7 厘米宽度内打出 120 个结，其细密柔软程度令人叹为观止。

一块中等质量的地毯，1 平方米上至少要有 15 万至 20 万个结；优质地毯每平方米大约要打 100 万个结，而最受伊朗人欢迎的地毯尺寸是 12 平方米。由此可见，编织一块地毯往往需要匠人们坚忍不拔的毅力、全神贯注的精神和经年累月的时间。

一对大不里士编织的鸳鸯毯，如图 5-21 所示，每平方厘米有 125 个结。每块地毯为 5.5 平方米，重达 6 千克，三个织匠花费了 8.6 万个小时才完成地毯的制作。

图 5-21　百鸟朝凤地毯

4 波斯地毯的纹样与题材

4.1 波斯地毯的纹样

4.1.1 直线条几何图案

这类地毯的所有装饰纹样是由垂直线、水平线和对角斜线组成，纹样重复循环形成中心葵纹，如图 5-22 所示。这类地毯主要由游牧民族和远离城镇的人编织，所以纹样比较原始、简单，凭艺人的记忆力和构思直接织出图案。

图 5-22　直线条几何图案

4.1.2 曲线写实图案

这类地毯的纹样一般由自然风景、花卉、动物图案组成，如图 5-23 所示。曲线图案通常要求更高的打结密度，以形成更精细的花纹。所以图案是先画在纸上，再根据纸上的图案进行编织。该技术普遍应用于一些地区的作坊中，例如科尔曼、喀山、伊斯法罕、娜因及库姆。

图 5-23　曲线写实图案

4.1.3 绘画图案

绘画地毯是以人物或动物为主要纹样，通常描述有名的人（图 5-24）或在历史上发生过的重要事件（图 5-25）。

图 5-24　Kennedy 总统（1970 年）

图 5-25　伊斯法罕绘画地毯

因图案呈单向，一般作为挂毯使用。这类地毯的编织技术要求很高，只有非常熟练的编织匠才能织出逼真的绘画地毯，一些游牧民族像俾路支会偶尔编织绘画地毯。绘画地毯主要产于作坊，尤其是在科尔曼、塔伯利兹和喀山等地区。

4.2 波斯地毯的纹样题材

4.2.1 卷须蔓藤（Arabesque）

波斯地毯中最常见的图案是阿拉伯卷须蔓藤，如图 5-26 所示。

4.2.2 沙阿巴斯（Shah Abbasi）

沙阿巴斯是以亚沙黑阿巴斯大帝（Shah Abbas）（1587—1629 年的沙法维斯皇帝）命名的，它是一种式样较复杂的单向花卉图案（棕榈花），如图 5-27 所示。

4.2.3 赫拉提（Herati）

赫拉提的意思与"Herat"有关，赫拉特（Herat）省是阿富汗西部的一个重要城市。赫拉提是一种复合图案，由一朵中心对称的花及其周边四片相似的对称叶子组成，如图 5-28 所示。有时，花与叶子之间还有一个菱形物。

4.2.4 米娜卡尼（Mina-khani）

米娜卡尼与赫拉提相似，但前者由一朵中心对称的花及其周边四朵与中心葵相似的对称花卉组成，如图 5-29 所示。有时，这四朵花以一条环线连接。在波斯文字中，mina 本身的意思是雏菊。

4.2.5 佩兹利（paisley）

波斯语中的 boteh 图案被西方人广泛叫作佩兹利或泪滴形图案，如图 5-30 所示。boteh 的意思是"灌木"，而且这个图案的尖端可能代表灌木在风中的形态。

4.2.6 蔷薇（Gul）

波斯语中 gul 的意思是"花"，是东方地毯中一种流行的八边形基本图案（蔷薇图案），如图5-31所示，通常重复出现在土库曼人的地毯上。

图 5-26 卷须蔓藤　　图 5-27 沙阿巴斯　　图 5-28 赫拉提

图 5-29 米娜卡尼　　图 5-30 佩兹利　　图 5-31 土库曼蔷薇

4.3 波斯地毯纹样的色彩与染料
4.3.1 纹样的色彩
波斯地毯颜色图案十分亮丽。大多数波斯地毯使用当地农田或山区生长的农作物来染色的，独特的色彩是波斯地毯价值的一个重要体现。运用的颜色越多，地毯的价值越高。作为展品的地毯，可能会用到高达 250 种颜色。

4.3.2 波斯地毯的染料
波斯地毯注重使用天然颜料，这也是它历经百年仍然鲜艳如故的原因。染料多从植物的根、茎、皮中提取，例如从石榴皮中提取淡黄色，从核桃皮中提取赭色，而红色往往从一种黑色的小昆虫中提取。随着西方国家对手工地毯需求的增加，染料的数量也逐渐增加。19 世纪中期开始，波斯地毯开始使用合成染料，但合成染料没有天然染料牢固。

染色不匀效应用来描述东方地毯上同一种颜色的浓淡不匀。此效应会出现在东方地毯以及它们的复印产品上面，归因于游牧民族的染色方法及纱线粗细不匀，而且换成新的染浴会加重染色不匀效应。一般来说，具有染色不匀效应的东方地毯比较受欢迎，但美国购买者一般不喜欢染色不匀效应，认为它是疵点。天然染料褪色后会形成染色不匀现象，有时利用染色不匀效应可以做出仿旧效果。

第6章

非洲纺织品

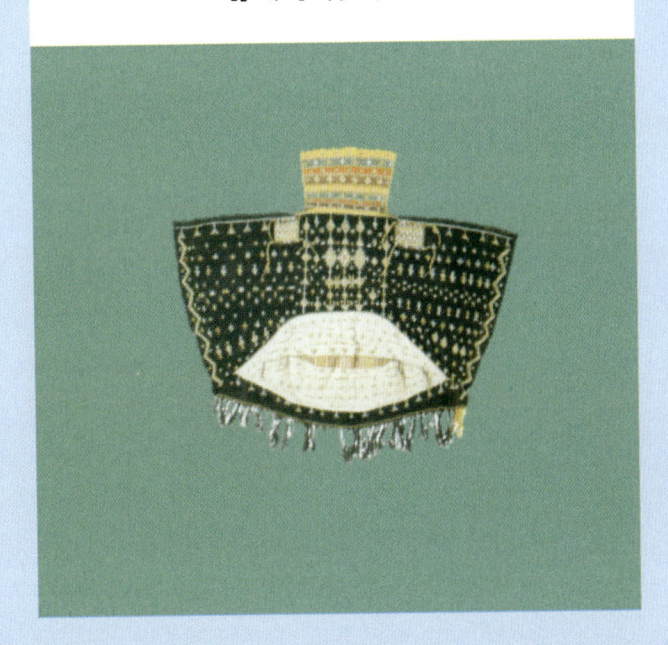

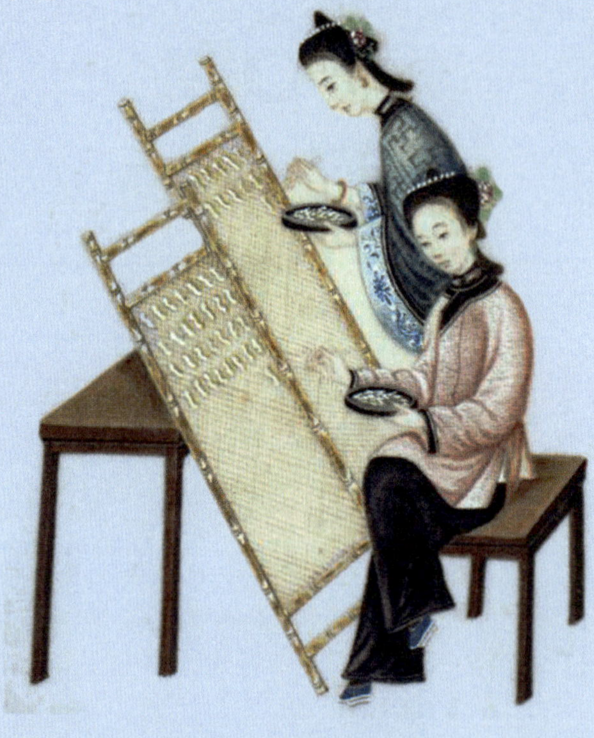

非洲居民血统复杂，包括北部的阿拉伯人和柏柏尔人，最南端的科瓦桑语族人和欧洲殖民者，以及东北部的尼罗语人，其中大多数人口聚集在撒哈拉以南的斑图语区。

由于伊斯兰教对非洲人民的穿着产生了深远的影响，成人式的衬衫、穆斯林头巾和袋形长裤随之成为潮流，刺激了当地纺织产业的发展，使得制作此类服装的面料需求出现了激增，仅靠进口和传统的树皮布、皮革难以满足需要。因此，当地人民必须自己制作机织物，以缓解部分压力。

在15世纪中期，欧洲人在黄金海岸（现在的加纳）建立的边界贸易站促进了非洲西海岸的发展，使得西非对纺织品的需求出现了大规模增长。同时，在沿海交易的欧洲商人对布料的需求大大刺激了西非地区"乡下布"的生产。

在中非以及东非的部分地区，人们在隆重的正式场合仍旧穿着树皮布服装。乌干达、布干达地区的人们以擅长织造将近50种不同种类的树皮布而闻名，这种面料通常用作衣物或床上用品。相比大陆的其他地方，中、南非传统的织造技术发展缓慢，在很多地方甚至没有得到任何发展。因此，在这些地区主要依靠动物皮、进口纺织品或者用进口织机织造的织物满足当地人的穿着需求。东非一直是亚洲纺织品尤其是印度手工模板印花的巨大市场，当地所有产品都是在亚洲风格的织机上织造的。在刚刚过去的20世纪，机器织造和印花逐渐流行，其制得的"kangas（坎加斯）"因大胆的色彩和图案设计经常被斯瓦西里人挂在嘴边炫耀。

南非是缩绒布的市场，而珠绣在东非较为流行，这两个地区的装饰腰带、围裙以及披风等都具有悠久的历史。人们会用鸵鸟蛋壳研磨出的原料或者用进口的珠子去装饰衣服，使其表观贴近天然。祖鲁族人和梭托人因带子和围裙珠绣而闻名。在19世纪20年代，Ndebele（恩德贝利）人以此灵感开创了组合珠绣围裙和衣领的时尚潮流。在非洲的很多地方，明亮的色彩以及易于洗涤的优良性能使得机织布成为人们的首选。

1 西非纺织品

西非，向南伸展从毛里塔尼亚到塞拉利昂，向东沿贝宁的布赖特到尼日利亚与喀麦隆的边境。从地理位置上不难看出，西非就是非洲纺织品的中心。

在西非，尽管酒椰棕榈叶纤维（酒椰棕榈干燥后被剥去叶片）的使用非常广泛，但棉花仍然是其主要的纺织品原料。除用未染色的榨蚕丝纺纱、刺绣和织造的尼日利亚，以及用粗梳毛织造地毯的马里外，在西非的其他地方，人们一般是以棉、丝以及黏胶条作为原料，制作宽外袍、剪裁讲究的男式礼服或身板较小的女式服装。

靛蓝染色是西非主要的染布方法。深蓝色被认为是沿塞内加尔河传入喀麦隆边境的。而制取靛青的方法有很多，比如将盛有新鲜叶子的箩筐放在有木灰碱液的深坑里，过一定时间后盖上盖子，移到地面上，或是将干叶存放一段时间。不论是天然还是合成的靛蓝染料，所染的布料和服装都深受人们喜爱。

尼日尔湾的富拉尼人采用的毛条织造技术存在多久尚未知晓，但其源于柏柏尔人。18世纪，在现今象牙海岸的Kong（多哥），人们创造了复杂的带状织造。同一时期，周边的阿善提人在库马西城周围黄金矿的基础上建造了强大的王国。黄金贸易所带来的财富使得阿桑塔尼国王（Ashantahene）和阿善提宫廷委托博威尔（Bonwire）的织布村制作的华丽且图案密集的条带纺织品成为皇室纺织品的主要供应来源之一。

尽管亚洲（乌兹别克斯坦的古吉里）和北非吉伯的平面编织的布料太多是将条带布拼接而成的，但其起源不是很清楚。邦贾加拉悬崖的马里洞穴中的服装残片证据显示，这种技术早在 11 世纪就已存在于西非。值得一提的是，居住在加纳和多哥东南部的埃维人，还有尼日利亚的约鲁巴人都擅长条带织造。

1.1 塞拉里昂和利比里亚的鼎织机条带织物

鼎织机是塞拉利昂和利比里亚特有的织机。和大多数应用于条带织造的织机相似，它的主要特点是携带方便。织造时需要伸展经纱 9～12 米（30～40 英尺）长，然后绕在分别绑在两个树桩上的平行棍上，随后便可以开始织造了。这种方法的独特之处在于，织机的机械部分是沿经向运动的，完成的织物被卷绕在轴上，并将未织造的经线沿着该方向牵引，其展现了织造工艺的进步。图 6-1 为塞拉利昂 Limbe（林贝）男孩的条纹罩衫。图 6-2 为塞拉利昂瓦伊或孟德尔人在三脚架织机上织造的条纹织物，有名的挂毯。

1.2 阿善提的条带织造

阿善提人将抽象的几何图形用于织造，每个图形都有自己的语言，这种织物被称为"水手"寓意的织物。织造者坐在木制织机上操纵两对综丝。一部分综框装置使经纱正常分离，以形成条带的经面部分；其他的综框装置则用较粗的纬纱使经纱聚集分成 6 组，此时纬纱处于支配地位，形成纬面部分。经纱通常长 61 米（200 英尺），位于织造者的前方，尾端系在固定于木撬的石头上，使其张紧。织完的条带被卷绕在胸梁上。Kente 织物由 16～24 个条带构成，首先将条带按尺寸裁剪，然后将布边相连缝合在一起。图 6-3 为加纳 Kumasi（库马西）附近的窄幅织机上织造的 Mmabann'toma（马巴邦）棉织物。图 6-4 为加纳、阿善提妇女的丝质 kente 织物。

图 6-1 条纹罩衫

图 6-2 有名的挂毯

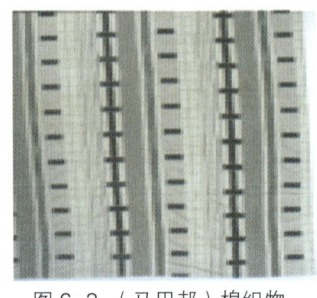

图 6-3 （马巴邦）棉织物

图 6-4 丝质 kente 织物

1.3 埃维条纹组织

传统的埃维织物由简单方格布边接边缝合而成,每个条带上经、纬面块交替出现。这种织物以棉为原料,而非丝或黏胶,且在条纹的一些经面组织部分引入了修饰丰富的浮纬花式,故其优于阿善提织物。

埃维织物与阿善提织物的织造方式是一样的,如果需要纬浮线则手动添加。其织造特点是:纬面块所用的纱线通常是由两种甚至更多种颜色的长丝捻合在一起的,以实现多样化的效果。埃维织物包含 16～24 个条格,将其切割成一定的尺寸,然后手工接边缝合。图 6-5 为加纳西部 Kpetoe(凯比特)地区有着精细纬纱的埃维条纹织物。

图 6-5 埃维条纹织物

1.4 尼日尔和 Burkina-faso(布基纳法索)的 Djerma(杰尔马)编织法

Djerma 人在 Sudanic(苏丹)织机上完成 Djerma 织造,他们在织造棉毯方面具有较高的造诣。Djerma 织物使用纬面的印花模版,以黑色或红色的菱形图案印在白底色布面上,将毯子织成条状并手工缝合在一起。Sudanic 织机框架简单,结构粗略,综片通过滑轮连接在长踏板上。

白绵羊毛织物是在水平条纹织机上织造的,由 4～6 块饰片构成,每一块饰片大约为 15 厘米(6 英寸),较宽,边缘相接。受北非影响,每一条带都有辅助的纬纱点缀,带有与之相似的花纹风格。棉经纱紧在石块上,对木制或金属的织机施加张力,从固定物开始,经纱穿越横梁,向下穿过两片脚踏板控制的综片,综片悬挂在穿过综筘的木质滑轮组合件上,尾端卷绕在卷布梁上。图 6-6 为来自 Burkina-Faso 的 Baayon(白扬)Djerma 女士外袍的棉条纹织物。显示的是布吉纳法索的棉质条纹织物。图 6-7 为 Khaasa(卡萨)富兰尼羊毛毯,阿尔及利亚南部织工织造的相似纺织品。图 6-8 为马里贡木雕综片滑轮。

图 6-6 棉条纹织物 图 6-7 富兰尼羊毛毯 图 6-8 马里贡木雕综片滑轮

1.5 尼日利亚水平织机的织造

水平双综片踏板织机在尼日利亚比较常见。不同的织机织造的布料具有不同的宽度和品质，豪萨（Hausa）织造的最窄的条纹仅为2.50厘米，最宽的为45.70厘米。

约鲁巴织工在窄幅织机上进行织造。织机的木制部分与阿善提和埃维织机类似，织机的基本系统和构造则与加纳织工使用的织机相近。不同的是，约鲁巴织机只用一副综丝，织浮线时再另外增加综丝。约鲁巴aso oke（阿索克织物）在组成上丰富多变，其中一种常见的样式为：沿着条带方向，一条是长的经向条纹，另一条是白棉平纹组织，主题通过浮纬呈现出来。若循环再现的主题是方形之上的箭头，则象征孩子们用来阅读和书写的古兰经木板。图6-9为Yorubaland（约鲁巴兰）一个大型织造中心Owo（奥沃）生产的著名条纹织物。图6-10为Kano（卡诺）的Hausa织工织造的Luru（鲁鲁）棉条纹毛毯织物。

图6-9 Owo的条纹织物

图6-10 Luru的棉条纹毛毯织物

1.6 约鲁巴花边织物

约鲁巴织物通常沿条带方向引入多排小孔作为一般的装饰形式，这种类似于生产透孔织物的技术被称为"西班牙花边"。沿条带方向，每隔5厘米有4～6排孔横向排列，附带的经纱沿条带方向依次穿入各个小孔，使织物形成一种花边效果。获得此效果的方法之一是用一根较粗且几乎没有延展性的金属丝沿宽度方向弯曲成指节铜套或炮竹的形状，然后围绕其织造。当指节铜套被除去后，就留下了一排小孔。图6-11为约鲁巴妇女的aso oke织物。

1.7 尼日利亚妇女的立式地毯织机

尼日利亚是西非少数几个男女均可从事织造的国家。织机的综丝是单排的，装有可穿入不同经纱的综束。分纱杆被插在分开的经纱中，以防止无效垫纱。木质筘座脚一般很重，用于打纬和保持开口。织造时，织工将综丝拉向靠近自己的这一边，调节分纱杆的位置，使筘座脚停在一侧，通过木质梭子引入纬纱后打纬。然后将综丝推向远离自己的一边，重新调节分纱杆的位置，使筘座脚位于另一侧，从而形成对称梭口。重复整个操作过程，直至完成整个织物的织造。

图6-11 aso oke织物

这种织机织造出的织物大部分为白色平纹坯布，然后浸到靛缸中进行染色。每一个条带都和织工的手肘差不多宽，因此一件妇女的服装就是将两片长织物的布边相连缝合而成的。图 6-12 为精细的纬纱装饰棉织物，两条缝在一起就形成较宽的织物。

1.8 Ijebu-ode（伊杰布埃德）和 Akwete（阿克韦特）纬纱织物

Akwete 服装通常被用作妇女的套装。在尼日尔三角洲，这些服装通常在庆典和宗教仪式上出现。Akwete 妇女通常在垂直织机上进行织造，这种织机可以织造尼日利亚最宽的织物，幅宽为 100～127 厘米。织造时经纱是连续喂入的，这些经纱的颜色最后构成织物的底色。若混合的经纱或使用的纬纱与经纱颜色反差较大，有时也会得到混纺效果或闪光效果。在单面织物中，底纱是低捻度的纱线，通过摇杆垫纱技术引入纬浮纱，这种织物一般是由方平组织构成的棉织物。起装饰作用的纬浮纱为低捻度的棉、丝或人造丝。所有的纱线都经过染色，不用作纬纱的装饰纬纱被置于小孔旁，形成花纹图案的轮廓。图 6-13 为来自 Ijebu-ode 装饰有 ikaki（伊卡基）海龟图案的男用织物。

图 6-12 精细的纬纱装饰棉织物

1.9 尼日利亚的扎染技术

在冈比亚，手工织造的妇女服装和小尺码的起绒织物通常都是在染缸中染色获得的，而现在大多数产品都是使用合成的靛青染料并配合龙胆紫调配出很流行的紫色。靛青扎染技术在西非应用广泛，大部分用于由棉纱制成的手工妇女外套。染色循环的排列随地域的不同而不同，其中一种很有名的扎染服装是来自马里的"火怪的眼睛"。现在西非用于棉布、织锦缎或合成纤维织物的扎染都混合了合成染料，但这类染料也只能用于染最浅的颜色。

图 6-13 海龟图案的男用织物

约鲁巴的 adire aoiko（阿迪雷奥伊科）用于制作妇女外套，小片的织物先经折叠，然后扎染以形成螺旋形的图案。织物被染色前，各同心圆的结节点自中间依次向外扩散，直至扎接的织物形成圆锥状。也可以将豆子、大米粒或木屑等填充进去，或将它们作为织物的一部分与酒椰棕榈叶纤维接结在一起。扎染通常与针缝防染结合使用。图 6-14 为尼日利亚西南部约鲁巴靛蓝染色 adire aoiko 扎染的妇女外袍织物。

图 6-15 为三个篮子设计样式的 Hausa 靛蓝扎染妇女外袍织物，在 1999 年靛蓝染布的 Kano 的一个染料坑里完成。

图 6-14 扎染的妇女外袍织物

图 6-15 Hausa 靛蓝扎染的妇女外袍织物

1.10 Dida（迪达）象牙海岸的扎染法

在正式场合，位于象牙海岸的 Dida 人会把数股酒椰棕榈叶纤维辫成缠腰布或裙子、斗篷和方头布，通过扎结的方法添加图案，同时用天然染料在经过调色后进行上染。以淡黄色为底色，中红色和黑色相配合。黄、红、黑三种染料分别从灌木根部、硬的树根部和叶子的化合物中提取而来。所有的扎染工作，外表由浅到深进行染色。红色逐渐变成黑色的地方会显现出咖啡色，但在外表面上仍保持纯黑色。图 6-16 为拉菲草辫构成的 Dida 扎染仪式裙。

图 6-16 Dida 扎染仪式裙

1.11 针缝防染

单踏板缝纫机在 19 世纪末 20 世纪初经黎巴嫩商人传入尼日利亚的乡村地区并受到普遍欢迎。所有的机器防染大都用于绒织物的染色，如白衬衫的染色处理，也可用于磨毛整理。先将绒织物进行折叠，然后沿着折痕缝出 2 到 4 排紧密的针缝，重复操作这一过程，直至整个织物完成。

图 6-17 靛蓝染色、针缝防染织物

约鲁巴人精通靛蓝染色工艺，他们运用各种方法对织物进行防染。靛蓝的缝染工艺，在约鲁巴叫作 adire alabere（阿代尔阿拉贝尔）。过去，adire alabere 技术用于手工织物，现在几乎都用于衬衫衣料，尤其是白色衬衫，有时也可以带有图案。图 6-17 为马里 Dogon（多贡）女式靛蓝染色、针缝防染织物。

约鲁巴妇女在将织物缝好之前会有很多折叠织物的方法，有一种有趣的仿造条纹织物变化的方法：先把织物弄成一条一条，然后用靛蓝染色，再从一边到另一边缝起来。

其中，酒椰综榈叶纤维是最普遍的防染材料。约鲁巴有许多不同的 adire alabere 设计，其中大部分都有自己的名字，如车前草、可可粉、部落标记和手指等。图 6-18 为尼日利亚西南部，约鲁巴一种精细 adire alabere：靛蓝染色针缝防染女式外袍织物。图 6-19 为一种精细 adire alabere 织物。

1.12 约鲁巴和 Baule（鲍勒）的经纱扎染布

纱线扎染布是将纱线在织造前先经过扎染，再织造成布的一种方式。当织物织成后，经过扎染的经纱会比未染的纱线多一种磨损图案的效果。纱线扎染可用于经纱扎染、纬纱扎染或经纬纱同时扎染，而在西非只有经纱扎染布。

纱线扎染使防染材料与经纱紧密结合在一起，然后将带有染料的绞丝浸在染色浴中，从而形成带有图案的纺织品。西非的经纱扎染布通常为白色或蓝色平纹布，如果将原来白色的经纱放入靛缸中染成蓝色，那么被染的经纱就会在蓝色背景下形成白色图案。当染色过程结束之后，染过的经纱就与素色纬纱交织形成径向花纹织物。图 6-20 为尼日利亚经线扎染 Igarra（伊加拉）女式条纹棉织物。图 6-21 为交替条纹中有简单经线扎染细节的约鲁巴乡村条纹织物。

1.13 尼日利亚的手工糊染

在尼日利亚布鲁巴市的一些小镇上，制作尼日利亚糊染的衣服是一种流行于女性之中的时尚。不同于刻模印花布 Abeokuta（阿比库塔）的衣服，它们有手工模型，形状诸如鸟、蜥蜴或像礼堂这种具有历史意义的建筑。利用这种技术，把织物浸入到混合了硫酸铜和水的木薯粉浆糊中，这就是所说的 lafun（拉芬）。图 6-22 为来自 1960 年代 Ibadan Dun（伊巴丹盾）纹样的靛蓝染色糊染 adire eleko（阿迪雷埃莱科）织物。图 6-23 为模仿喷刷的国王乔治 V 和王后玛丽图案的手工糊染 adire（阿迪尔）织物。

图 6-18 靛蓝染色针缝防染女式外袍织物

图 6-19 一种精细 adire alabere 织物

图 6-20 Igarra 女式条纹棉织物

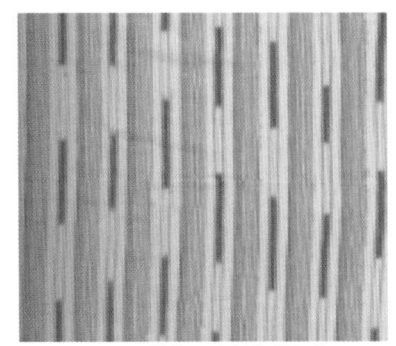

图 6-21 约鲁巴乡村条纹织物

图 6-22 阿迪雷埃莱科织物

图 6-23 阿迪尔织物

图 6-24 adire eleko 织物图案

图 6-25 女式蜡染礼服

图 6-26 装饰有部落的手指标识

1.14 蜡染淀粉防染处理

首先将蜡染的平纹或缩绒织物固定在木框上，再将锌蜡纸固定在织物表面，接着用刮刀将混合了明矾的木薯或矢车菊浆料涂抹并压到织物里面，剩余物则被刮掉。大多数的设计需要使用大量的石蜡纸，而石蜡纸的排列对织物的设计尤为重要，因此在靛蓝染料浴中重复浸渍是很必要的。在整个过程中还需要操作者进行很好的护理，以防止浆料断裂。当完全染上色后，再将 lafun 从衣服上刮下，然后将衣服悬挂晾干。图 6-24，约鲁巴蜡染 adire eleko 织物图案，是 1935 年国王乔治Ⅴ和王后玛丽 25 周年主题。

西非的蜡染实践者设法将便宜的商业用松香防染剂应用到缩绒机织物上。工人通过将棉布浸入到熔有石蜡的具有一定温度的金属槽中，可以使织物被还原染料染色。设计种类、纹理排列都可以通过在印染之前压紧蜡染织物来实现，随后，染料的浸入便会使图案纹理浮现在织物表面。尽管这种应用于爪哇蜡染织物的防染方法较为低级，却深受西非人民的欢迎。图 6-25 为尼日利亚西部的女式蜡染礼服。

1.15 针缝扎染法

针缝扎染法是先用平缝串针扎结法或平缝满针法将织物缝合，再通过手工或机器将线抽紧，使织物被压缩从而阻止染料进入的染色技术。图 6-26 为靛蓝染色针缝防染女式外袍织物，装饰有部落的手指标识。

1.16 马里泥染

马里泥染织物是非洲最受欢迎的织物之一。其起源于马里，由北方 Bamako（巴马科）的 Bamana（巴马纳）人制造，在黑色基底上设计白色的几何图案。

马里泥染织物一般用于狩猎者、孕妇、来月经的妇女或者在危险中流血者的衣服。这类织物具有保护作用，可防止有害物质进入人体。图 6-27 为马里 Bamana 织造的 Bogolanfini（博哥兰费尼）泥染织物，它将富含铁的泥密集地用在单宁媒染的棉布上，在裸露漂白区上构成错综复杂的图案。图 6-28 为马里 Segui（塞吉）Bamana 泥染织物。

图 6-27 博哥兰费尼泥染织物

图 6-28 Bamana 泥染织物

1.17 加纳的 Adinkra（阿丁克拉族）印花织物

在加纳 Ntonso（恩托索）的一个城镇里，手工制作的印花斜纹布——Adinkra 织物比较流行，人们通常在节日场合穿着。当用作哀悼者的服装时，一般将颜色设计为红色或黑色，并以白色为底色。图 6-29 为在加纳 Ntonsox 乡村织造的精美 adinkra 织物，印有葫芦和月亮纹样。图 6-30 为加纳的 Adinkra 织物，由方形图案构成，每块填充一种包含寓意的主题。图 6-31 由葫芦壳雕刻的用于印阿丁克拉（adinkra）布的印章。

图 6-29 印有葫芦和月亮纹样

图 6-30 加纳的 Adinkra 织物

图 6-31 印阿丁克拉（adinkra）布的印章

2 北非纺织品

北非沿海地区的大城市受到阿拉伯和土耳其的影响,所有复杂的丝织物和棉织物,如彩花细锦缎和双层组织,都是在提花机和手工提花机上织制的。

北非大部分人是放牧者和农民。他们的纺织品是裁剪成的羊毛包裹物,由妇女在竖式织机上织造而成。帐篷和储存袋则是利用地式织机将羊毛织成条状。

在 Tunisia 城的市场上,手工纺织品可能是最兴旺的。虽然 Gafsa(加夫萨)和 Kairoun(凯朗)以生产地毯和花毯闻名,但 Gafsa 周围的村庄也可织制以增补的棉纬纱作为装饰元素的披巾。这种披巾常被用于商业而非家庭,在当地很盛行。

2.1 柏柏尔的立式织机

从摩洛哥往东一直到利比亚和埃及的 Siwa(西瓦)都可看到柏柏尔的立式单片综织机。这种立式织机主要用于织造羊毛织物,占地面积小,移动方便。随着织造的进行,完成的织物卷绕到下面的卷布轴上,同时,卷绕在上部轴上的经纱可以稳定地退绕出来。经纱可以是羊毛或棉,纬纱一般是羊毛。综片杆被固定在一组经纱元件上。当经纱放置好时,该元件会分成两组交替的纱线。综框与纹钉板上的纹钉一一对应。梭口的开启和交替通过移动分纱杆来实现。交替的经纱被并入到织物中。妇女经常用手引入纬纱,每次引纬后都会用梳子敲打纱线,促使纬面织物的形成。图 6-32 为 Siroua(锡鲁阿)的 Ait Ouaouzguite(奥特乌苏石)或 Ait Ouarda(阿伊达尔达)的 Akhnif(阿克尼夫)男式篷。图 6-33 为高阿特拉斯山脉处的 Tahendirt(塔恩土)女式披肩。图 6-34 为 Hizam(希扎姆)挂毯编织腰带。

图 6-32 阿克尼夫男式篷

图 6-33 塔恩土女式披肩

图 6-34 希扎姆挂毯编织腰带

2.2 地式织机

和阿拉伯及中东地区的游牧部落一样，北非的 Bedouin（贝都因）也使用地式织机。游牧部落的妇女在地式织机上把绵羊毛和山羊毛织成条，称其为 flij（菲力），用于制作帐篷和储存袋。该织物是纬面组织，且黑山羊毛是其较为理想的原料。当缺少黑山羊毛时，一般选用山羊毛作经纱，绵羊毛作纬纱。但对于织制袋子之类的装饰物品，绵羊毛则更为合适。

阿拉伯游牧部落使用的横向综片固定式地式织机构造非常简单。固定在地上的两根轴给经纱以一定张力，每片综框交替提起使纱线形成梭口。固定综框的下面插有一块厚的平板，当其向固定综框运动时，第二组纱线就会运动到前一组纱线上面，从而形成交替梭口。图6-35，托尼西亚（Tunisia）南部，经向纵条的长枕织物。

2.3 Anti-Atlas（小阿特拉斯山）地区的柏柏尔指甲花染色羊毛织物

Idaou Nadif（伊达乌纳迪夫）和摩洛哥小阿特拉斯山的柏柏尔妇女一般穿着白色的精梳 haiks（海克斯）罩袍，搭配染色的围巾。若出现在庄重场合，则会穿着染成指甲红褐色的罩袍，并装饰一些小羊毛球。其边缘胸前和肩膀的部位常常用刺绣进行点缀。许多妇女衣服上的图案会被做成花纹的形状，经红褐色染料上染，以保护喉咙和其他易于受伤的身体部位。当把棉纬纱换成羊毛条时，羊毛染色，剩下的棉纱不染色，可以形成以橘褐色为底色的白色图案条纹效果。图6-36为Ait Abdalla（阿卜杜拉）指甲花染色的婴儿软帽。

2.4 阿尔及利亚手工纺织

阿尔及利亚的手工纺织也曾如摩洛哥和突尼斯一样生机勃勃，但1962年阿尔及利亚独立后，大部分手工纺织已经消失。在 Kabyle（卡比尔）地区，仍存在一种使用柏柏尔立式织机用于制作织制妇女 haiks 罩袍和外套的方格图案织物的传统技术。图6-37为阿尔及利亚中心山脉处的 Kabyle 女式羊毛披肩。图6-38为阿尔及利亚南部 Mzab 山谷的 Gandura（甘杜拉）男式束腰外衣织物。

图 6-35 经向纵条的长枕织物

图 6-36 婴儿软帽

图 6-37 女式羊毛披肩

图 6-38 男式束腰外衣织物

2.5 突尼斯的柏柏尔羊毛和棉混纺织物

突尼斯当地的羊毛经手工纺纱，在立式织机上织成平纹织物。白羊毛使用较多，细节的装饰常选用棉纱，织物在含有多种颜色的连续染液中用提浸染色法进行染色，使用的天然染料有指甲花、石榴皮、茜草和胭红。图 6-39 为 Tunisia 南部 Chenini（切尼尼）羊毛和丝混纺的 Bakhnug 柏柏尔女式披肩。

2.6 水平织机的城镇纺织

在 Maghreb（马格里布）的城镇纺织作坊中，拥有熟练的丝绸纺织技术。而突尼斯的 Mahdia（马迪亚）镇声称拥有 1000 多台织机，可以生产各种形状的条带和 rda（锐迪科：一种用丝和金属线织成的围巾）等多种织物。

具有各种花色的条带织物 hashiya（哈希亚）是在城镇外的手工提花织机上织制而成的，用来装饰结婚礼服和窗帘。Mahdia 的 rda ahmar（阿玛）在水平织机上织成，它的一端都有相同长度的图案。而 Djerba 的 rda biskri（比斯克里）只在一端有图案，通常被织成红色或黑色。这两个地方，经纱和纬纱一般都使用丝线；图案则由金属线手工勾勒而成。织制复杂织物时需要用提花织机或手工提花织机。图 6-40 为可能出自 Tunisian Sahel（萨赫勒）的丝、棉和金属线混织的女式结婚 fouta（福塔）。

图 6-39 柏柏尔女式披肩

图 6-40 女式结婚 fouta（福塔）

2.7 埃及的坑式织机

在坑式织机上，所有经纱都固定在综片上，织工坐在凹坑的边上，通过控制固定在凹坑里的脚踏板来实现交替开口。同样的织机在中东和印度也可以看到。在这种织机上，织工的手可以空出来引纬和敲打纬纱，从而提高了织造速度。图 6-41，埃及北部 Naqada（纳卡达）镀银线挂毯编织细节 Aleppo（阿勒颇）风格的丝质 aba（毛织物，阿拉伯式长袍）。

图 6-41 丝质 aba

2.8 埃及和摩洛哥的密纬法织造

有"埃及"之称的罗马埃及的密纬纺织品名不虚传。其以植物、动物和人为背景，以羊毛为原料，采用密纬织造法生产。过去常常被用来装饰衣服、家具和寿衣，不仅细致入微，而且生动逼真。在织制纬面织物时没有必要使纬纱从一边到另一边，且不同颜色的纬纱可以在选定的地方放入。此技术被称为间断纬纱，可织出多种颜色及样式的织物。图6-42为Cairo附近Harraniya（哈拉尼亚）乡村Wassef（瓦塞夫）作坊，织锦工人在织机上工作。图6-43为描绘动物和鸟的织锦。图6-44为描绘海中各类鱼的织锦。图6-45为6世纪埃及由Christian Copts（克里斯蒂安科普特）织造的织锦。

图6-42 织锦工人在织机上工作

图6-43 描绘动物和鸟的织锦

图6-44 描绘海中各类鱼的织锦

图6-45 织锦

2.9 摩洛哥装饰花缎的织造

Hizam（希扎姆）是在拉花机（束综提花机）上织制的。彩花细锦缎织造是一项高难度技术，织工需要画草图以作指导，并且需要有一至两人在旁协助，以制定按要求追加的综丝。当带子表面是多种色彩的时候，下侧的效果与纬面ikat（伊卡特）绸一样。图6-46为各种各样的hizam新娘腰带，在Fez和Tetouan水平织机上编织，需要高度复杂的经向丝花缎技术。

图6-46 新娘腰带

2.10 摩洛哥扎染

在摩洛哥的不同地区，手工织机织造的羊毛产品经扎染后被用作头巾或带子。在 Tafroute（塔弗鲁特）附近的 Anti-Atlas，羊毛饰带、头巾、披肩都是扎染的，大都以淡紫色为底，呈现简单的花式。通过将织物折叠成圆锥形并系紧，使饰带呈现星状效应。

方巾先是被染成黄色，然后整块原料（除去四个角上的小部分区域）被系起来投入到棕色染浴中。常用的传统染料提炼自褐色的无刺指甲花、黄色的石榴皮、含硫酸亚铁的黑色无刺指甲花和红色的茜草属植物。图6-47为摩洛哥、High Atlas（高阿特拉斯）、Ait Hadidou（哈迪杜）的 Agounoune（阿古尼）女式扎染头巾。图6-48为 Tunisia、Taoujout（陶豪特）、柏柏尔女人的 tajira（塔吉拉）头巾，羊毛扎染，然后刺绣，此是这一区域的特色。

图 6-47 女式扎染头巾

图 6-48 塔吉拉头巾

2.11 地中海风格的都市刺绣

在地中海沿岸的欧洲殖民地，所有外来的刺绣式样与已经存在的柏柏尔、阿拉伯以及拜占庭的主题及设计相交融。

通常是由专业女刺绣工先描出设计图案，然后在框架上进行刺绣。针法有许多种，例如补针法、phodian（菲迪安）针法等。土耳其刺绣，大多数情况下会采用一系列的可逆回针法。图6-49为摩洛哥的 Azemmour（艾宰穆尔）港口，刺绣床垫的边缘细节，受欧洲南部地区的影响。图6-50为摩洛哥 Chefchaouen（舍夫沙万）的丝刺绣的亚麻布，可用于制作胸罩或床罩。

图 6-49 刺绣床垫的边缘细节

图 6-50 丝刺绣的亚麻布

2.12 土耳其风格的都市刺绣

在土耳其时代最早的1500年里，阿尔及尔被并入土耳其帝国后，土耳其刺绣便呈现出与伊斯坦布尔和土麦那地区的相似之处，同时也受到了波斯、叙利亚、意大利刺绣的影响。精细的花卉式样广泛应用于亚麻或棉制的新娘头巾、披肩和床单。郁金香、康乃馨、风信子和野玫瑰都是经常被采用的主题，直至 19 世纪初才不那么流行。贴线缝绣是最普通的针迹类型，金属丝线或条被用于铺地防潮布，并填埋在相匹配或相对应的颜色下。为了增加蓬松性，可将金属线置于棉线之上。图 6-51 为精美的阿尔及尔刺绣围巾 tanshifa（谭斯法）。

2.13 埃及 Siwa（西瓦）绿洲的刺绣

Siwa 位于埃及西部的沙漠，那里的新娘有穿七种颜色礼服的传统，婚礼罩衫为 T 形且尺寸大、袖子宽松。丝质刺绣的主题一般是花卉和象征幸运的事物，用闪耀的纽扣装饰，现在有时也用俗丽的彩塑制品来装饰。礼服和配套的松垂裤子的原料，要么是廉价的黑棉布，要么是白色的合成 damask（锦缎）。裤子的两个拷边和礼服必配的小黑色薄纱围巾都采用丝线绣制而成。

当地人认为具备七种颜色的礼服一定会带来好运，因此刺绣所用的线会被染成蓝、黑、绿、红、黄和橙色，再配上白色的纽扣。领圈以链针迹绣出，用罗马尼亚锁针迹锁边。在嵌镶的中心处，综合了普通的十字针迹和复杂针迹，以形成围绕在中心的射线状线条，就像从云隙中射下的阳光一样。图 6-52 为埃及西部沙漠内一个绿洲的婚纱，图 6-53 为西瓦绿洲婚礼上新娘的盖头，它们显示西瓦绿洲的刺绣。

2.14 埃及贴花绣

自 1920 年 Carnavons（卡纳沃斯）发掘了 Tutankhamun（图坦卡蒙）墓后，埃及许多流行物也接踵而至。最简单的贴花绣形式是缝边贴花绣。首先将几何形态或书法形式的主题样板假缝到织物表面上，然后进行缝边或者沿织物边缘跳针，使得基本组织清晰可见。图 6-54 为 Sudan Madhiist（马德里主义者）军队的外套，Jebba（杰巴）贴花制服国。图 6-55 为 1930 年代殖民地和旅游市场制作的贴花绣嵌板。

图 6-51 阿尔及尔刺绣围巾

图 6-52 埃及西部沙漠内一个绿洲的婚纱

图 6-53 西瓦绿洲婚礼上新娘的盖头

图 6-54 贴花制服

图 6-55 贴花绣嵌板

3 中非纺织品

中非大部分区域气候湿热，被茂密的森林所覆盖，没有大面积的棉花种植区域，因此衣服所需要的材料都取自于森林。

传统的纺织手艺人利用由酒椰叶纺纱所得的纱线织制衬衫和围巾。居住在刚果南部卡塞河附近的库巴部落的人民，被认为是非洲卓越的艺术家，虽然常用树木和金属纺丝，但仍然保留着用裂开的酒椰叶纺纱织布的传统习惯。

中非的许多小国家没有大规模的传统纺织业。北部的乍得湖和中非共和国都有水平织机，在这种织机上织制棉条带的方法与西非国家特别相似。刚果（布拉扎维）、安哥拉均是在立式织机上用酒椰纤维进行织造的。一些居住在离森林较远地区的俾格米人也是利用这种织机织造树皮布的。

3.1 喀麦隆酒椰纤维纺织

在喀麦隆西部的 Bamessing（巴梅斯），一些发展得比较好的酒椰纤维制造工厂织制的大多是本地人所携带的背袋。独立式的 Bamessing 织机有 2 米高，它有一个固定的交叉框架，除用作胸梁和横梁的金属棒外，织机的所有机体都是由酒椰木制成的。

经纱是酒椰长纤维线，它们缠绕在金属棒周围，且前后有相同根数的纱线。分纱杆置于单综丝上面，经纱与综丝交叉，这样便能通过控制酒椰皮带控制后面的经纱。用作纬纱的酒椰纤维用木质的剑形引入，这样在引入纬纱时便能保证开口清晰。图 6-56 是喀麦隆 Bamessing 有着纬向花型的酒椰纤维包。

3.2 喀麦隆牧场防染布 ndop（恩多破）

在喀麦隆牧场的 Bamileke（巴米累克）有一种流行的针缝防染布——靛青染色布，被威尼斯和阿拉斯泰尔称作 ndop。其基布是棉型条带织物。妇女们用高强力的酒椰纱线在布上进行针缝防染操作，然后将其染成蓝色，最后用尖刀或者剃须刀拆掉缝制的酒椰线，使得蓝色底部中未被上染处显示白色。这一操作过程必须十分仔细，以防割坏布匹。

与喀麦隆 ndop 的几何图案相比，尼日利亚 ndop

图 6-56 酒椰纤维包

的设计显得比较随意。它的主要特征是图案种类较多，如 swastikas（万花筒）、有象征意义的人物以及蜥蜴、蝎子和豹子的联合动物图案。图 6-57 为尼日利亚有着美洲豹图案的 ndop。

3.3 刚果库巴人的酒椰纤维织造

库巴人保留了许多有关酒椰纤维织造方面的文化，男人负责纺织，妇女负责刺绣和嵌花。单综丝织机比人高，与地面成大约 45°放置。织造时，织工坐在下方，手放在织机上方。

图 6-57 美洲豹图案的 ndop

4～10 片酒椰布片可拼接成裙子，更少一点的布片则可制作围裙。用来装饰裙子的方式有许多种，如扎染、刺绣、拼接、抽丝、货币、贝壳和孔洞等，其中，以割绒和刺绣装饰的酒椰布较常见。

Ngeende（恩格德）是库巴联盟的另一个部落，该部落的人喜欢将碎小的酒椰布拼接成怪异而突出的图形嵌在裙子上。其中一种流行的颜色配置是把天然颜色点缀在经紫木染色后的酒椰碎布上。酒椰布的耐磨性不强，在重击时会在布上留下孔洞，因此，用来装饰的嵌花刚好可以掩盖这一缺陷。这使得嵌花布在用于装饰的同时，还具有一定的实用性。图 6-58 为错落有致的库巴女式刺绣罩裙。图 6-59 为库巴一些地区的女式酒椰纤维裙。图 6-60 为来自刚果的一条库巴酒椰纤维裙，错落有致的矩形纹样，围绕圆形小孔的菱形刺绣，边缘点缀扎染图案。

图 6-58 女式刺绣罩裙　　图 6-59 女式酒椰纤维裙　　图 6-60 库巴酒椰纤维裙

3.4 刚果的 Shoowa（肖瓦）割绒刺绣

在库巴北部的一个部落 Shoowa，人们经常用细割绒条装饰裙子。裙子上面缝制一般为方形的嵌花，象征着财富和地位。

割绒技术类似于灯芯纱，纱线由加捻纤维纺成，非常细。刺绣者先将纱线轻柔地旋转，再浸润纱线根部，然后用一根铁制的缝衣针从纬纱下面将变软的纱线拉过织物的表面。织物的紧密处握持纱线而不打结。图 6-61 为肖瓦（Shoowa）酒椰纤维方形割绒刺绣。

图 6-61 方形割绒刺绣

3.5 刚果俾格米人和库巴人的树皮布

俾格米人以及刚果东北部 Imbuti（英布提）的伊图里河雨林人，经常会将森林里的热带无花果树的内皮织制成缠腰带。在节日舞会上，人们便利用这种缠腰带，把画有图案的树皮布绑在涂过油的白净皮肤上。

库巴的 Itum（伊图姆）部落偶尔用画有图案的树皮布嵌花装饰舞裙，也可用来装饰盛大节日里为年轻男子准备的化装舞会的服装，每件服装上均有典型的库巴条型纹标志。图 6-62 为刚果东北区热带雨林 Imbuti Pygmies 的树皮布。

图 6-62 热带雨林 Imbuti Pygmies 的树皮布

3.6 刚果和喀麦隆的珠子和贝壳装饰

自从葡萄牙人 500 年前在海岸建立贸易中心后，喀麦隆西部农业富足的部落便开始使用欧洲珠子。Bamileke（巴米累克）和 Bamoun（巴慕族）的首领用种子、珊瑚珠子来装饰王座、饮器、盛酒容器和礼服显示自己尊贵身份和地位。现在，珠子在喀麦隆牧场被用来装饰化妆舞会穿的夹克以及神秘的大象面具。

另一个富足且能够挥霍这种珠子的群体是刚果地区卡塞河附近的库巴部落。库巴人经常把白色、蓝色、红色和绿色种子以及管状珠子，或从马尔代夫得到的贝壳混在一起。这些珠子不仅用来装饰面具，还用来装饰男子的腰带和圆锥形帽子。图 6-63 为库巴社会代表男人地位的圆锥形帽子。图 6-64 为喀麦隆草地，Bamileke 人穿的嵌珠夹克。

图 6-63　圆锥形帽子　　　　　　图 6-64　嵌珠夹克

3.7　喀麦隆的钩编帽子

喀麦隆牧场的男人在日常生活或者在仪式上戴的帽子比较宽且款式多样。其中有带有羽毛的帽子，也有带有片状悬垂物的软帽。目前最常见的是用棉、羊毛或丙纶编织的产品。

为了形成一块钩针编织的织物，首先应用钩子从送入的纱线中钩出一个套圈，一次钩出一个套圈，直到这一链条达到所需要的长度。为了增加下一圈的链接，新形成的套圈必须和前一链接的每一套圈相嵌套。随着基本编织组织以及钩子上套圈数量的增加，整个编织品连接成片。图 6-65 为喀麦隆北部草地的钩编帽，男人在礼仪场合戴。图 6-66 为喀麦隆 Bafoussam（巴夫萨姆）地区的 Bamileke 人用棉纱和羊毛钩编的日常帽。图 6-67 为喀麦隆西南部 Bali（巴厘）著名的有着硬质树木瘤的钩编帽。图 6-68 为 Bamileke 有着软树木瘤的男式钩编无边软帽。

人们用棉或者酒椰线把鸟类的大翎毛缝制或紧紧地扎在钩针编制的王冠或者篮筐式帽子上。带有大量羽毛的帽子在携带过程中尤其要注意羽毛的保护。当软帽不佩戴时，把软帽从里面彻底地翻到外面，并把所有的羽毛聚集在一起，可以很好地使帽子免受损坏。图 6-69 为北部草地有染色公鸡羽毛的钩编羽毛帽。

图 6-70 为羽毛帽不戴时，将帽子内部翻出以保护羽毛。图 6-71，喀麦隆草地许多小的王国，其高权贵或国王戴的羽毛帽。图 6-72 为喀麦隆草地由修剪整齐的野鸟羽毛装饰的男式羽毛帽。

图 6-65 喀麦隆北部草地的钩编帽　　图 6-66 棉纱和羊毛钩编的日常帽　　图 6-67 有着硬质树木瘤的钩编帽

图 6-68　男式钩编无边软帽　　图 6-69　有染色公鸡羽毛的钩编羽毛帽　图 6-70　帽子内部翻出以保护羽毛

图 6-71　国王戴的羽毛帽　　图 6-72　野鸟羽毛装饰的男式羽毛帽

第7章

美洲纺织品

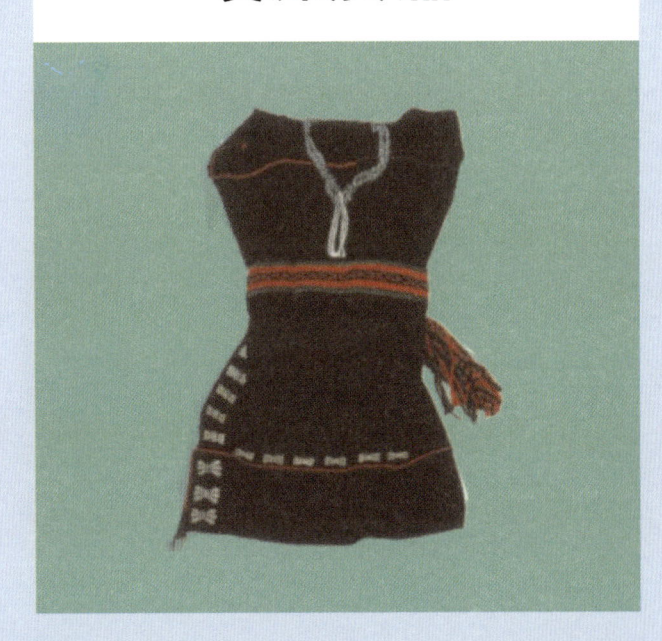

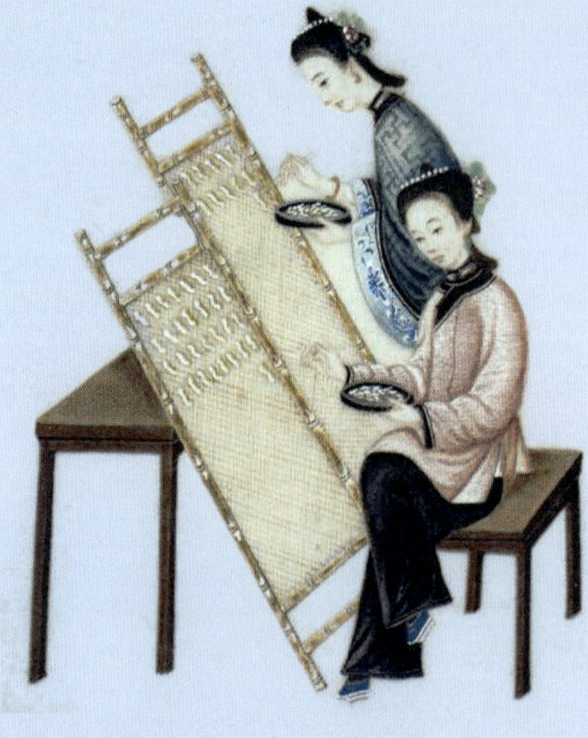

1 北美土著纺织品

提及北美土著所制造的纺织品时，人们会情不自禁地想到纳瓦霍人和他们那色彩斑斓、人见人爱的毛毯。

数千年来，北美地区各部落制造的手工织物种类繁多，编织技巧五花八门，选用的材料也十分丰富，包括草、植物纤维、树皮以及人和动物的毛发。文化的差异导致不同的地区制造出不同的纺织品，以前的各种纺织品如今在许多地区仍旧在继续生产。图7-1是阿纳萨齐毛毯的复制品。

图7-1 阿纳萨齐毛毯

1.1 西北沿海地区纺织品

一些由西北沿海地区部落制造的织物堪称北美地区最精美的纺织品，尤其是契凯特人编织的毛毯。图7-2为19世纪风格独特的契凯特毛毯，由居住在阿拉斯加南部的特里吉特印第安人手工编织而成，只有部族首领才有资格在节庆时穿着，是权力的象征。

18世纪末19世纪初，居住在阿拉斯加南部的特里吉特印第安人手工编织的毛毯也相当复杂。他们先把杉木树皮内层弄碎，制成纤维，再与山羊毛混合制成经纱，挂在横木上，然后用双股羊毛制成纬纱，一对一对地穿过经纱进行编织。

图7-2 19世纪风格独特的契凯特毛毯

西北部最大的部落萨利希印第安人也是编织巧手，能制作出风格独特的毛毯。萨利希妇女用山羊毛、猫尾毛绒和一种小白狗的毛发（比山羊毛还要精细）作编织材料，采用斜纹编法，制作出别具一格的米色毛毯。图7-3为保罗·凯恩于1847年绘制的编织毛毯的情景画，画面呈现聚居在沿海地区的印第安萨利希妇女正在编织米色毛毯，毛毯编织的材料中有一种是当时驯养的小白狗的毛，这种小白狗现已绝种。

图7-3 印第安萨利希妇女编织毛毯图

1.2 高原地区纺织品

从不列颠哥伦比亚省往南,越过华盛顿州,便来到了内兹佩尔塞人聚居的哥伦比亚高原。这个部落所制造的纺织品数量较多,他们编织了许多其他种类的纺织品,如席子和女装帽子。

袋子正反面上的几何图案互不相同,但通常都比较简单,其中一些图案设计或许还受到了邻近部落文化的影响。1805—1806年间,探险家玛丽韦瑟·路易斯和威廉·克拉克发现了数个高原印第安部落,并将美国国旗赠与他们,可能是受星条旗的启发,高原印第安部落偏爱在织物上使用星形图案。图7-4为19世纪晚期的玉米壳袋子正反面,由爱达荷州的内兹佩尔塞人编织。这个半游牧部落与外界时有接触,因此袋子上的图案设计也受到一些外族文化的影响。

图7-4 19世纪晚期的玉米壳袋子

1.3 森林、五大湖区和大草原地区纺织品

越过平原再往东大约1900千米,眼前便是另一番景象:大地坐落在五大湖的怀抱中,森林郁郁葱葱,南部是广阔无垠的草原。齐佩瓦族和易洛魁族是居住在这一地区人口最多的两大印第安部落,他们非常擅长编织日用品,包括袋子、席子、饰带和吊袜带。

图7-5 易洛魁族手工编织的纱线腰带

图7-5为易洛魁族手工编织的纱线腰带。流苏长长的饰带和吊袜带采用普通的纱线和简单的指编技术编织而成,经纱和纬纱都取自同一种纱线,固定在平行的短竿上,交错编织。袋子的编织自上而下,偶尔会用到网织和饰带编织(斜纹经纬编织)。饰带和吊袜带男女都用,有时镶有白色珠片。饰带可用作腰带围在腰上,与当地制作的银胸针搭配使用,显得十分高贵;也可用作肩带,风格与子弹带相仿。吊袜带系在膝下,主要

用于防止鹿皮裤滑落，也是男女都适用。腰带具有极大的象征意义，通常是两个部落在冲突后达成和平协议时作为交换的见证物。

席子是印第安人帐篷里一件重要的装饰物，用芦苇制成的席子最常见，而且质量最佳。这些席子除了用来铺在地上以外，有时还可以用作桌布。用长骨针编织的席子通常选用秋天采集的狼尾草作材料，主要用于覆盖帐篷。林地里的印第安人部落可选用桦树和榆树的皮来编织席子。

1.4 西南部地区纺织品

在林地和大草原的西南方约2400千米，越过今天的墨西哥边界，便是北美地区最负盛名的纺织品地区。这个位于新墨西哥州和阿利桑那州东北部的险峻山区聚居了约25个普韦布洛印第安部落。

在节日和传统仪式上，普韦布洛人仍穿戴传统服饰。图7-6为普韦布洛妇女穿着的黑色裙子，采用斜纹对角编织。通常宽度大于长度，不同的普韦布洛部落有其各自的纺织偏好，裙子上的装饰因人而异。例如，祖尼人偏爱蓝色，而阿卡莫部落偏爱红色。未婚女孩会披阔幅的白色棉披肩，这种披肩采用斜纹编织，配上宽厚的红、蓝羊毛镶边；已婚妇女则披古典披肩（一幅长方形黑色或棕色的精美羊毛披肩，宽度较大），这种披肩也采用斜纹编织，披戴时先把披肩的一边搭在左肩上，再用别针把另一边别在右肩上。饰带和短裙通常是男子的主要装饰物，具有极大的象征意义。

图7-6 普韦布洛妇女穿着的黑色裙子　　图7-7 纳瓦霍妇女纺纱织布图

1.5 纳瓦霍人的毛毯和地毯

纳瓦霍部落是北美地区最大的印第安部落，分布在亚利桑那州和新墨西哥州附近3885平方千米的地区内。大约1700年，纳瓦霍妇女从其邻居普韦布洛人那里学会了手工编织技术（图7-7）。最初，她们用西班牙绵羊毛来编织毛毯和裙子。古典工艺时期(1850—1870年)，她们制作出了"首领毛毯"，这种毛毯珍稀罕见，只有部落首领才能使用。图7-8为纳瓦霍人传统的旧式地毯,可以追溯到20世纪前25年间,直到20世纪30年代,十字形设计图案仍在加纳多地区十分流行。

19世纪60年代后,纳瓦霍的纺织风格频繁变化。纳瓦霍保留区里一共有13个纺织品制造区,每个制造区的纺织品都以该区的名称来命名。由于每个制造区的纺织图案都极具想象力且风格各异,因此单从织物的图案上就能判断出织物的制造地。图7-9为"耶"地毯产于新墨西哥州纳瓦霍印第安保留区的希普洛克区。图案中的细长人物"耶"是纳瓦霍传统宗教沙画中的图案,但用在地毯中不包含任何宗教意义。

图7-8 纳瓦霍人传统的旧式地毯

图7-9 新墨西哥州的"耶"地毯

2 北美殖民地时期的纺织品

尽管北美地区的纺织品设计和生产技术都源自欧洲大陆,但由于受到人口、气候、土壤以及疆域等因素的影响,纺织传统与欧洲大相径庭。本土纺织品,无论是机织品还是手工制品,其生产都需要大量的劳动力、原材料、先进技术和独特设计。这些因素的变化势必会对18—20世纪期间美国纺织业的发展产生极大影响。

2.1 18世纪上半叶纺织品

18世纪初,辽阔的北美大陆上荒无人烟,不久几乎被外国列强瓜分殆尽。在18世纪下半叶以前,北美东部沿岸的殖民地仍然紧紧依附于欧洲的各殖民帝国。

占领北美的各国列强以及国外的政府和投资者都十分看重美国丰富的自然资源,尤其是棉花资源。有些衣物完全由精纺毛纱制成,质量极佳。精纺毛呢可烫印锦缎图案或波纹图案,制成波纹布、横凸条波纹织物和精纺装饰呢等,这些织物常被列入美国18世纪的发明中。图7-10为整幅布制作的床罩,在众多美国早期织品中十分有代表性,上面绣有"产于1746年,是费城的乔纳森·密斯弗林送给其女莎拉·密斯弗林的结婚礼物",上面的一层丝绸可能是从英国或中国进口。

图7-10 用整幅布制作的床罩

18 世纪下半叶起，美国南部地区开始种植棉花，逐渐取代了之前的种桑养蚕。1700 年以前，牧羊是北美偏远山区人民生存的主要支柱，羊肉能做食物，羊毛能编织成衣，因而牧民靠牧羊能过上自给自足的生活。

据考证，18 世纪 60 年代，费城已有大量的纺织工人，12 台缩呢机（用于整理棉织物），这些机器源源不断地生产羊毛织物。1700 年，费城有了数量充足的丝织工人。1752 年，国会解除了对本地生产亚麻织物的禁令，亚麻织物的产量从此节节攀升。1760 年费城不仅是北美地区最重要的贸易港口和商业中心，也是北美地区的纺织品集散地。图 7-11 为几何图案床罩，由四综织机用白色棉纱、深蓝和红色毛线为材料编织而成，约 1823 年产于田纳西州。

图 7-11　几何图案床罩

2.2　美国独立战争时期纺织品

18 世纪北美地区的人民以从事农业生产为主。英国政府颁布了一系列法令（尤其是 1765 年的《印花税法案》），增加对进口原材料的赋税，这引起了北美地区人民的强烈不满，爱国热情也随之迸发，本土的纺织工厂接二连三地建立起来，显示了北美人民独立自主的精神。

尽管人们做出了许多努力，但其后的 20 年间，北美地区的纺织业一直停滞不前，主要有三大制约因素：第一，自 18 世纪 50 年代以来，英国的纺织业得到了空前发展，因而出口到北美地区的纺织品数量比以往要多得多；第二，1775—1783 年间的美国独立战争影响严重影响了美国纺织机械化的发展，增强了美国对本土纺织品的保护意识；第三，市场仍然缺乏充足的廉价劳动力，因而本土企业生产的纺织品根本无法与进口纺织品抗衡。

费城是这一时期北美纺织业发展的缩影。由于英国当时生产的棉布质量高且价格较低，加之英国商人能从银行任意取得贷款来发展生产，因而英国纺织业在北美市场占尽优势。在 1785—1800 年间，费城共有约 170 名专业纺织工从事纺织生产，其中 1/3 从事针织生产，其余从事花边、镶边、丝织品或毯子的生产，印染工匠不足 10 人。大约在 1835 年以后美国生产了大量的印花织物。图 7-12 这幅织物使用茜草拨染和半茜草拨染法印制而成，采用

图 7-12　辊筒印花织物

辊筒印花，大约在 1880 年由艾伦印染厂制造。工厂建于 1830—1831 年间，位于罗德岛州的普罗维登斯市，这种带有小碎花图案的棉布被称为"印花棉布"。

2.3 1800—1860 年纺织品

19 世纪上半叶，美国纺织业发展迅猛，但极不平衡。譬如，斯莱特的水力发电棉纺织厂迅速衍生出许多新的纺织厂，这些纺织厂都集中在康涅狄格州、新罕布什尔州、罗德岛州以及马萨诸塞州南部附近流域。

1820—1860 年间，纺织厂的发展如日中天。尽管英美战争结束后，美国纺织业陷入严重的萧条。但到了 1850 年，新英格兰地区已有 896 家电力纺织厂，其中约 500 家位于马萨诸塞州北部，它们都采用统一的"沃尔瑟姆生产模式"。这一时期美国纺织业的发展也得益于南部各州棉花产量的激增。从 19 世纪 20 年代起，新英格兰地区和费城的纺织厂开始完全使用机器生产印花棉布，成果十分显著。1810 年《尼罗河周报》宣称，美国最出色的印花纺织工厂是位于费城周边的八大企业。图 7-13 为辊筒印花制作的九宫格拼布，是新娘的棉被，上面绣有"费城，1841 年 5 月"的字样。很可能是由美国制造的，产于费城的其他棉布上还绣有百日菊图案，这和位于法兰克福市附近的布莱格斯公司生产的织物图案十分相似。

图 7-13 辊筒印花制作的九宫格拼布

2.4 美国内战到第一次世界大战纺织品

美国内战对纺织业的影响是直接而深远的。就短时间而言，阻断了棉花的供应，这大大阻碍了欧洲和美国棉纺织厂的生产，但却使得毛纺织品和印花毛巾的数量激增。

19 世纪 40 年代，随着美国蚕养殖业的崩溃，19 世纪 30 年代曾兴旺一时的众多丝织厂纷纷倒闭。内战期间，许多制造商又开始转向使用英国丝线进行丝品生产。美国内战造成的棉花短缺迫使很多公司精简人员，规模庞大的工厂只能向北部地区扩张，但是逐渐以生产单一材料或单一织物为主。

内战刚刚爆发时，南部各州所制造的商品仅仅占美国总量的 1/10，但它们逐渐迎头赶上。内战后，南部很快将新技术融会贯通并应用到生产中去。到了 80 年代，劳动力成为促进纺织工厂发展的一个重要因素。

在第一次世界大战爆发前 10 年，由于生活和工作条件恶劣，北方地区的纺织工人曾多次进行反抗。在这段时间里，南部地区的纺织业一直在稳定发展。到了 19 世纪末，南部地区已有超过 50 家棉纺织工厂。

然而，外国织物风格和设计对美国纺织市场的影响逐渐减弱。1876 年，费城举行的"百年纺织展览会"孕育了"工业艺术学校"。到了 19 世纪 80 年代，纽约也成立了两家艺术学校；纺织界围绕最佳工业设计和独立美国风格展开了热烈的讨论，致使工艺美术运动如火如荼地展开；随后，装饰艺术社团纷纷成立。纽约州詹姆斯敦的马丁兄弟纺织厂约于 1885 年制造了这张长沙发（图 7-14）。沙发面料采用了厚重的提花机织毯（纬面平织物）。

图 7-14 采用提花机织毯面料的长沙发

2.5 1920 年至今的纺织品

20 世纪 20 年代，激烈的竞争致使新英格兰地区的许多纺织厂破产倒闭。潮流变化的步伐越来越快，人造纤维和混合纤维的发明及应用使布料也发生了巨大变化。南部地区的纺织厂能很快地适应市场的变化，到了 20 世纪 50 年代，南部地区成为北美乃至全球的纺织中心。

这一时期最显著的特点是北美地区的设计师开始独立设计织布图案。20 世纪 30 年代的大萧条使市场对手工纺织业的需求有所增加。在加拿大居住的欧洲移民创立了一些小有名气的纺织工作室。40～50 年代，由于政府的资助和法国专家的指导，魁北克的艺术家设计出一些精美的钩针编结挂毯，与此同时，家具设计学院也成立了纺织学系。"带叶的树"，手工筛网印花，大约制造于 1948 年（图 7-15）。图案由斯坦莉·科斯格罗夫设计，由加拿大印染公司亨利摩根公司制造生产，亨利摩根公司位于蒙特利尔，于 1947 年推出一系列标新立异的纺织品。

传统美国纺织业的最大优势在于多样性。早在 1930 年，一些全机器生产的纺织厂已经使用唐纳德·狄斯凯和汉瑞雅荻·赖斯的现代设计，而其他纺织厂则仍然以生产印花棉布为主，质量与法国的同类产品相当。到了 30 年代末，小作坊生产的手工筛网印花织物与大公司的机织物不分伯仲。当时由于战争的需要，手工印花织物成为 20 世纪中期纺织市场上的主导。

地区的多样性同样也是影响美国纺织业

图 7-15 手工筛网印花纺织品

发展的重要因素。譬如，20世纪30年代中期，加利福尼亚地区设计的织物图案红遍全国，40、50年代生产的印花织物以随意的水果和花卉图案为主，深受市场的欢迎。新英格兰地区的人们更偏爱刻板的绗缝图案。此外，欧洲的织物图案在该地区依然走俏，譬如，1963年芬兰玛丽梅科公司生产的花布就有1/3在美国市场销售（图7-16）。

20世纪50、60年代流行的织物款式在今天的美国市场依然很畅销，例如提花织物、抽象图案花布、传统图案花布、描绘景观的花布、条纹花布、格子花布、人物风俗花布以及一些设计师的名作等。本土居民人数的不断增加以及大批新移民的涌入，为美国纺织业源源不断地注入新鲜血液，纺织业在国内外市场取得双赢效益。第二次世界大战以后，充满活力的美国艺术表现在独具特色的纺织品设计上。1974年创造的"焦虑的人"，是一幅双层交替编织而成的日历牌画（图7-17）。

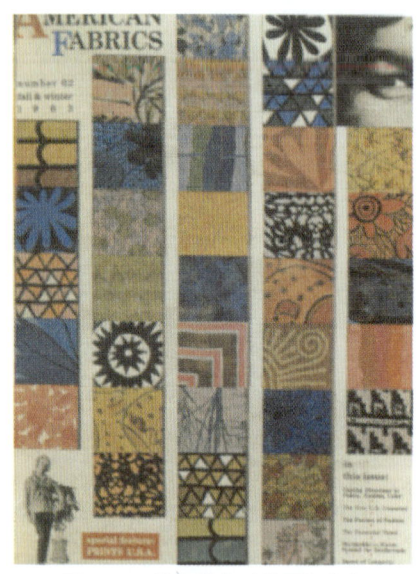

图7-16 秋冬盖布"美国织物"

图7-17 双层编织的日历牌画——"焦虑的人"

3 拉丁美洲的纺织品

拉丁美洲是世界上少有的地形复杂多变的地区，在漫长的历史进程中，这个地区诞生了许多绚烂多彩的文化，中美洲和安第斯山脉北部及中部保留了最完整的拉丁美洲艺术。拉丁美洲的人民利用十分匮乏的自然资源发挥丰富的创造力，缔造出了辉煌的文化艺术。

3.1 西班牙殖民统治之前

3.1.1 中美洲

中美洲是指从墨西哥北部向东南延伸，直至洪都拉斯和萨尔瓦多的地区。考古发现，墨西哥的篮筐编织、搓绳和网织技术早在公元前5000年便已经出现。公元前1800年以后，由于农业的大规模发展，人们进入了织机编织的时代。早期的中美洲纺织品很少能保存下来。人们从位于墨西哥尤卡坦的奇琴伊察金字塔中挖掘出大约600件碳化的织物残片。一些保存在干燥洞穴里的织物和陶瓷碎片上印有当时的印花图案，这提供了极有价值的参考。

织机能织出图案复杂的织物。迄今为止，考古学家发现的织法有以下几种：经纬平纹编织（条纹或格子图案）、壁挂式编织、异经编织、双层编织、斜纹编织、薄纱编织、经纬透孔编织、纬纱编织和纬环编织。人们会在一些编织好的织物上添加刺绣图案、绘画或镶嵌羽毛、贝壳、小铃铛等饰物。毛毯和服装通常配有精美的镶边或流苏。部分织物还采用了防染印花和辊筒印花技术印染。尤卡坦岛的玛雅潘城出土的一件织物碎片表明，墨西哥人早已精通蜡染技术。图 7-18 为一幅印花棉织物的细部图，典型的奇布查族图案。据说是哥伦比亚波哥达市附近的嘎查斯巴墓穴中最大的一件陪葬品，制造于公元 11—16 世纪。整幅织物 120 厘米 ×135 厘米。

图 7-18 印花棉织物的细部图

玛雅各城邦，包括塔巴斯科、恰帕斯、墨西哥的尤卡坦半岛、伯利兹城、危地马拉以及洪都拉斯和萨尔瓦多的部分地区，都在纺织艺术上取得了卓越的成果。

3.1.2 南美洲

南美洲的人们在这里至少已经生活了 1 万～ 1.5 万年。在西班牙殖民者征服南美洲时，这里大部分都是农民，主要从事打猎和耕作。

16 世纪，巴西东部沿岸的图皮南巴族印第安人开始使用棉吊帐和植物纤维纺纱织成的吊帐。棉纺纱是南美热带雨林地区使用的唯一一种编织材料，无论是用来捆绑箭杆上羽毛的绑带，还是婴儿背带都是由这种棉纺纱编织而成的。图 7-19 为帕拉卡斯织物碎片图，公元前 400—前 100 年间产于秘鲁南部沿岸地区。编织材料为驼毛，这块碎片很可能是较大织物上的一个饰边。底座与三维立体人物绣在套环编织的底布上，整幅织物可以翻转。图案里的人手持一些东西和扇状物，扇状物的边缘采用锁眼针法编织。

图 7-19 帕拉卡斯织物

秘鲁气候干燥炎热，使这里的织物能完好地保存下来。早在公元前 3000 年，秘鲁人便开始种植棉花，并用棉花来编织纺织品，但厄瓜多尔却在更早的时候就开始种植棉花和制造棉织物了。第一批秘鲁棉织物主要是采用搓绳和环编，小部分使用平纹编织。早在公元前 5000—前 4000 年，南美洲人已经使用这种编织方法来编织篮筐和植物纤维织物了。棉织物在印染后再以彩色纱线编织成流行的几何图形和图案，是后期秘鲁纺织品的主要特点。

在西班牙统治以前，古秘鲁人已经通晓所有的纺织工艺。到了公元前 400 年，这些纺织技术都已发展得相当成熟。在帕拉卡斯文明晚期／纳斯卡文明早期，秘鲁南部沿岸开始广泛流行刺绣工艺。几平方米大的巨型棉布常配有很宽的镶边，编织的图案使棉布底布的花纹显得暗淡；还有一些织物的镶边采用和针织法十分相似的套环针法编织，以三维的人物、兽类、鸟雀等图案为主。图 7-20 为产于秘鲁中部和北部沿岸的挂毯，采用驼毛纬纱编织法，织造于公元 1300—1500 年。

纳斯卡文明晚期，壁挂式编织开始取代刺绣工艺，并成为当时南美洲主要的纺织工艺。到了公元 7 世纪，最名贵的织物是由蒂亚瓦纳科和瓦里帝国制造的大衬衣，这种衬衣采用双面组织壁挂式针法编织。500 年后的印加人仍沿用这种针法，并创造了最负盛名的贵族织物——"羟辟"(qompi)。

发源于秘鲁北部沿岸的莫希文明（公元 200—600 年）创造了精致的挂毯，这种挂毯在后来的奇穆帝国和中部海岸的钱凯地区一直广为流行。奇穆人擅长编织锦缎和华丽织物，织物上都镶有饰边、珠片、贝壳、金银饰物。钱凯人编织的针织物品和精细棉纱织品，其织锦缎饰边十分华丽耀眼。秘鲁沿岸的纺织艺术家们还编织了各种棉织物和镶有羽毛的精美头饰。

图 7-20 秘鲁中部和北部沿岸的挂毯

非连续的经纬纱编织是古秘鲁人独创的编织技巧。织布时，织机上需要放置线圈支架，待织布完成后再将支架取出。这种方法织出来的布料与双层编织和壁挂式编织相似，只是布料更轻、质地更薄。

印加文明晚期，纺织品在古秘鲁社会的地位逐渐确立。不同种类的纺织品可以代表一个人由出生到死亡所经历的不同阶段。这些织物主要用于各种庆典仪式，尤其是祈祷牲畜多育多产的祭祀仪式。不同的织物代表了不同的社会地位，最华丽的织物当然属于印加国王。

3.2 西班牙统治时期的墨西哥和危地马拉纺织品

墨西哥和危地马拉的印第安人口超过 1500 万。居住在一些偏远地区的印第安部落依然保持着传统的生活方式，而居住在靠近城市的部落尽管还保留着一些传统，但早已融入到主流文化之中。印第安人所建的房子以及制造的篮筐、瓷器和织物都是传统艺术的主要体现。

尽管墨西哥和危地马拉的一些印第安家庭仍使用自家制作的毛毯和其他各种织物，但纺织技术发展的重心已转移到了制衣业上。在许多印第安村落，妇女们仍然穿着传统的印第安服饰：缠绕式裙子和腰带，配有一种或长或短的名为"徽皮"(huipiles)的罩衫。墨西哥的部分地区至今还沿用着一种名叫"克切克米特"(quechquemid)的传统披肩，然而今天这种披肩已与西班牙风格的衬衣合二为一。长方形的披肩在墨西哥和危地马拉也非常受欢迎，一些地区的妇女还使用头巾和背带，并将头发用丝带或细绳盘起来。图7-21中一位纺织工匠拿着一幅叫作"苏勒"的双层织物，丝线织锦，穿着时先把头部盖起来，再让锦缎在身后直接垂下。

自从西班牙殖民者统治以来，男式服饰的变化比女式服饰更大。尽管聚居在恰帕斯的拉坎冬人始终沿用传统的无袖罩衫，而大部分男人都换上了衬衫和裤子，但仍经常与腰带配合使用。在危地马拉的一些村落里，人们习惯穿一种长方形的袍子，这种袍子就像缠绕式裙子一样把裤子也遮盖了起来。印第安男人的服饰很少有口袋，因此他们经常把随身物品放在肩袋里。在严寒的冬天，许多墨西哥人都会穿上一种叫作萨拉皮的华丽羊毛织物或披上毛毯，把整个人包裹得严严实实，只把头露在外面。随后，危地马拉和恰帕斯的高地逐渐开始流行罩衫或夹克，还戴有帽子和头巾。

腰机的出现极大地丰富了墨西哥和危地马拉织物的种类和图案设计。披肩和裙子等平纹织物通常搭配条纹图案，也可用加粗的纬纱勾勒图纹以达到一种凸起的效果。居住在危地马拉科班地区的克奇妇女流行穿着镶有图案的薄纱制成的徽皮罩衫；而居住在墨西哥索罗特拉地区的那华族妇女则钟爱绣有双头鸟和骑马勇士图案的克切克米特薄纱披肩。像薄纱这样的纬面编织的透孔织物需要精湛的纺织技艺。图7-22为那华族妇女，身穿缠绕式腰裙和采用接缝法刺绣的衬衣，佩戴经纱配色模纹装饰带，身披"克切克米特"纱罗织物披肩。

居住在墨西哥北部的塔拉乌马那人、特佩瓦人和马约人仍在使用旧式木制织机，这种织机呈方形，能编织出厚重的羊毛毯子和饰带，常用的针法有平纹编织、壁挂式编织和经纱

图7-21 "苏勒"的双层织物

图7-22 "克切克米特"纱罗织物披肩

横纹编织，偶尔还有经纱织锦。图 7-23 为塔拉乌马那人制作的男士经纱配色模纹饰带，用纯手工纺、未经印染的羊毛做原料，在织机上织而成，产于墨西哥奇瓦瓦省的诺罗加奇克。图 7-24 为提华拿族的节日服装，产于墨西哥瓦哈卡州的特万特佩克地峡。

几乎所有的妇女仍在使用传统的织机编织，但男人们一般会使用西班牙的脚踏织机或综片织机。在危地马拉，脚踏织机经过了多次改良。提花机配有额外的综框，因而能编织出具有重复纬纱织锦图案的徽皮罩衫。

印第安服饰一直不断地向前发展从未停滞。近年来，印第安人对织物的装饰产生了浓厚的兴趣，他们一方面努力保持传统的编织工艺，另一方面又大胆创新，尝试在织物上添加各种斑斓的荧光色彩、机织穗带和金属丝线，营造出令人耳目一新的效果。

3.3 巴拿马的库纳印第安人纺织品

1970 年，库纳印第安人口大约是 22296 人，其中绝大部分居住在圣布拉斯群岛，该群岛拥有高度的自治权，因此库纳文化得以很好地保留下来。

如今，大部分的库纳妇女依然穿着传统的缠绕式印花围裙，婚后还会佩戴印花头巾。近几十年间，库纳人以其华丽、复杂的"莫拉"(mola)女式服装而扬名海外。"莫拉"在库纳语中的意

图 7-23 男士经纱模配色模纹饰带

图 7-24 提华拿族的节日服装

思是"布"。这种女式衬衫由两幅布制成两片宽大的袖子，缝合在一起制作而成。在上衣抵肩的袖子接连处剪裁出适于头部穿过的空位，衣服的前后还分别装饰有布幅图案，图案相似但不完全一样。编织者可先在纸上将图案绘制出来，再将图案移到织物上，但也可直接绣在底布上。图 7-25 为殖民地时期的一幅绣有印加和欧洲设计图案的大幅挂毯，图中的印加贵族身穿当地的传统服饰，上面配有欧式配饰，如及膝短裤。约 17 世纪产于秘鲁。

库纳人复杂的图案设计是外人无法用言语诠释的，它反映了库纳人的信仰，展示了库纳人的日常生活和整个生活环境。当代莫拉女式服装仍然以其瑰丽、极致的图案和不断创新的设计成为库纳人的骄傲，并为圣布拉斯群岛带来源源不断的收入。

图 7-25　殖民地时期一幅大型的绣有印加和欧洲设计图案的挂毯

3.4　南美洲

西班牙统治者入侵后，大部分印第安人成了西班牙殖民者的奴隶。本土服饰也经历了巨大的变迁。16 世纪，政府禁止印第安人（印加贵族除外）穿着欧洲风格的服饰，今天我们所见到的秘鲁和玻利维亚的"印第安"服饰都是 18 世纪晚期欧洲服饰和印第安传统服装的结合保留了下来，并在部落的重要仪式和庆典上占据主要地位，丝毫没有受到殖民统治的影响。图 7-26 是 1985 年摄于玻利维亚的一位扮演邪恶之王的舞者，他身上穿着的服饰面料为合成纤维，上面绣满了各种图案，并镶满闪亮的珠片和穗带。

保守的传统在与创新的一次次较量中被削弱。新的设计元素不断地被添加到织物中，羊毛已经几乎完全取代驼呢，化工染料也几乎彻底代替了传统的天然染料。许多纺纱和编织工匠为了节省时间，直接购买合成纱来织布。

直到 20 世纪初，安第斯山南部和南美大草原的少数印第安部落仍然沿用着传统的编织工艺如图 7-27 所示。智利的马普切族人利用进口的靛蓝染料和本地的植物染料来制作纱线扎染的纺织品，如衣服、床单、被褥和马鞍坐毯。

图 7-26　"印弟安"服饰　　　　图 7-27　羊毛披风的细节图

早在 17 世纪中期，马普切人和其近邻就开始穿着毛毡披风（中间开有领口，穿时从头部套入；前后布幅的侧边没有缝合起来）。殖民统治以后，马普切人迅速学会了骑马，他们也从安第斯的无袖罩衫中得到了启发，对毛毡披风进行了改良，将前后布幅的侧边缝合起来，更便于骑马时穿着。图 7-27 由靛蓝染料纱线扎染的羊毛披风的细节图，该披风由智利的马普切族人制造。

图 7-28 为希皮博族男子身穿宽松的棉罩袍，20 世纪 70 年代摄于乌卡亚利河地区。罩衫上的手工印花图案由当地的妇女在事先没有准备图纸作参考的情况下，用竹条将植物染料直接印染在织物上。

图 7-29 为当今南美洲土著居民服饰。

图 7-28 希皮博族男子的宽松棉罩袍

图 7-29 当今南美洲土著居民服饰

今天，南美洲的传统纺织工艺仍面临着重大的考验和威胁。尽管纺织业的变化趋势是不可避免的，但令人欣慰的是，艺术家和纺织工匠们可以自由发挥他们的想象力去创造新的作品，他们创造的纺织品也将一代代传下去。

第 8 章

欧洲中世纪纺织品

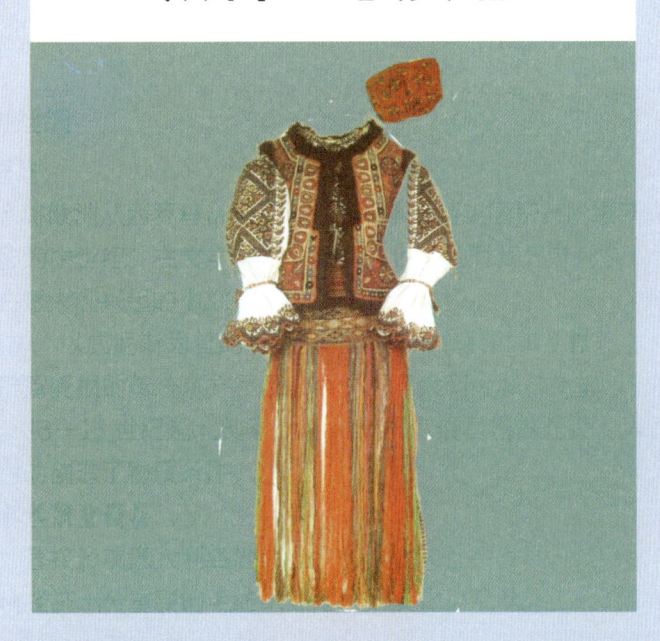

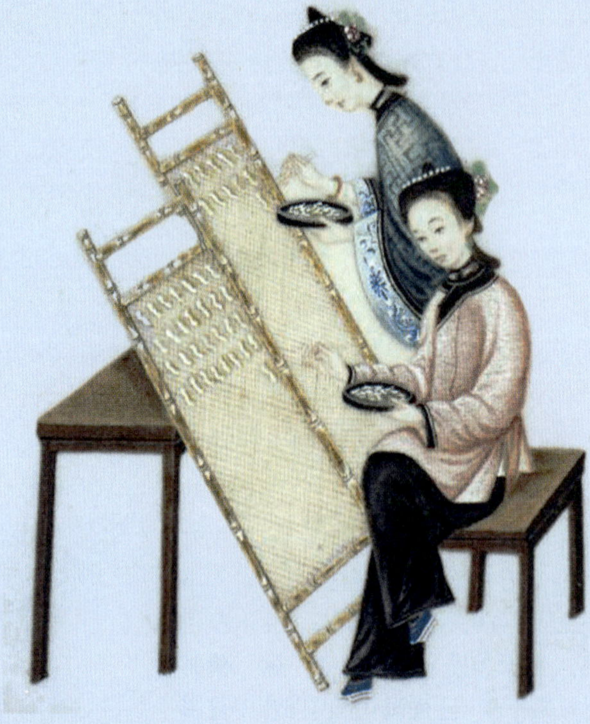

欧洲中世纪纺织品的特点主要反映在装饰纹样方面。初期较为常见的是一些象征性图形，如十字架、鱼、羊等。拜占庭时期的织物上出现了骑马、狩猎、狮子、鹫和孔雀等写实图形，以及联珠纹和缠枝纹等装饰纹样。罗马时期的织物纹样已比较复杂，除了一般的人物以外，还有场面较大的情节性表现，有的直接以袖珍画和壁画为范本。哥特时期是中世纪织物工艺的繁盛阶段，当时意大利中部的卢卡是绢织物和毛织物中心，不少希腊和伊斯兰的能工巧匠聚集于此，产品远销欧洲各地。在意大利仅次于卢卡的织物产地是威尼斯，这里的织物纹样较之卢卡更具明快单纯的特点，产品主要销往德国和奥地利等中欧地区。法国的巴黎和尼德兰的一些城市是阿尔卑斯山以北的织物工艺中心，产量颇巨，影响较大，西班牙等地织物工艺也都比较兴盛。

在中世纪的织物工艺品中，挂毯是极为重要的，它受到贵族和商人的格外钟爱。因为当时大规模的建筑需要用壁毯作为装饰，同时中世纪诸侯、骑士和高级圣职者常常易地而居，壁毯作为室内装饰也便于转运。当然，室内挂壁毯还有防潮御寒的作用。从一些袖珍画上甚至可以看到，在王侯婚礼或宗教祭祀活动时，街道上也挂着壁毯。

1 欧洲丝绸

1.1 意大利丝绸

1.1.1 历史概述

历史学家将欧洲从西罗马帝国灭亡（476年）至英国资产阶级革命（17世纪中叶）之间的时期称为中世纪。在文学艺术领域，中世纪的时间界定为东西罗马帝国分裂至文艺复兴运动在意大利兴起的1000余年（5—14世纪）。

11世纪初，以威尼斯为首的意大利北部各城市积极着手恢复7世纪以来因阿拉伯势力干扰而严重受损的传统东方贸易。很快，意大利各城市就垄断了欧洲和西亚各国的中转性贸易。13—15世纪是北部意大利城市国家最昌盛的时期，为首先在意大利诞生的文艺复兴运动创造了物质条件。

1.1.2 意大利丝织业概况

丝绸工业直接影响意大利各地的经济、文化和社会发展。统治者深刻意识到了原来对意大利各地经济十分重要的毛纺织业地位的变化以及丝绸工业的广阔前景，从而陆续改变了策略。丝绸生产极为兴旺发达。除了满足供应本国的需求之外，意大利丝绸还大量出口到欧洲其他国家，到16世纪，卢卡和佛罗伦萨已经垄断了法国里昂主要的丝绸市场。意大利国内各阶层的人们都热衷于穿用丝绸，当局曾多次试图把丝织物的消费限制在上层社会，但这些努力毫无成效。

14—16世纪的文艺复兴从意大利开始。文艺复兴思潮的兴起在纺织品的面貌上迅速表现出来。随着对纺织品奢华程度的需求不断升级，以华美为特征的丝织物越发丰富多彩。除了对东方传入的各类丝绸不断花样翻新外，意大利本土创造的丝绒手感柔软、色泽高贵，还在织锦和天鹅绒中织进了金银线，其豪华的闪光在欧洲大放异彩。

意大利各城市生产的丝织物品种很多，各有特色，如威尼斯以丝带著名，拿波里以装饰性的花边著名。但各种丝织物在每个城市都有生产,织金银线的锦缎、有图案的丝绒、塔夫绸等都是典型产品。意大利人对丝绒的装饰做了创造性的开发,不同颜色的丝和金属丝以这种技术共同织作,可以生产组织极其复杂的贵重织物。

意大利的丝织工业对欧洲产生了很大影响。16 世纪以后,法国、英国等都是从意大利招聘熟练的丝织工匠,作为发展本国丝绸工业的主要推动力。

1.1.3　意大利丝绸的艺术风格

1.1.3.1　西西里岛

西西里丝绸的知名度非常高,特别是巴勒莫的作坊一度盛誉满门。1189 年左右,旅行家雅戈·法尔康德曾这样描述巴勒莫的作坊:"我不应该闭口不提这些名声赫赫的作坊……生产那种带有五彩缤纷边饰的丝绸,既需要心灵手巧的劳动,也需要大量原料,其售价之高足以让人望洋兴叹!"威廉二世国王的两件嵌有宝石、绣满花纹的长袍如今珍藏在西西里教会。长袍的丝绸面料织有地纹,是西方出现最早的底子上有纹样的丝绸。其地纹是平的,花纹是凸起的,呈现出浮雕效果。在巴勒莫还有一种用小型织机织出来的条格图案丝绸,质地细密,十分精致,有的上面还织有金线。这种织物经常用于窗帘边饰、帽子、靴鞋、提包、围巾和神甫用的头巾。

11 世纪初诺曼人占领西西里岛和南意大利,成立了西西里王国之后的一段时期,巴勒莫的丝织业迅速向前发展。在西西里,狮子、大象、鹿、鹫、天鹅、鹦鹉、鸭子等动物是人们最喜闻乐见的图案形象。这个时期织物纹样的典型构成式样多是在菱形、八角形、龟甲形的外框中加以棕榈树、椰子树,树的两旁有对称的动物。

图 8-1 为罗格二世的加冕披风,1133—1134 年产于巴勒莫。披风展开呈半圆形,地色鲜红,纹样为金黄色,中间是椰子树造型的生命树,左右为对称式狮子征服骆驼的图案。狮子在古代埃及、美索不达米亚、波斯以及相关的其他文化中都是高贵的神兽,狮子战胜骆驼,隐喻诺曼人战胜阿拉伯人,彰显王者的功勋。画面上,狮子昂首挺胸压住骆驼,骆驼努力挣扎但已回天无力,形象虽程式化,却非常生动有力。狮尾向上卷起形成的两条对称 S 曲线、狮子后腿形成的两条对称折线与中间椰子树形一起构成的中心纹样,使整幅图案更显刚柔相济,具有很强的形式感。红、浅蓝、黑色线刺绣的纹样中缀有珍珠、宝石、珐琅,下摆绣有"西西里首都,皇室作坊制,528 年"的题款,做工极为精致,使这件披风更加华丽,在万众瞩目的加冕仪式上尽显最高统治者的高贵和威严。

图 8-1　罗格二世的加冕披风

横条图案在这个时期也很流行,常在画面的横向结构中安排动物、植物纹样。如波士顿博物馆收藏的西西里 13 世纪的"动物横条纹丝绸",以对称或同向的形式,将各种程式化的花卉和姿态生动动物的形象巧妙地组合成四段二方连续图案,变化非常丰富。随着诺曼人的长期统治,前朝的影响逐渐减弱,后期纹样的构思更加自由和多样化。丝织物上左右严格对称的构图减少,纹样变得自由奔放和多样化。也许是为适应与意大利、法国、英国贸易的需要,织物中的纹样多为徽章式(盾形)或城堡式,纹样风格逐渐由东方向西方转化。

在一段时期的繁荣之后，西西里像走马灯似地变换主人，直到1860年被意大利吞并。由于1266年法国军队入侵，致使西西里丝绸业走向衰败，能工巧匠纷纷逃往意大利的卢卡、威尼斯、佛罗伦萨等地，西西里的丝绸工业从此一蹶不振。

1.1.3.2 卢卡

卢卡位于意大利北部，从罗马时代起就是著名的纺织品产地，棉、毛织物在整个欧洲声名远扬。1266年法军入侵西西里以后，许多西西里的丝织技工逃往卢卡，技术力量的增强使卢卡织物更加名声大振。

初期的卢卡丝绸明显继承萨珊、拜占庭及巴勒莫的传统风格。12—13世纪，原来的波斯式联珠纹和西西里特征的程式化动物纹、鸟纹逐渐减少，锯齿叶、花卉增多，构图逐渐演变为横向或斜向构成的纹样和纵向波浪纹。动物形象仍然存在，但也由程式化逐渐向写实形态转化，变得活跃生动。

长久以来，中国丝绸在罗马一直有非常高的声誉。以卢卡为中心的意大利各地丝绸业偏爱将东方风格的怪兽和植物纹样等具有东方神秘色彩的题材用于织物。如石榴在东方象征丰收、多子，卢卡织物就用各种花型组合成石榴形状，还把中国的祥瑞动物龙、凤、麒麟，印度的神化动物独角兽、鹿、孔雀，与石榴、莨苕叶等果实、植物穿插组织，形成所谓的东方情调的纹样。图8-2为用金丝线织成的意大利装饰花缎，产于14世纪下半叶卢卡丝绸辉煌了近半个世纪。1315年，佛罗伦萨人侵占卢卡，裹挟卢卡的优秀织工到佛罗伦萨，卢卡丝织业的领先地位从此被佛罗伦萨所取代。14世纪，卢卡开始仿制中国丝绸，并结合西方人的审美情趣将中国题材西方化，使东方的象征性题材变成欧洲人熟悉的形象。

1.1.3.3 佛罗伦萨

佛罗伦萨位于意大利中部平原，素有"意大利的雅典"之称。佛罗伦萨是意大利最大的纺织工业中心。这个城市在1338年已拥有200家以上的手工工场，从事呢绒生产的纺织工人3万名左右，一年生产呢绒约10万匹。

图8-2 用金丝线织成的意大利装饰花缎

由于在对卢卡的战争中得到了不少丝绸织工，佛罗伦萨自1315年以后也开始了丝绸生产。经历了1380年的经济危机之后，丝绸工业蓬勃发展，取代毛纺织业成为国家的经济支柱。14世纪末，佛罗伦萨生产的金银织花锦缎畅销西欧和中东各地，声誉仅次于最受欢迎的中国丝绸。15世纪末，佛罗伦萨丝绸行业的从业人员超过了毛纺织业。到16世纪中叶，丝绸行业终于成为佛罗伦萨的主要产业，迅速超过了威尼斯、热那亚和卢卡，生产的丝绸风靡一时，在全欧洲称雄。

15世纪的主要纺织图案无疑是石榴纹样，但直到30年代才被普遍使用。在15世纪前20年，装饰花缎和天鹅绒织品采用各种植物和动物的图案设计，这些图案以醒目的斜线轴方式分布，通常形成若干个条纹带图案。虽然实际的花回图案较小，通常只有12～15厘米宽，但所构建的图案却十分可观。图8-3为十字裙，上面绣有英国中世纪的刺绣饰带，编织采用意大利装饰花缎，图案以斜纹带状形式分布，是15世纪初期典型的设计方式。

图8-3 十字裙

整个15世纪，意大利持续生产有动物图案的丝绸。然而，枝叶图案逐渐代替动物图案成为主流。在死于1424年的澳大利亚大公欧尼斯特一世墓中发现了一件华丽的多色织锦天鹅绒织品，缎纹底面带有花纹，图案为打着编结的头巾和花枝。陵墓中还有一组花式缎纹天鹅绒，上面织有单色或多色的小型花卉图案，可以追溯到15世纪20年代。

随着天鹅绒织工技艺的日渐熟练，他们能够织出更宽大的图案，如织品上常伴有石榴图案的大型波状枝干图案。教皇约翰二十三世陵墓内顶梁板上就绘有这种图案，在雕刻家多纳太罗和米开罗佐佛罗伦萨的洗礼堂里也可以看到。现存最大的单色花式天鹅绒是"佛洛奈力"（feronnerie），上面织有花格形图案，图案轮廓用缎纹手法勾勒，主题通常是尖叶环绕的石榴。在整个15世纪，意大利织工发明了更为复杂的织锦技术，不仅用彩色丝线和金丝线织造"佛洛奈力"天鹅绒和锦缎，而且在金丝布上织满了金丝纬环。14世纪的金丝布上布满了连续不断的金丝纬纱刺绣，编织时纬纱穿过布面，使织品的背面有许多金丝纬纱。15世纪30年代的"罗林"（Rolin）天鹅绒表明黄金已广泛用于织造纺织品，由于黄金织线十分珍贵，所以当时的织工用一种"黄色丝质纬纱"作为替代。这种底面用来勾勒图案轮廓的工艺在石榴图案的设计中也有所使用，石榴图案发现于约1450年，其设计越来越复杂，并带有繁茂的附叶和花卉图案。

"环环相扣"天鹅绒织品上的图案使用宽大的金丝线环编织，十分昂贵。15世纪下半叶以来存留下来的几块"环环相扣"天鹅绒织品，其图案设计呈现纹章形状，被认为产于佛罗伦萨，其中包括专为匈牙利国王马加什·科尔文纳（1458—1490年在位）织造的土座饰布；意大利阿西西教堂用于遮盖祭坛正面的帏帘。这些珍贵的金丝布是由那个时代技艺最为精湛的织工编织生产的，因而代表了15世纪意大利纺织业的最高水平。图8-4为亨利七世（1457—1509年）的斗篷式长袍，饰带、兜帽和系扣（系扣为修复时新做）上绣有英国刺绣图案，织于1499—1502年，上面织有国王的纹章图案：

图8-4 亨利七世的斗篷式长袍

都铎式玫瑰和吊闸图案，并镶有"SS"的领边。金丝布用佛罗伦萨的"环环相扣"丝绒制成，使用割丝绒和非割丝绒两种形式，用7种不同的薄膜金银丝线编织而成，并带有一条和整体图案连为一体的镶边。

S形格纹是16世纪的主要设计图案。S形的枝干图案围绕在石榴图案或纹章图案四周。图案装饰给人一种古典美的感受，用作陈设装饰的设计则越来越多地带有建筑物的装饰设计色彩，花缎和其他用作墙面挂饰的提花丝绸和手绘墙面装饰一样，都被视为与室内建筑相配的装饰品。

16世纪下半叶，构成S形格纹图案的交错枝干设计变得更加简洁，也更加纤细狭长。格纹中的色彩营造出一种若隐若现的效果，标志着16世纪末生产的丝织品图案向着更富几何元素特点的花枝图案转变，新式图案层出不穷：花枝图案或线形残枝图案与弯曲的S形枝干缠绕在一起。

除了风格化的植物图案外，另一种图案也开始在意大利使用，即重复出现的小型几何图形。16世纪的评论指出，之所以生产这些丝绸材料是因为当时的意大利人偏爱不太耐用的法国织品，这些织品的生产可以帮助消费者随着服装流行款式的变化而迅速作出反应。

1.1.3.4 威尼斯

威尼斯政局稳定，许多不堪忍受连年动荡的卢卡织工迁往威尼斯。这些移民是一支难能可贵的技术力量，有力地推动了威尼斯纺织业的发展。到1423年，威尼斯已为发展纺织业投入1000万意币的资金，全城的纺织工人达到16000多名。威尼斯的丝织业虽然起步较晚，但它生产的天鹅绒和织锦缎很快就超过了佛罗伦萨。

如果说卢卡的丝绸纹样风格是东方式的、富于动感的，威尼斯的织物纹样则是安静的、沉稳的。威尼斯的织物纹样强调稳定、均衡的构图，经常在波浪式的骨格内表现富有个性的花卉图案（图8-5）。另有一些图案除石榴形纹之外，还将鸟、兽形象穿插其中。

1.1.3.5 热那亚

热那亚和威尼斯相仿，丝绸生产开始得比较晚，其织物的显赫名声来自它生产的彩色天鹅绒。热那亚天鹅绒拥有丰富的原材料，一流的染色技术，图案设计极其优雅，保证它从16世纪到17世纪的100多年间一直雄踞欧洲市场。这些天鹅绒产品主要用于上流社会贵族的服装，也用于家具和室内装饰，效果十分华丽。图8-6为热那亚花纹丝绒制成的室内装饰品，用于装饰18世纪早期的法式躺椅和之后出现的沙发。热那亚天鹅绒图案主要由石榴形纹和莨苕叶纹组成。这种"热那亚样式"有流畅的曲线，格调高雅优美。

图8-5　连续石榴形纹天鹅绒　　　　图8-6　热那亚花纹丝绒制成的室内装饰品

1.1.3.6 后期意大利丝绸纹样

"花瓶图案"是意大利丝绸于 15 世纪后半叶到 16 世纪出现的新的图案形式,并发展成意大利文艺复兴时期最典型的图案。

关于文艺复兴时期的装饰纹样,雷圭元先生这样论述:"文艺复兴装饰风格的特征,在纹样构成方面,是向心的、放射的、对称的、回旋的式样代替了哥特式的一直连绵不断向上升的格局。""意大利文艺复兴式样,着重于描绘自然形象,追求古希腊、罗马的对称整齐,节奏非常明确,庄重大方。经常以卷叶、花枝,以反复的涡形线为主干两面均齐或四面均齐的形式,色彩富丽,构图自然。"文艺复兴时期意大利装饰纹样的以上特点,在丝织图案中都有所体现。

意大利丝织物产量很大,出口到欧洲各国,为了适销对路,其纹样风格敏感地与欧洲的流行趋势相适应。由于 16 世纪欧洲流行穿西班牙式的服装,作为服装面料的意大利丝绸相应产生了明显变化,织物的纹样缩小了许多,变得精巧玲珑,题材多为花卉,特别是小折枝花和鸟禽、小动物等。为适应西班牙服装的特点,这个时期的意大利丝绸还出现了很多横条纹样,变化很丰富。图 8-7 为 17 世纪早期针织丝绸外套,上面饰有仿效丝织品的小枝图案。

图 8-7 针织丝绸外套

从 17 世纪晚期起,里昂设计成为了威尼斯和其他意大利丝织中心所采用的主要图案。从 18 世纪 30 年代里昂设计师让里弗的"怪异风格"到"自然主义风格",意大利在丝绸图案设计上都紧随法国潮流。

在法国,流行款式随着季节而变化,法国当时已经垄断了季节性服装的纺织品生产,尤其是热那亚,以其独特又名贵的花纹天鹅绒而闻名遐迩。欧洲最富有的赞助人欣赏其柔软度、厚度和华丽的程度,织品略带粉红的暗红色据说可用来分辨热那亚天鹅绒和仿效其设计的法国及英国天鹅绒。

尽管威尼斯和热那亚在天鹅绒织造工艺方面竞争激烈,但与热那亚相比,威尼斯设计显得更依赖于法国。不管是花卉图案设计,还是略带古典风格错视效果的漩涡设计,丝织锦总是色彩绚丽、设计繁复、雍容华贵。意大利丝织业规模从文艺复兴时期起开始缩减,尽管如此,意大利丝绸织品的产量仍很大,丝质捻线和金属线出口至整个欧洲。某些意大利设计已成为经典之作。

除了提花丝织品外,意大利还生产多种混纺织品。佩鲁贾市生产亚麻毛巾,毛巾用靛蓝色纬棉纱编织图案,并且采用成对飞禽和花纹的设计,让人联想到民间的刺绣以及 14 世纪的卢卡丝绸。托斯卡纳生产各种用于陈设的混纺织品,譬如,较为厚重的希亚米缇丝棉或丝麻织品,有时表面带有短绒毛,用于制作顶篷、床幔和被单。此外,麻毛和丝麻织品也有生产历史,它们以中世纪的卢卡设计或 17 世纪的小型抽象花卉设计为基础，并织有彩色的横条纹。图 8-8 为 16 世纪佩鲁贾毛巾上的镶边装饰，亚麻布料，饰有特纬图案，图案用靛蓝色的棉线织成。

有些意大利作坊生产质地薄而轻的平纹丝织品，最著名是塔夫绸和薄纱织品，不仅传入了法国，而且可能被法国人所效仿；而对于意大利人来说，他们又觉得很有必要去仿效法国织锦。虽然从 17 世纪晚期起，法国在提花丝织业中占据主导地位，但由于在许多不同档次的市场中各种织品的需求都在增长，意大利纺织业在欧洲仍占有重要的位置。

图 8-8 16 世纪佩鲁贾毛巾上的镶边装饰

1.2 西班牙丝绸

1.2.1 历史概述

西班牙曾经是罗马帝国最繁荣的地区之一，公元 5 世纪被日耳曼民族占领，后来又被西哥特人统治了 300 多年，开始了封建化的过程，并重新繁荣起来。711 年，西班牙又被来自北非的穆斯林柏柏尔人征服，成为阿拉伯帝国最西方的领地。

公元 750 年，阿拉伯帝国经历了一场内战之后，倭马亚王朝被推翻，阿拔斯王朝上台。10 世纪时，西班牙成了全欧洲最富庶的地区。阿拉伯人在西班牙大兴水利，变荒野为良田，从西亚带来的农业技术和新品种大大促进了当地农业的发展，各类手工业和纺织业也发达起来，而且当时西班牙最大的港口塞利维亚，和欧洲、埃及、巴格达、君士坦丁堡等地都进行着频繁的贸易。

11 世纪，西班牙的倭马亚王朝分裂为 23 个小公国，彼此混战，科尔多瓦的哈里发政权面临分崩离析的危机。直到 15 世纪末，伊斯兰势力在西班牙完全消失。

1.2.2 西班牙丝织业概况

在 712 年摩尔人来到西班牙后，平整西班牙南部安达卢西亚的山坡，引进养蚕技术。8 世纪初，西班牙成为阿拉伯世界的一部分，从波斯、拜占庭来的织工和移民带来了丝绸纺织技术和图案设计，西班牙从此有了本国的丝织业。最初丝织的原料生丝都依靠进口，后来又引进了种桑养蚕的技术，到 10 世纪，本土化的丝绸工业完全确立了。与此同时，棉花的种植也非常成功。

公元 756 年，科尔多瓦成了这个国家的第一个丝绸生产中心。丝绸生产属于最高级的纺织行业，10 世纪时西班牙已经有了数量可观的丝织作坊，多数属皇家所有，部分是独立的民间企业，这些作坊生产的丝绸除了供应国内，也有大量产品出口到其他伊斯兰国家。

丝织物的图案设计和织造还依赖于西班牙与其他地中海国家的文化及贸易往来。金银丝花缎是一种纬面混织斜纹织物，它是早期主要的织品。15 世纪的丝织业开始依赖于涌入西班牙开设天鹅绒编织作坊的意大利织工，到了 18 世纪，西班牙丝织业转而依赖于里昂的法国织工和设计人员。西班牙丝织品的主要特点是，精细的几何图案里兽有框架和空隙，当中饰有鸟翼一类的图案。色彩也是尤为重要的组成部分，在金银丝花缎中，稍加搓捻的光泽艳丽的丝质斜纹纬浮线增强了色彩的表现力，营造了熠熠生辉的效果。许多设计还采用了两种对比强烈的颜色，着重勾画图案的轮廓，使图案从背景中突显出来。有时也会像伊斯兰地毯一样，用白色或黑色的轮廓线进一步加强图案突显的效果。

1.2.3 西班牙丝绸的艺术风格

1.2.3.1 10—12世纪的纺织品

10—11世纪，西班牙面纱、垫套等织物以个体为单位进行设计，上面织有带库法体古阿拉伯文的条纹图案和以风格化的动物或人物为主题的花毯镶嵌图案，显示出科普特文化对这一时期西班牙织物的影响。西班牙织品上早期的题款是库法体古阿拉伯文，有棱有角，后来逐渐用花草、涡卷或棕榈叶图案组合加以修饰。12世纪后西班牙织品上纳斯基草书图案越来越普及，分布于织物的宽带中，宽带或穿过织有鲜艳图案的布面，或置于图案和空隙之中，但这种草书已变为纯粹的习俗化图案。

12世纪中叶，西班牙丝织物设计将几何图形与风格化的题款结合起来，这与西西里岛织物和法蒂玛王朝时代的埃及织物十分相似。这些图案和条纹宽带交替分布在织物上，条纹宽带上织有两只相对的孔雀等动物图案，孔雀的一侧是一棵象征"生命之树"的蒲葵。织物构图可以若干颜色交错出现的水平条纹形式分布，有时也可以V字形分布。这个时期西班牙的丝绸纹样被称为"西班牙-伊斯兰样式"，是西班牙原有的美术风格和阿拉伯艺术风格巧妙结合的产物。图8-9为12世纪用金银丝花缎工艺织成的丝织物，使用颜色互补的蓝色和橘色，成对的鸟兽图案证明了这种织品受到了地中海东部地区的影响。

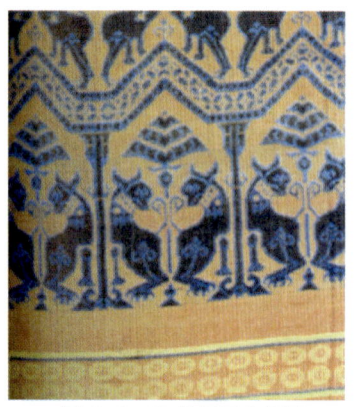

图8-9 12世纪用金银丝花缎工艺织成的丝织物

1.2.3.2 13—14世纪的纺织品

这个时期的西班牙丝织物装饰中，阿拉伯文的花体书法经常被使用。在西班牙——伊斯兰样式的丝织图案中，一些有棱有角的古阿拉伯字母和变化多端的花体字被组织得非常富有装饰意味，设计师们从设计装饰性铭文中找到了一条发挥创造力的出路。图8-10为用"文锦"工艺织成的丝织物，饰有镶边，上面织

图8-10 "文锦"工艺织成的丝织物

有"纳斯基"题款，意思是幸福、好运、感恩和永远坚忍不拔。

当时在西班牙市面上能见到许多不同品种的织物。西班牙丝织品中最有代表性的类型是"迪拉兹"。"迪拉兹"为波斯语，指"用金线织在丝绸上的阿拉伯文字"。

13世纪，阿拉伯元素在西班牙织品设计中有所加强，以至出现了"西班牙摩尔式图案"这一术语。图案包括十分复杂的线条，交错编织成各种方格图案、星形图案、玫瑰形图案，呈现出风格化的几何图形效果。在14世纪，和意大利织品设计一样，西班牙的图案设计发生了显著的变化，采用富于多变的菱形和八角形图案。此外，14世纪的西班牙织品很少再使用书法作为装饰，而是采用拱形图案形成的条纹图案。逐渐地，出现了更多的植物图案，以越来越富有自然韵律的形状排列在织物上，以掩盖几何图案千篇一律的感觉。到了14世纪末，更多的设计采用了蔓藤花纹与花卉图案。荷花图案，过去与棕榈叶或阿蒙哈德形叶组合，发展成为简单的花卉图案，由大型多叶团花形和小型八叶环形构成。图8-11为14世纪西班牙丝织物，带有明显纵横交错的几何图案，这种织品的图案与阿尔罕布拉宫（位于格拉纳达）的瓷砖图案和粉刷装饰图案有关。

图 8-11 14世纪西班牙丝织物

1.2.3.3 15世纪及以后的纺织品

从11世纪到15世纪末，国家形势的一步步变化，在丝绸纹样上的反映就是从伊斯兰风格向欧洲风格的逐步转化。

15世纪一种新的小型花瓶式设计在西班牙悄然兴起，这种设计以象牙色为底色，上面织有红色或绿色的图案，常用于半丝或毛织物中。还有一种带有S形图案和石榴图案的丝织品，以树干和花茎为主要特色，图案以纵向波浪形的方式在织物上延伸展开。与意大利织品相比，西班牙织品有更为明显的线形花纹，并且在织锦天鹅绒中使用了更多金银丝线。图8-12为15世纪产于西班牙的白色丝质装饰花缎，使用金丝织锦。设计采用哥特式风格，但却带有伊斯兰文化，上面织有仿阿拉伯文字的饰带。

图 8-12 15世纪产于西班牙白色丝质装饰花缎

记载西班牙织品的文献资料多种多样，显示了织品的品种之丰富和使用之广泛。在意大利文艺复兴时期的绘画中，东方人常佩戴塔拉斯风格的头巾。图8-13为一幅17世纪晚期或18世纪早期丝绸织物的细部图。上面用丝线和雪尼尔花线织成参加化妆舞会的人物像，可能是葡萄牙人。

由于西班牙的丝绸业在几个世纪的发展中已经成熟，能够随机应变，在新的政体之下，丝绸的诱惑力依然如初，需求量甚至还在增长。丝织业又拓展到了北方的一些城市，而且这个时期的西班牙丝绸图案与意大利的品位更接近了。但是后来统治者不懂得保护其技术力量，导致织工纷纷移居国外，西班牙的丝绸生产能力跌至谷底，这个一度以丝绸生产闻名于世的国家最后竟落到不得不进口意大利丝绸的地步。

图 8-13　早期丝绸的细部图

1.3　法国丝绸

1.3.1　历史概述

在公元11世纪初到15世纪中叶，法国逐渐发展成为民族君主制国家。持续了一个多世纪的百年战争（1337—1453年）使法国完成了从封建时代向类似现代国家的过渡。到16世纪末，法国已拥有1800万人口，是欧洲人口最多的国家，且拥有自足的农业，工业也发达起来。

"太阳王"路易十四（1638—1715年）长达72年的统治时代是法国历史上一个繁荣强盛的时代。国王最亲信的大臣柯尔贝特（Jean Baptiste Colbert）鼓励和扶植本国的产品生产，建立了戈贝兰等皇家手工工场，工场内部有严格的管理和检查制度，而国家向海外的殖民扩张为国内的生产提供了原材料。

1.3.2　法国丝织业概况

在中世纪以后的西欧经济中，纺织业占了很重要的位置。1550—1780年是西欧纺织业的一个发展变化时期，无论毛纺织业、麻纺织业和丝织业都在变化，从高速发展的出口贸易到西方人的家庭日常交易都能感受到这种变化。

中世纪前期，欧洲的物质生活十分落后，即使是最富有的贵族生活条件也很差。东方文明的传入以及和东方贸易的恢复使这种状况完全改变了。随着整体经济形势的好转，人们的生活富裕起来，对提高衣食住行的质量有了越来越强的欲望，造成市场需求越来越旺盛。新的殖民地（如美洲）的人们非常热衷于购买欧洲的面料和时装，也卷入了欧洲纺织业的这场复兴之中。

文艺复兴时期，欧洲丝织业的中心在意大利。到了15世纪，国王路易十一（1461—1483年在位）实行奖励纺织业发展的政策，1480年在图尔建立了丝绸织造工场。1520年，法国从意大利、佛兰德尔招聘大量纺织技工，在里昂和巴黎近郊设立了丝织工场。巴黎、图尔、里昂很快成为法国三大丝织生产中心。17世纪上半叶，里昂又成为欧洲的丝绸之都，在以后的几个世纪里，"里昂丝绸"成了"法国丝绸"的代名词。

1.3.2.1 "丝绸之都"里昂

在 15 世纪，里昂是一个规模巨大的国际市场，许多意大利人在那里经销丝绸。1605 年，在里昂的意大利人丹贡发明了大型织机，可以很方便地织出原来难以织造出的大型纹样，这种织机被里昂纺织业推广采用，大大提高了生产力。17 世纪，里昂已变成欧洲最重要的丝绸产地，法国王室贵族所用的珍贵丝绸都出自这里。里昂丝绸不仅是上等的衣料，也是上等的室内装饰用料，里昂丝绸遍布包括凡尔赛宫、卢浮宫、枫丹白露堡在内的法国最大的宫殿和城堡。

亨利四世的商业主义被历史学家归纳为"鼓励、规划、保护、发扬、促进"。他做出了一些非常重要的任命、委托、财政补贴，使法国的地毯业、壁毯业、麻纺织业、毛纺织业以及里昂的丝织业都得到了国家的支持。

在路易十四时代，国家在财政上给予丝绸行业大力支持，并多次颁布优厚的鼓励政策。为了提高里昂丝绸的产品质量，于 1664 年制定了有关生产管理的条例，其中详细规定了丝绸产品幅宽和长度的统一标准，要求从业人员必须保证产品质量，并与他们签订执行规定的协议。这些条例得到丝绸从业人员的拥护并得以贯彻，有效的管理确保了里昂丝绸长期的高水平发展。

里昂丝织企业非常重视图案设计这一重要环节，将优秀的图案设计家称为"企业的灵魂"。当时有不少画家为里昂丝绸提供图案样稿，使其图案设计达到了极高水平，这也是里昂后来发展为世界丝绸织造中心的主要原因之一。

法国丝绸工场的产品投入市场，贸易额按当时的货币计算达 5000 万之巨。17 世纪后期，法国已取代意大利成为欧洲织物的中心。18 世纪以后，里昂的丝织业更加繁荣，织造工艺和装饰纹样都出现了新的特色。

里昂丝绸业最重要的图案设计家是菲利普·德·拉萨尔（1723—1803 年），他的杰出设计对路易十六时代高贵典雅、简洁明快的丝绸图案风格的形成起了决定性作用。他在生产高档丝绸的卡缪·贝尔尼公司担任过设计室总管，曾设计了许多非常精美的织花丝绸图案，包括为路易十五、路易十六和波兰国王、俄罗斯女皇、西班牙王室等显贵要人设计了许多织物，获得过路易十六授予的圣·米卡爱尔勋章，声誉极高。

1.3.2.2 丝绸和室内装饰业

对华丽丝绸的需求并不限于王室、贵族，也扩展到了中产阶级，人们在衣着和家居装饰方面支出甚多是这一时期的特点。随着生活水平的提高和人口的大量增加，纺织业也着力扩大国内的消费。众所周知，法国的时装艺术引领欧洲潮流，这在相当程度上是因为法国有发达的纺织业，尤其是有出类拔萃的丝绸。而丝绸的另一个用武之地，就是欣欣向荣的室内装饰业。16 世纪末到 18 世纪，室内装饰主要强调的是豪华和舒适。例如在家居用品中占首位的是床上用品（包括帷帐、华盖、床单、被单、枕套等），那时正式的床上用品通常非常复杂，设计非常精心，经常统一成套，和挂在墙上的其他装饰品配合。王公贵族的床上织物往往都是用非常昂贵的丝绸制成，加以精致的刺绣，用金线、银线、珍珠装饰，非常豪华。17 世纪法国的宫廷生活奢华惊人，其建筑和服饰都成为豪华艺术的典型代表。里昂在当时的社会风气下产生了许多豪华至极的丝绸图案。当时生产的织入金银丝的金丝花缎金碧辉煌，几乎是黄金重叠黄金，奢华得登峰造极。

1.3.3 法国丝绸的艺术风格

17—18世纪的法国丝绸图案表现出的是当时盛行的巴洛克风格和洛可可风格。

"巴洛克"（Baroque）一词原意为"畸形的珍珠""不合常规""荒诞的思考"等，巴洛克艺术起源于意大利，但中心在法国。它打破传统艺术的常规，追求动态，呈现出一种气势磅礴、强烈奔放、高贵豪华的风格特征，充满强烈的动势和生命力。洛可可（Rococo）原意指以岩石、蚌壳装饰为特色的艺术风格。洛可可风格注重装饰性，多采用C形、S形、涡卷纹的曲线构成，色彩艳丽、浮华，具有纤细、轻巧、华丽、繁缛以至矫揉造作的沙龙艺术特征。相对于巴洛克雄伟奔放的阳性气质，洛可可显示出的是一种女性的精致和娇媚。

依据不同时间段所流行的各种艺术风格而呈现出的不同特点，现将丝绸图案分为以下几种。

1.3.3.1 怪异风格

18世纪初，法国流行"怪异风格"丝绸图案供上流社会使用。这种图案起源于东方，图案形状怪异奇特，具有异国情趣。"怪异风格"图案的丝绸，以明晰对称的斜纹构图和花边图案为特色。图案色彩较亮丽，经常采用的色彩组合为粉色配绿色和棕色，红色配金色和棕色等。正是由于这种色彩搭配的奇特性，当时人们称之为"怪异风格"。整个18世纪，点状花卉与卷状花卉这两种设计图案共同构成了人们所说的"怪异风格"图案。点状花卉图案为纵向对称形式，整个构图较规整。18世纪30年代前，这种图案专用于陈设装饰，并不用作衣料图案的使用（图8-14）。与点状花卉图案的对称形式不同，卷状花卉图案以不对称形式布满整个织物（图8-15）。

图 8-14 织锦装饰花缎

这种随意的形式迎合了法国当时比较盛行的自然主义潮流，可产生完全不同的效果。"怪异风格"丝绸和花边丝绸一样，在它们流行的年代里一直都在发展和变化。从17世纪后期起，更为简洁的风格化花卉图案开始出现，与这种设计并存。18世纪早期，小型排列成行的花卉图案变得更加自然，用彩线而不是用金属线来编织，使其更具有立体感。18世纪20年代以前，这种花卉图案与较宽的条纹图案相结合，营造了一种更为轻快、无拘无束的视觉效果。

图 8-15 卷状花卉图案壁毯

1.3.3.2 "中国风"风格

17—18世纪欧洲与亚洲之间的贸易发展起来,中国丝绸和印度印花布大量出口欧洲,这些纺织品中鲜明的异国情调给欧洲人的印象十分深刻。对中国生活的奇妙想象进入了法国的纺织品,"中国风格"成了新的流行。设计师们将洛可可艺术中纤细柔美的特点与欧洲人想象中的中国风情相结合,生产出一批具有中国风格的丝绸织物。图8-16是里昂18世纪60年代生产的"中国风"壁毯:壁毯上半部左右各有一个屋顶梁角上翘的中国式凉亭作为壁毯的远景图案;近处的花卉蜿蜒曲折,是中西方花卉风格的结合体。从织物上不难发现,它不是对中国装饰风格的直接模仿,而是以中国这一神秘国度为灵感来源,选择一些中国事物作为素材,经过欧洲人的联想,并与其传统的构图方法结合而产生的一种典雅并充满东方情怀的装饰风格。

1.3.3.3 花果图案

大约从18世纪20年代后半期开始,丝绸设计开始流行花果图案。这是因为法国开始盛行自然主义。体现在丝绸图案中的自然主义特征主要表现为:图案类型上开始选用自然界的花草植物;构图方式上追求画面的平衡与对称效果。20年代后半期至30年代前半期,丝绸上的花果图案尺寸较大,主要用于服装设计,尤其是女装设计。但30年代后半期,消费者开始青睐那种更加贴近自然的花草、水果图案。从构图上看,这一时期花果图案的排列也不如之前规整。图8-17是由里昂丝绸设计师让·里弗在1735年左右创作的一款圣餐杯上的罩帷。墨绿色罩帷上配有红色、蓝色组成的牡丹花朵,相间分布,中间被红色的郁金香和绿叶隔开。色彩斑斓的花果图案与罩帷底面形成鲜明对比。

图8-16 "中国风"花卉壁毯   图8-17 圣餐杯罩帷

之后的40年中,花果图案一直是丝绸图案的一种表现主题。设计图案尺寸也呈明显缩小的趋势,最终以小型分散的花束或零散开的花朵为主要设计模式。另外,40—50年代,法国丝绸中的花果图案既有20年代的风格化花果图案,也有30年代的自然派花果,没有固定的流行样式。

18世纪40—50年代,织物纹样出现了方形连续纹、蛇形纹、贝壳纹等,特别是在洛可可绘画艺术的影响下,出现了绘画性很强、有情节的人物风情题材。在特定的材料、工艺制约下要织出绘画般写实的纹样,其难度可想而知,水平之高可见一斑。

莨苕叶纹的大量运用也是这一时期法国织物图案的特征之一。文艺复兴以后,古希腊、罗马艺术又成为欧洲艺术的楷模。巴洛克时期,涡卷形的莨苕叶纹成为主流纹样（图 8-18），广泛应用于建筑、家具、染织等领域。

随着路易十五的去世和洛可可装饰艺术的退潮，法国丝绸图案开始在新古典派的影响下有了新的流行趋势。18 世纪 70 年代初，条纹四周被波形纹环绕，之后条纹图案又开始支配整个构图，图案呈直线形，而且条纹的宽度和结构也各不相同。到 70 年代末，开始流行条纹上配以单一植物花卉图案。图 8-19 为"印经"平纹塔夫绸，菱形图案中嵌有装满鲜花的花瓶和百合花。

图 8-18 洛可可涡卷图形　　图 8-19 "印经"平纹塔夫绸

18 世纪 70 年代，出现了条纹表面散布着昆虫和单一花卉的设计，但是到了 80 年代，单一花卉或简单条纹图案成为主要式样。图 8-20 为割花丝绒，衬底为金银锦缎，红色和金色的小型菱形图案属于典型的奢华丝织品，18 世纪中叶用作男式套装衣料。

1.3.3.4　新古典主义风格

1804 年，拿破仑称帝，前后一共统治法国 15 年。以古代希腊、罗马为楷模的古典主义艺术是这个时期法国最为推崇的，但这一趋势并非从拿破仑时代开始。18 世纪初期，一场保护庞培遗址的运动掀起了欧洲人对古代希腊、罗马艺术的狂热崇拜。到 18 世纪后期，豪华奢侈的风气有所遏制，人们转而向往自然美和田园诗意。社会的审美发生了变化，发展到极致的洛可可装饰风逐渐被英国流行的古典主义风格取代，路易十六时期，古典主义已成为法国相当普遍的思潮。其后，狂风暴雨般的法国大革命以矫枉过正的力量废弃了一切被视为贵族式的装饰。

图 8-20　割花丝绒

拿破仑时代的织物图案正是这一时代精神的反映。图案中大量运用了希腊、罗马艺术中象征胜利、成就、荣誉的形象如月桂、橄榄枝、花环、奖杯等；与古代战争有关的事物，如盔甲、长剑、绳索、战车、舟船、车轮等；还有其他传统纹样，如棕榈叶、竖琴、葡萄、花瓶、角笛、蜜蜂、鹫等，并以古典风格的直线几何形式将它们组织起来。花卉纹样仍时常出现，但其面貌变得庄重、典雅、完美，造型刚柔适度，十分悦目。

2 欧洲提花亚麻锦缎与挂毯

2.1 提花亚麻锦缎

2.1.1 历史概述

16—18世纪荷兰及周边国家出产的提花锦缎都是有趣的历史资料,因为当时有些提花亚麻锦缎是为了纪念某些事件如战争胜利和国王加冕而织造的,有些提花亚麻锦缎是应国王、主教或其他重要政治人物要求而织造的。盾形纹章上的饰章、箴言和日期也会织入其中。有时题款能显示织物的主人、织造者、产地、编织过程,偶尔还有一些诗文雅句。这些名贵而精美的亚麻锦缎世代相传,并通常作为赠礼用于婚礼等隆重的场合。

2.1.2 制作流程

先漂白再浆洗是锦缎制造过程中的关键步骤,除了设计外,这也是锦缎织物如此珍贵的原因之一。接着把亚麻打磨抛光。因为只有在光线下仔细察看经面和纬面的布面,才能欣赏到其提花图案。在荷兰,大片的土地被用来放置刚织好的布匹,使它们能够直接接触到阳光、空气和露水。这样碱水就留在布里并在长达两周的时间里活化布料;然后再用弱酸溶液浸泡布料一周,将其"酸化"以便中和碱水的作用;接着用锤布机锤打或猛击,使其表面出现光泽。浆洗亚麻,以及最后阶段的布面抛光,完全由女仆完成,除此之外,女仆还要给布上浆以防尘。

2.1.3 图案设计

提花亚麻锦缎的图案设计有两大来源:一个是中世纪的提花丝绸,以"生命之树"和成对鸟兽为其特色;另一个是15世纪晚期、16世纪早期意大利文艺复兴时期发展的植物和花卉图案。意大利的锦缎和天鹅绒可以通过比利时的布拉吉思港运达佛兰德斯,而正是在这附近的库特海小镇上人们建立了最早的亚麻锦缎生产作坊。

17世纪早期的提花亚麻锦缎设计仍以植物图案为主,偶尔也会使用人物和动物图案,孔雀和公鸡招摇过市,鸟雀啄食果实,而古老的"生命之树"则是图案的中心,两个人和两只鸟雀面向"生命之树"相对而立。到了17世纪下半叶,人物图案占据主导地位。在一块桌布的中央区域,可能织有6个不同的场景图案,分布于桌布的横条中,并在整个布面重复出现。图8-21为白色亚麻锦缎餐巾,由帕斯其埃·拉梅赫提金设计。

到了18世纪,建筑图案和户外场景图案看起来更具全景性,设计趋于宽敞自如。19世纪上半叶,亚麻锦缎和其他装饰艺术一样也采用新古典主义主题。然而,虽然亚麻锦缎和丝绸锦缎都在同样的作坊生产(即都使用提花综框),如在荷兰,但亚麻锦缎的设计在款式上常常落后于丝绸锦缎。图8-22为1650年—1675年的一块大型盖布的细部图,上面绘有四季景色,玫瑰和石榴图案反映出它结合了欧洲北部和地中海地区的图案设计。

图8-21 1602年的白色亚麻锦缎餐巾

图 8-22 一块大型盖布的细部图

为纪念 1727 年乔治二世加冕而生产的一块大型桌布，就是按照印在一本小册子里的流行手工模板印花图编织而成的，小册子阐释了古老的加冕仪式的典礼程序和重要意义。这块桌布产于爱尔兰肯提郡的沃伦斯镇，用一整块布料制成，尺幅为 3.4 米 ×2.7 米，其工艺十分复杂。对于当时的纺织作坊来说，如果想要及时完成如此复杂的编织任务，是不可能再花大量时间去重新设计织机的。因此桌布中所有的人物图案，甚至他们的身份，都是参照 13 年前乔治一世加冕的图画记录织造而成的，所不同的只是换成了乔治二世的姓名和加冕日期。图 8-23 为一块亚麻锦缎桌布的细部图，描绘了乔治二世加冕的盛况。以其前任加冕时的木刻印版为基础。18 世纪早期产于爱尔兰，从 18 世纪起保存至今的大量餐桌织品都以刻画历史事件的图案为特色。

图 8-23 一块亚麻锦缎桌布的细部图

2.2 挂毯

2.2.1 历史概述

尽管挂毯生产是一项古老的工艺，但直到 14 世纪初，欧洲的大型挂毯生产工业才得到发展。最初这一工业规模很小，但是 1350 年后在法国和勃艮第贵族的热心支持下，这一工业开始迅速扩大。当时几个最为重要的挂毯商都在巴黎，但到这一世纪末时阿拉斯已成为主要的挂毯生产中心，专门生产高档挂毯，这些挂毯常用金银丝线织成。在英国，高档挂毯不论其产地都被称为"阿拉斯"，并一直持续到 17 世纪；在意大利挂毯至今仍被称作"阿拉斯"。

2.2.2 图案设计

早期挂毯只有极少数保存至今，织造原材料使挂毯极其脆弱，磨损、光线、霉菌、老鼠和蛀虫都可能对挂毯造成破坏，因此，挂毯很难经受住时光的磨砺。含有金丝线编织的挂毯之后常被人烧毁，以提取里面的贵重金属。那些得以保存的挂毯，如织于

1360—1380 年间的大型哥特式壁毯《启示录》，由高 5 米，共 140 米长的 7 幅帐篷织物组成，据说完成这组织物前后用了 7 年时间。作品被发现时已不完整，据说它原来分割成 98 个小的画面，组成整个 14 幅场景，显示了 14 世纪末挂毯纺织业的成熟。

最早的挂毯设计和当时的手绘艺术图案一样，与现实无关，而是在装饰背景上编织大型风格化的图案。然而与当时的艺术发展一样，自 14 世纪末，挂毯设计表现出了对叙述事件和自然界细节越来越浓厚的兴趣。就 15 世纪前期的挂毯而言，挂毯表面织满了一块块叙事性的图案，用风格化的植物和岩石图案将叙事图案分隔开来，以确保整个挂毯的装饰效果。

这个时期，图尔奈取代了阿拉斯，成为主要的挂毯生产和贸易中心。当时阿拉斯、图尔奈和其他同时代挂毯生产中心都是在少数极其富有的商人掌控之中。15 世纪下半叶有一位最重要的图尔奈商人，他叫皮斯奎尔·格伦尼尔。他并没有属于自己的作坊，但却拥有挂毯的设计图，即挂毯设计的著作版权。他最著名的设计图是"特洛伊战争的历史"，这组设计图以静态的宫廷场景为背景，以各种激烈的战斗场面为地毯的主图案，图案设计排列十分密集紧凑，这也是 15 世纪下半叶挂毯设计的一大特点。当时的许多统治者都拥有这组挂毯，包括查理大帝和亨利七世。

15 世纪下半叶，布鲁塞尔成为勃艮第宫廷的中心，使这座小镇成为当时艺术家的聚集地和艺术保护的中心。1447 年该镇成立了独立的挂毯行会，严格的行会制度，确保了布鲁塞尔挂毯材料的优良品质。1476 年圣卢克画家协会取得了设计挂毯草图的垄断地位，确保了设计的高品质。由于这些优势，布鲁塞尔于 15 世纪末在高档挂毯市场中占据了主导地位。。简而言之，挂毯是一种昂贵而传统的艺术形式，其风格是根据那些富绰顾客的品位和要求来决定的。

文艺复兴以后，艺术在欧洲社会占据着不可或缺的地位，人们对视觉艺术的关注和需要与日俱增。和人们的生活密切相关，兼具实用和审美双重功能的壁毯在这种形势下得到了更加有利的发展条件。

16—17 世纪，壁毯开始在固定的建筑中使用，成为永久性的室内装饰。

壁毯的织造成本极高，除了大量的羊毛、丝以及金银线材料的耗费之外，手工编织所消耗的人工成本更是高得惊人。在那个时代，壁毯不仅是引人入胜的艺术品，而且是身份的象征，是金钱的投资，拥有它就证明拥有地位和财富，为所有者带来更高的声望。

17 世纪的欧洲，如图 8-24 至图 8-37 所示在不少设计考究的室内装饰中，椅子上的坐垫、靠背织物和墙上壁毯的色彩、图案完全是系列配套的，由设计师统一设计，使整个房间的装饰风格非常协调，显示出高雅的格调。图 8-24，图中宴会厅的墙上挂着一幅大型图画式挂毯，为"一月月令图"，出自《最美时祷书》，手抄本彩饰约 1415 年。

图 8-25 为"水溯和天狩猎"挂毯的细部图，是四幅"德文郡狩猎挂毯"之一。约 1450 年产于阿拉斯，毛织品。

图 8-26 为"圣米歇尔大战巨龙"挂毯，毛织品，细节源于"昂热启示录挂毯"的第

三格毯面，可能产于阿拉斯，约 1375—1380 年。

图 8-27 "特洛伊战争"挂毯，毛丝混纺织品，最初是一套十一件挂毯中的第九幅，约 1480 年产于图尔奈。

图 8-28 为"耶稣基督的胜利"挂毯，约 1500 年产于布鲁塞尔，用毛线、丝线和金银线织成。

图 8-29 为"不可思议的一网鱼"挂毯，出自《使徒行传》，拉斐尔为西斯廷教堂设计，1517—1520 年产于布鲁塞尔的皮耶特范阿耶尔斯作坊，毛丝混纺织品，4.92 米×5.12 米。

图 8-30 为"三月"挂毯，十二件套挂毯"马克西米利安狩猎图"之一，可能产于布鲁塞尔的简·吉埃泰尔作坊，1530—1535 年，4.4 米×7.5 米。

图 8-31 为"敌人逃离戈勒塔"挂毯，十二件套挂毯"征服突尼斯"之一，描绘查尔斯五世 1535 年发动的军事行动，1546—1554 年间产于布鲁塞尔的维尔莱姆·德·帕尼梅克作坊，5.24 米×9.37 米。

图 8-32 为"密尔维桥之战"挂毯，十二件套挂毯"康斯坦丁大帝传记"之一。约 1623—1625 年产于巴黎的圣马希尔作坊，3.25 米×5.3 米。

图 8-33 为"骗子与偷窥"挂毯，八件套挂毯系列"意大利节日"之一，1734—1746 年间由弗朗索瓦·布歇设计。约 1762 年产于博韦，毛丝混纺织品，3.24 米×4.17 米。

图 8-34 为"路易十四视察哥白林工场"挂毯(1667 年 10 月 15 日)，十四件套挂毯"路易十四传记"之一，查尔斯·勒·布朗设计，1673—1679 年产于哥白林(巴黎)，用毛线、丝线和金线织成，4.9 米×6.88 米。

图 8-35，挂毯房间的图案，位于密德萨斯的奥斯特利庄园，其中挂有哥白林挂毯，1758—1763 年由弗朗索瓦·布歇和其他艺术家合作设计。1775—1776 年产于哥白林。

图 8-36 为斯坦摩尔邸宅的餐厅，位于密德萨斯，摄于 1899 年，挂有"召唤"挂毯，出自"圣杯"系列挂毯，1890—1896 年产于莫顿修道院作坊。

图 8-37 为"世界之歌"挂毯系列，让·卢卡设计。1957—1966 年产于奥布松的塔巴作坊，由 9 件挂毯组成，总面积 500 平方米，平均高度 4.35 米。

图 8-24　大型图画式挂毯

图 8-25　"水溯和天狩猎"挂毯的细部图

第 8 章 欧洲中世纪纺织品　137

图 8-26 "圣米歇尔大战巨龙"挂毯

图 8-27 "特洛伊战争"挂毯

图 8-28 "耶稣基督的胜利"挂毯

图 8-29 "不可思议的一网鱼"挂毯

图 8-30 "三月"挂毯

图 8-31 "敌人逃离戈勒塔"挂毯

图 8-32 "密尔维桥之战"挂毯

图 8-33 "骗子与偷窥"挂毯

图 8-34 "路易十四视察哥白林工场"挂毯

图 8-35 挂毯房间

图 8-36 斯坦摩尔邸宅的餐厅

图 8-37 "世界之歌"挂毯系列

3 欧洲其他的纺织品与服装

3.1 希腊纺织品

希腊的官方名称为希腊共和国，历史上其也被称为希腊，是一个南欧国家，2016年希腊人口大约为 1100 万人。雅典是希腊首都并且是最大的城市，塞萨洛尼基是第二大城市。

3.1.1 希腊服装和纺织品的历史

古希腊的织物是用经编的织布机织成的。在西方艺术中，现存的最早反映织造的图像是收藏于纽约大都会艺术博物馆的陶制有柄长油瓶（terracotta lekythos）。这只公元前 550—前 530 年的花瓶上描绘了两个女人在直立的织布机上织布的场面。在希腊兵马俑花瓶（公元前 560 年）上发现了经纱织机的图像。最早的布片是用羊毛织成的，在公元前 5800 年左右。

古希腊的服装布料是由具备一定长度的羊毛或亚麻制成的，通常是长方形的，在肩膀上用一种叫作"扣针（fibulae）"的别针固定，腰部则是用腰带进行固定。

3.1.1.1 古希腊的纺纱和织造

在古希腊，织布是妇女的一项重要传统工作。在迈锡尼义化中，纺织品是一项重要的出口货物，且对纺织女工需求量很大。

如图 8-38 所示，这是一台直立着的织布机，墙上挂着一个框架，织工站在前面。她们将具有一定重量的黏土放在经纱的末端以施加张力，她们会使用手柄调节带螺纹的主轴。原料都放在一个纺纱的篮子里。一种叫做 epinetron 的粗糙黏土半圆柱体工具用来梳理羊毛。这种织机织造的织物质量很好，花瓶绘画表明了这一点。

3.1.1.2 古希腊的服装

古希腊的服装主要由宽大长袍（chiton）、佩普洛斯（peplos）、斗篷（himation

或 chlamys）组成。古希腊的男人和女人通常穿着两件衣服以遮蔽身体：内衣 (chiton 或 peplos) 和斗篷 (himation 或 chlamys)。服装通常是由各种长度的长方形亚麻布或羊毛织物制成，只有少量的裁剪或缝纫，并有装饰性的扣环或者针脚、腰带、束腰（区域），且男女服装通常是可互换的，如图 8-39 所示。

（1）宽大长袍（chiton）

希腊人的服装（图 8-40），包括宽大长袍（chiton）、斗篷（chlamys）、凉鞋（sandals）和一顶挂在后面的宽边帽（petasus）。宽大长袍是一件简单的宽松亚麻布衣服，由一系列沿着上臂和肩部固定的矩形管状布料加固构成。

（2）佩普洛斯（peplos）

在古希腊，公元前 500 年（古典时期），女式长外衣（peplos）被认为是典型的女性服装（图 8-41）。这是一种长的管状的布料，上面的边折了一半，所以，管状布料的顶部被覆盖在腰部以下，管状的布料的底部在脚踝处。然后，将衣服的腰部和上部的折叠边缘固定在肩膀上。内层衣服的形貌可在在管状的布料的顶部看到。佩普洛斯是一种妇女穿的外衣（tunic），通常由较厚重的羊毛材料制成。这种衣服是用一大块长方形布做的，可以用不同的方式覆盖和固定（用纽扣、别针或胸针）以体现不同的风格。

（3）宽松长衫（himation）

宽松长衫是古代希腊男女从古希腊时期（公元前 750—前 30 年）所穿的一种服装或披肩（图 8-42）。它通常是穿在长袍或佩普洛斯外面，扮演了斗篷或披肩的角色。这种服装由一种具有一定重量的长方形材料组成，从左臂下穿过，在右肩上固定。斗篷被缠绕在一条带子上，带子也通过左臂和右肩。在寒冷的天气里穿着的宽松长衫更加宽大。

（4）短斗篷（chlamys）

短斗篷是一种无缝的长方形的羊毛织物制成的服装（图 8-43），由男性穿着以用于军事或狩猎场合。它是一件披风，用胸针或纽扣固定在右肩上。

3.1.1.3　古希腊的时尚

古希腊的服装很宽松，与希腊人认为的如同野蛮人穿的紧身服装不同。男人和女人通常都穿无袖长袍。女子的长袍通常直到脚踝，而男子的则短一些。普通人穿着的布料颜色较为朴素，那些财力雄厚的人则把衣服染成各种颜色。在冬天，大家用厚重的羊毛斗篷来保暖。图 8-44 为古希腊男女长袍。

图 8-38　在织布机前的妇女　　图 8-39　古希腊服装　　图 8-40　古希腊服装

图 8-41 佩普洛斯 　　图 8-42 古希腊希宽松长衫 　　图 8-43 穿着短斗篷的古希腊男子 　　图 8-44 古希腊男女长袍

3.1.2 希腊的传统服装

希腊的民族服装非常舒适，色彩丰富，层次多且非常独特。在古代，希腊人的确是穿着宽外袍、短斗篷、宽大长袍等类似的东西。拜占庭时期为希腊时尚带来了色彩鲜艳和图案丰富的布料，奥斯曼时期给希腊时尚带来了传统马裤（vraka）和传统男士裙子（foustanella）。在现代，希腊的民族服装变得更加休闲，但仍具有很多奥斯曼服装的特征。图 8-45 为希腊传统服装。

希腊传统服装主要有两种：一种以传统男士裙子为主要部分，一种以裤子为主要部分。就像世界上许多国家一样，希腊民族服装经常表现出穿戴者的年龄、阶级、婚姻状况、所属地区、职业等重要特征，男装和女装都能表现出自己主人的许多故事。

3.1.2.1 传统马裤（vráka）

传统马裤（vráka）是从爱奥尼亚群岛最西端到最东端的塞浦路斯的希腊群岛的一种传统服装（图 8-46）。传统马裤通常由坚固的深蓝色或黑色的双层棉布制成，用带有较亮的彩色布料作为腰带。它们通常与白色的长袖衬衫和宽松的背心搭配穿着。

3.1.2.2 传统男士裙子（foustanella）

传统男士裙子是一种传统的百褶裙，也是东南欧许多国家男士穿着的短裙（图 8-47）。全折叠的传统男士裙最初是作为军事装备给拜占庭的边防军战士穿的。

这种传统男士裙子原本是在奥斯曼帝国时期把套斯克阿尔巴尼亚（Tosk Albanian）服装引入希腊的产物。在奥斯曼帝国时期，传统男士裙子也被希腊爱国者（klephts）和希腊士兵（armatoloi）穿着。在 19 世纪初，服装的需求量增加。在这

图 8-45 希腊传统服装 　　图 8-46 希腊马裤

个独立后的希腊时代,希腊社会的一部分人(如市民)流行起了土耳其式的服装,并采用了象征希腊新民主的传统男士裙子。

传统男士裙子在希腊很多地区非常流行(图8-48)。这是一种宽而短的裙子,在膝盖以上,通常是黑色或白色。历史上许多欧洲国家都把裙子当作传统的男性服装。希腊男人的宽松裤子或马裤被称为"vráka"(图8-49)。它们主要是在希腊的岛屿和沿海地区流行,而男士裙子更多的是在山区穿着。

图8-47 希腊白短裙　　图8-48 传统希腊服装　　图8-49 男子所穿的马裤

3.1.3 希腊传统编织

在古希腊,与中国早期和中世纪一样,编织是妇女的工作,《史前纺织品》一书中指出,在涉及梳棉、漂洗、打棉、洗涤、染色、纺织和裁缝的多方面工艺中。前人观察到:那个时代关于理想女人的最好概念就是织女——坐在织布机旁,制做衣服和纺织品,把家人紧密联系在一起。织布与"工业的品质、谄媚、恐惧和敬畏"有关,这是希腊男人觉得织女有吸引力的特征之一。

3.2 罗马尼亚纺织品

罗马尼亚(罗马尼亚语:România)位于东欧,是东南欧面积最大的国家,土地面积23.84平方千米,在欧洲排名第十二。罗马尼亚的首都为布加勒斯特,位于该国南部多瑙河支流登博维察河所流经的平原地带,是罗马尼亚第一大城与工商业城市。

3.2.1 罗马尼亚民间手工制作工艺

3.2.1.1 皮革腰带现代制作工艺

皮带的每个部件都完全由手工串珠缝制在一块织物上,这些是皮带的装饰品。需要根据不同的人设计腰带的长度和所需的宽度,修剪边缘上的每个组件,在每个组件的整个背面涂胶,然后将它们粘在纸板上。首先需要让它干燥;接下来,再次修剪组件并去除多余的纸板;再拿一大块牛皮,把其他组件粘在上面,让它干燥;再次修剪边缘部件,除去多余的皮革;最后,每个组件都粘在皮革上,添加一些皮带边缘作为修饰,在皮带的边缘粘上一层薄皮革然后进行缝制就可以了。过程如图8-50所示。

3.2.1.2 机织腰带手工制作工艺

机织腰带是一条系在男士衬衫腰上的窄腰带。用两页综片进行编织,织造所用的经纱和纬纱，为工业羊毛纱（stramatura）。以前是用天然染料染色的手工羊毛纺纱制作的。这些图案是从传统的挂毯启发而来的。其实，挂毯也是以类似的方式制作的。在罗马尼亚，这种编织技术被称为"alese cu mana"。由于图案不重复，所以必须根据以前用的织造模板重新复制。图8-51为罗马尼亚机织腰带手工制作工艺流程图。

图8-50 罗马尼亚皮革腰带手工制作工艺

图8-51 罗马尼亚机织腰带手工制作工艺流程图

3.2.2 罗马尼亚传统服饰

3.2.2.1 罗马尼亚传统服装的起源和演变

（1）罗马尼亚服装的首次出现

罗马尼亚流行服饰在部分色雷斯、达契亚和盖塔人祖先以及类似于巴尔干半岛上的人民身上找到根源，当然服饰具有各种不同的装饰和丰富多彩的细节。公元前7000年至公元前3500年间，织物纹样被作为象征道德信仰的符号，因此纺织工业成了神圣的行业。直到公元元年才从神圣的手工编织纺织品成为了礼仪服饰布料。祖先们穿衣服的目的是促进与宇宙中看不见的力量的对话。因此，本土流行的服装是每一个创作者在原本的图形上进行不断的修改，保留其优秀的部分，去除其缺点，而不断演变发展而来的。图8-52为达契亚人服饰。

（2）中世纪和拜占庭影响

在中世纪时期，罗马尼亚人就形成了服装穿着集会的美学视野。封建时期的社会经济条件和组成所谓"国家"的行政领土单位，促进了罗马尼亚具有地方特殊性的特定类型服饰的产生。但是，地域性差异展示了罗马尼亚流行服饰的统一性和多样性，已经形成基础的原型。图8-53为罗马尼亚服饰。

传统服饰的艺术价值在19世纪中叶达到高潮。在建设国家理想的指引下，产生了罗马尼亚港口的

图8-52 达契亚人服饰

(a) 1853年罗马尼亚农民和军队的服饰　　(b) 18世纪罗马尼亚的典型服饰

图 8-53　罗马尼亚服饰

钥匙徽章，与周围的民族区分开来。

3.2.2.2　传统服饰

罗马尼亚传统服装的结构在历史上一直保持不变，最早可以追溯到旧石器及新石器时代。男士和女士的基本服装是衬衫，由大麻、亚麻或羊毛织物制成。这是使用织物腰带绑在腰部，女性的较狭窄，男性的较宽松。男人和女人这种基本型衬衫的剪裁是相似的。过去，女性穿衬衫通常长达脚踝，而男性的衬衫比较短，穿在用条状织物制成的裤子或绑腿上面。女人总是在衬衫上戴围裙。

传统罗马尼亚男子的服装包括白色衬衫（cămasă）、白色长裤、帽子、腰带、背心和外套。地区差异以衬衫长度、刺绣类型、裤子切割、帽子形状或马甲装饰来表示。在大多数地区，衬衫穿在裤子外面，这是老式的。生活在罗马尼亚的匈牙利人和撒克逊人穿的裤子更加现代，通常由黑色材料制成而不是白色。这反映了他们与西方国家更密切的联系以及更频繁的交流。

男人和女人穿的外衣相似，主要区别在于裁剪和装饰，这些服装通常由羊皮或毡呢毛织物制成，并用皮革贴花和丝绸刺绣装饰。

在工作日和节日上穿的传统服装曾经是类似的，主要的区别在于节日服装，特别是婚礼上穿着的服装刺绣工艺用得更多。在过去，新娘所戴的头饰特别华丽，具有特定的地方风格。

（1）女式衬衫

女式衬衫是女人服装的基本组成部分。全长衬衫具有长袖，并且通常由棉或亚麻制成。由于在女性身上总会穿戴一些其他的衣物饰品，所以当她们穿着完整时，只有部分的区域会展现在人们面前。女式衬衫的袖子有很多结构形式，具有不同的风格特色。有些体积庞大，袖口只能收集在手腕上，如图 8-54（a）上部的照片所示。有些是袖子聚集在肘部收拢，然后在手腕上分散打开，如图 8-54（a）下部的照片所示。还有一些是袖子最终聚集在手腕上，并且留有较短花型式的皱褶，如图 8-54（b）所示。

（2）围裙和裙子

女性服装的另外一个基本组成部分是围裙或裙子，或两者的结合，所有这些都是搭配衬衫穿着的。这些围裙和裙子与衬衫的搭配方式也具有很人的不同，取决于地区和民族。如图 8-55（a）所示（来自马拉穆列什）。母亲穿着两块围裙而女儿只在身前穿了一块。围裙上有红色和黑色的宽横条纹，并用绳子绑在腰上。母亲穿着一件羊皮背心，在胸前打开，并且饰有流苏。母亲和女儿都戴着头巾，两人都穿着传统风格的鞋子和羊毛袜了。而丈夫穿着一件长的绣花衬衫，寬松的白色棉质长裤，一件羊皮背心和一顶草帽，另外他身上还穿了一件当地男女都会穿的羊皮披风。

在图 8-55(b) 中，女子穿的是长及到脚踝的衬衫，衬衫大面积绣成红色，在肘部附近形成了鲜明的对比色带。她的前围裙是一个狭长的长方形，上面有一幅水平机织图案，包含了两个人物造型。裙子只比衬衫短了几英寸，从后面环绕的围裙上有一幅垂直的机织图案，也只比前围裙短了几英寸。她身上束了一条帆布皮带，将裙子固定，一条长长的生丝头饰悬垂装饰在头上，并且延伸到手臂上。

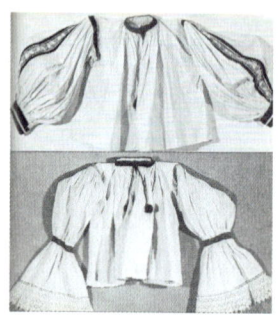

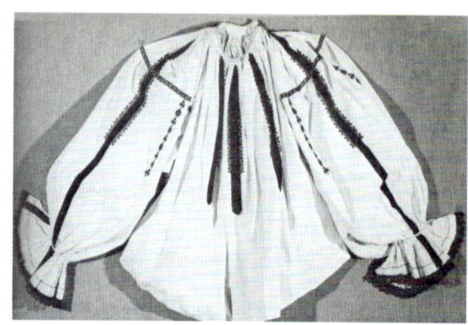

（a）女式长衬衫　　　　　　（b）女式短衬衫

图 8-54　罗马尼亚女式衬衫

（a）　　　　　　（b）

图 8-55　罗马尼亚马拉穆列什女性围裙和裙子

另一种变形的裙子（奥尔特尼亚）是一种裹在身体上的羊毛织物，聚集在腰部，并用机织腰带固定。如图 8-56 所示，这件裙子长达 3.66 米，宽 0.91 米。穿在衬衣的外面，上面设计有垂直的程式化几何形织物机织图案。在袖子顶部饰有绣花的水平织带，中间女人的胸前也有两条刺绣织带。图中的两个女人都穿着传统的鞋子和袜子，并且都用生丝织物覆盖着头发。图中的男人穿了一件白色衬衫，手腕上套着袖子，狭窄的白色长裤在口袋上装饰着黑色的编织穗带。他束着宽大的编织腰带，穿着一件有刺绣的羊皮马甲背心，上面缀着和裤子一样的黑色编织穗带。他还戴着一顶高大的黑色小羊皮帽子。

图 8-56　罗马尼亚奥尔特尼亚女裙

（3）男士衬衫

男装的基本组成部分就是衬衫（图 5-57）。男士衬衫的底色通常是白色，可以是短的（长度到腰部）或长的（长度到大腿中部，有时到膝盖以下），用麻、亚麻、羊毛、棉花或生丝制成。在领口或衣领上、颈部开口的任一侧、肩部以及袖子的袖口或边缘有一些装饰。

图 8-58(a) 中，男子（来自马拉穆列什）穿着短式衬衫，衬衫领口或者衣领上绣有花纹，搭配着宽松的夏季裤子，这些裤子用束带系在腰间。他们还穿着装饰有红色和蓝色流苏的羊皮背心并戴着花草帽。

如图 8-58(b) 所示，1906 年这群人穿上了最好的服装。两边的男人都穿着一条直筒的长度到达膝部的衬衫，中间的男人则穿着楔形衬衫，使得身体更加饱满。

图 8-57　罗马尼亚男士衬衫的基本风格形式

（a）男士短式衬衫 　　　　（b）男士长衬衫

图 8-58　罗马尼亚男士衬衫的基本风格形式

他们都穿着白色的长度到达脚跟的紧身裤。他们佩戴的腰带各不相同，最右边男人的腰带上绣着绣花的纺织品，鞋带缠在膝盖上。右下角躺在地上的男人的鞋带上带有绒球。

图 8-59(a) 中，右边的（来自多布罗加）男士穿着一件直筒长衬衫，衬衫的下摆处有锯齿边。其袖子袖口是翻折型的。他还穿戴一条非常宽的机织腰带，穿着一件具有双排扣深色羊毛背心。图 8-59(b) 显示了一件同样有纽扣的背心，纽扣形成一个 V 形。

（4）长裤

罗马尼亚男子裤子的面料通常是白色的，但是面料的种类因季节而异。冬天的裤子通常是紧身的，而夏季的裤子是用细羊毛或亚麻制作的，可以是紧身的也可以是宽松的。图 8-60 中，男人（来自 Apuseni 山脉）穿着紧身的夏季长裤和短裙式的绣花衬衫，戴着宽大的皮带，还穿着绣花背心，戴着一顶帽子。

（a） （b）

图 8-59 罗马尼亚男士衬衫的基本风格形式

图 8-60 罗马尼亚 Apuseni 山脉男性夏季长裤

3.3 斯洛伐克传统纺织服饰

捷克斯洛伐克有波希米亚、摩拉维亚、斯洛伐克地区。波希米亚的服装有国际都市的洗练，摩拉维亚的服装有富裕平原地区的华丽，斯洛伐克的传统服装显示着当地的气候和风土人情。捷克斯洛伐克民族服装，采用的纹样有动物、人物以及各种基本纹样，分布于下摆、袖口、领子，充满艺术美。

3.3.1 斯洛伐克的民族服饰

斯洛伐克的服装展示了当地的气候和风土人情，采用的纹样有动物、人物、以及各种几何纹和花纹。

几何纹和其他花纹在下摆、袖口、领子上会多刺几针使花纹更牢固，后来渐渐趋向于追求规律性和艺术美，并且将摹写对象形式化，向小型花纹样、动物纹样发展。随着花纹样时代的到来，强化了描写性，几何纹也更精练。

丰富的图案源于文艺复兴时期，所以妇女罩在外面的宽大背心的刺绣，围裙的花边，腰带、缎带上的蔓草纹、花纹，这些花型各异的纹样虽然交织在一起，但丝毫没有不调和的感觉。不管哪一种纹样都表现得既可爱又优美，和整个民族服装的印象融为一体。如图8-61，为斯洛伐克的花纹图样。

摩拉维亚和更东面的斯洛伐克的服饰风格有很浓重的中东风格。如今的捷克和斯洛伐克只有少部分女性还戴着传统的头巾，而一些年轻人更愿意戴波西米亚头巾。传统的裙子和衣服只有正式场合才会穿着，通常有大裙摆和大膨袖，上衣外罩马甲，最简单的头巾如图三8-62所示，以及标志性的马甲和宽松的上衣。通常是红马甲，白色马甲最罕见。未婚女士会戴着红彩头巾，而已婚妇女会戴白头巾，如图6-63所示。

捷克和斯洛伐克地区每个村子的服饰几乎都各不相同，东部一些地方是不穿马甲的，有的地方的头巾要包住下巴和前额，而另一些只需包住前额，波西米亚以西则受日耳曼风格影响更多一些，如图8-64至8-67所示，服饰没有东部繁复。

图 8-61 斯洛伐克花纹图样

图 8-62 斯洛伐克头巾

图 8-63 已婚妇女会带着白头巾

图 8-64 部分地区头巾包住下巴和前额

图 8-65 基约夫的节日里典型的摩拉维亚传统服饰

图 8-66 斯洛伐克服装裙摆

图 8-67 东部土耳其头巾较为普遍

3.3.2 斯洛伐克不同地区的服装特点

从斯洛伐克不同时期发行的邮票中,可以看出其服装变化。以 1955—1957 年的邮票为例,图 8-68 为 1955 年 7 月 25 日发行,Scott 目录编号为 707-710 的的邮票,展示了地方男女的传统服饰,表 8-1、表 8-2 和表 8-3 是对地区钱币与服饰的描述,图 8-69 为 1956 年发行的邮票,为当时斯洛伐克 Novohradsko 地区的妇女民族服饰,进一步展示了当地妇女的传统服饰。图 8-70 为 1957 年 12 月 18 日发行,Scott 目录编号为 832-835 的邮票,展示了当时当地妇女和男子的民族服饰。

图 8-68 1955 年 7 月 25 日发行,Scott 目录编号为 707-710

表 8-1 斯洛伐克的钱币及其服饰(1)

钱币	钱币地区及其服饰说明
60h	斯洛文斯科奥夫瓦(Slovensko Očová),Slovakia Ocova 是现在斯洛伐克的班斯卡·比斯特埋察州兹沃伦区的一个村庄或直辖市。该图展示了当地妇女的传统服饰
75h	德瓦(Detva)。Detva 是现在斯洛伐克的班斯卡·比斯特理察州的一个小镇。该图展示了当地男子的传统服饰
1.60k	乔德斯科(Chodsko)。Chodsko 是一个历史上的地名,地处捷克西南边境西波希米亚境内,大致相当于现在的多玛日利采市(Domažlice)和霍德福(Chodov)一带地区。该地区的民族也被称为霍德族,当地以彩绘陶艺品出名。该图展示了当地男子的传统服饰
2k	哈纳基亚(Haná)。Hanakia 是现在捷克共和国摩拉维亚中部的一个少数民族地区。当地以农业生产、民族服饰和传统习俗而出名。该图展示了当地妇女的传统服饰

图 8-69　1956 年 12 月 15 日发行，Scott 目录编号为 776-779

表 8-2　斯洛伐克的钱币及其服饰（2）

钱币	钱币地区及其服饰说明
30h	斯洛发茨科（Slovácko）。斯洛发茨科（或斯洛伐茨科）是现在捷克共和国兹林州 Uherské Hradiště 区的一个民族地区。这里是一个充满阳光的地区，有着百年历史传统，许多当地民俗流传至今。斯洛发茨科的一个显著特点就是配有蓝色百叶窗和装饰的白色民居。该图展示了当地妇女的传统服饰
1.20k	布拉塔（Čechy Blata）。布拉塔是现在捷克共和国赫拉德茨—克拉洛韦州（Hradec Králové）伊钦镇（Jičín）的一个民族地区。这里属于原来的波西米亚地区，具有浓烈的民族传统。该图展示了当地妇女的传统服饰
1.40k	奇西玛尼（Slovensko Čičmany）。奇西玛尼是现在斯洛伐克日利纳州（Žilina Region）日利纳区（Žilina District）的一个村庄或直辖市。这里因为最早开展民间建筑的保护而世界闻名。该图展示了当地妇女的传统服饰
1.60k	斯洛伐克（Slovensko）。该图展示了当时斯洛伐克 Novohradsko 地区的妇女民族服饰，Novohradsko 属于现在的捷克共和国帕尔杜比采市（Pardubice）

图 8-70　1957 年 12 月 18 日发行，Scott 目录编号为 832-835

表 8-3　斯洛伐克的钱币及其服饰（3）

钱币	钱币地区及其服饰说明
45h	比尔森（Plzeňsko Čechy）。比尔森位于现在捷克共和国比尔森州境内，是该州首府，捷克第四大城市。比尔森以汽车工业及啤酒酿造业闻名。知名汽车品牌"斯柯达"的制造厂设在此地，此地出产世界著名的比尔森啤酒。该图展示了当地妇女的传统服饰
75h	斯洛发茨科（Slovácko）。斯洛发茨科（或斯洛伐茨科）是现在捷克共和国兹林州 Uherské Hradiště 区的一个民族地区。这里是一个充满阳光的地区，有着百年历史传统，许多当地民俗流传至今。斯洛发茨科的一个显著特点就是配有蓝色百叶窗和装饰的白色民居。该图展示了当地男子的传统服饰
1.25k	哈纳基亚（Haná）。Hanakia 是现在捷克共和国摩拉维亚中部的一个少数民族地区。当地以农业生产、民族服饰和传统习俗而出名。该图展示了当地男子的传统服饰
1.95k	切申里西亚（Těšínsko）。切申里西亚 Tesinsko 位于现在捷克共和国摩拉维亚—西里西亚州境内。该图展示了当地妇女的传统服饰

3.4 乌克兰纺织品

乌克兰的考古发现表明，自史前时代起，该地区的刺绣就已经存在了。刺绣是在图像上和现存最古老的织物上发现的（例如，在1240年被毁坏的教堂里的窗纱）。布面刺绣的产生最初是受到对保护符号的力量信仰的启发，后来又受到审美动机的启发。图8-71为乌克兰手绣女衬衫，是索洛瓦卡维亚下传统民族服装。

图8-72为Vyshyvanka纹样，乌克兰刺绣（乌克兰语：Вишивка, Vyshyvka）在乌克兰装饰艺术的各个分支中占有重要地位。

图 8-71 乌克兰手绣女衬衫

图 8-72 Vyshyvanka 纹样

3.4.1 纹饰

在刺绣（以及复活节彩蛋）的装饰上，乌克兰可以划分为三个区域：①交通不便的地区，如北部的波利西亚和喀尔巴锡山脉的哈南地区，那里保存着严格的几何图案；②乌克兰的中部和东部，从沿着第尼伯河的布赫河到黑海，那里的花卉图案占主导地位；③其余的区域（瓦莱尼亚、央加利西亚、博伊科以及波尔塔瓦地区），那里的图案是强烈的几何图形。颜色与刺绣图案有关，即使在复杂多变的设计中，颜色也仅限于一两种，如黑色和红色。

刺绣设计主要用于服装，有一种传统的刺绣方式用于衬衫（男女都是）。女性衬衫刺绣设计的基本部分位于肩膀下面的上袖上。衬衫的其他部分都有较窄的刺绣带，与袖子上的主要图案相协调。已婚女人的头盖很简单，但却一丝不苟，装饰得很好。在拉什尼基（毛巾）以及民间习俗和仪式上使用的头巾上的刺绣，有特殊的意义。古老的、有象征意义的符号今天很少出现，在拉什尼克的两侧，都被花卉图案所取代。有刺绣的拉什尼基在民间仪式上使用，尤其是婚礼和装饰圣象的仪式。

3.4.2 刺绣技术

3.4.2.1 实心针脚

刺绣是乌克兰最古老的装饰技术之一，该刺绣设计以一种渐进的方式向前推进。由此产生的图案具有象征意义，被视为具有保护性的文化。

在乌克兰，第二种常用的刺绣技术是 lyshtva（翻针），一种双面的缎纹针织物，使图案在布料的两边看起来几乎是一样的。在使用这种针法的时候，工匠只在白色的亚麻布上使用白色的线或未漂白的线，刺绣线必须比布料的线粗。在那些几何图案占主导地位的地区，最复杂的针线是用于加利西亚的头布和第聂伯河地区的拉什尼基上的。这些针线的最重要的特点是，它们允许设计的初步轮廓后来又被其他针线所填充，轮廓线和填充针都是在正面和反面重复的。

3.4.2.2 镂空针

镂空针刺绣的主要类型有三种：merezhka（剪切和绘制）、stiahuvannia（抽花绣）和 vyrizuvannia（空花绣）。

3.4.3 乌克兰编织

在乌克兰，编织技术已经存在有好几个世纪了。使用亚麻、麻或羊毛线，织工制作了各种各样的民间服饰、毛巾、毛毯、床单、床单和被子。不同的地区的颜色、装饰甚至是编织的技巧有所不同。

"基里姆地毯"（乌克兰语：килим，kylym）这个词源于突厥语，表示用来覆盖地板或装饰墙壁的装饰织物。

关于乌克兰基里姆地毯装饰的最早的纪录可以追溯到 16 世纪。18 世纪基里姆地毯的装饰主要是植物设计，显示了很多原创性和地方的变化。右岸的乌克兰基里姆地毯上描绘的植物往往比左岸的乌克兰基里姆地毯更细长，更具风格化。几何装饰比花卉装饰更为广泛。

3.4.4 乌克兰传统服装

在乌克兰，年轻人的服装与早期的衣服不同。在婚礼和葬礼等重大仪式上有专门的服装。服装具有神奇的力量，所以服装刺绣和节假日礼仪服装丰富多彩。

科朱克（kozhukh）（图 8-73）是一种传统的乌克兰皮大衣，一般在冬天穿。kozhukh 用羊皮制成，有时装饰有刺绣、皮革、线、流苏及其他配件。这种大衣腰部紧，有时很长。

雄希万卡（vyshyvanka）是乌克兰民族服装绣花衬衫的俗名（图 7-74）。vyshyvanka 区别于乌克兰其他刺绣服装，具有当地刺绣特征。

图 8-73　kozhukh　　　图 8-74　vyshyvanka

kontusz 是一种长袍，通常长至膝盖，在前面有一排装饰按纽。袖子又长又松，在天气炎热的时可以解开。在冬天，可以在 kontusz 上贴上毛皮衬里。

如果可以将"经典"一词应用于民族服饰，那么可以说，第聂伯河流域的乌克兰中部地区是乌克兰民族服饰获得可以被视为"古典"特征的地区，这一般是非常典型的乌克兰传统服装。

衬衫——古代斯拉夫人的服装。除了是一件衣服外，衬衫对穿着的人来说还具有特殊的、有时代的象征意义。每个女人都应该知道如何做一件衬衫，衬衫的数量，质量，刺绣类型都是女孩作为潜在家庭主妇的良好指标。

3.5 塞尔维亚纺织品

塞尔维亚位于巴尔干半岛中部,占地 8.83 万平方千米,是连接欧洲和亚洲最重要的交通线路。穿过河流和山谷的国际公路和铁路不仅是西欧和中欧,还是中东、亚洲和非洲之间最短的连接点。

3.5.1 塞尔维亚的传统纺织技术

自 19 世纪以来,塞尔维亚传统服饰技术的传承问题变得越来越严重。在缺少实质证据的情况下,参考了考古发现、书面资料和艺术来源以及社会和文化事件。在解释塞尔维亚人穿着打扮的习俗演变时,还考虑了古埃及人、拜占庭人、中世纪塞尔维亚人、土耳其人和东方人的影响以及欧洲其他国家的影响。

直到工业生产出现之前,在 19 世纪,衣服是手工制作的。在家庭社区中,所有家庭成员的衣服都由女性制作,妇女还会用刺绣、花边和类似的装饰品装饰他们的衣服。这些工作的技能逐渐由老年人传承到年轻人。

纺纱,主要是羊毛和纺纱杆,最初是在简单的木锭上进行的。在锭子上放置纤维纺纱杆,通过用手指包裹纤维来纺制纱线。后来开发了一种带绞盘的装置,这使得纺制纱线变得容易。图 8-75 为用于纺制纱线的拉线棒。通过将其包在简单的装置上来纺制用于编织的纱线。图 8-76 为织造制品的络纱装置。

织布用的手工织机(图 8-77)上最常用的是两个或四个工艺步骤。

图 8-75 用于纺制纱线的拉线棒 　　　　图 8-76 织造制品的络纱装置

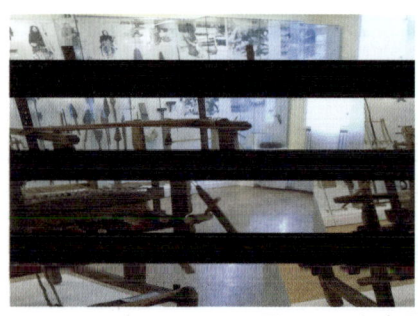

图 8-77 织布用的手工织机

塞尔维亚国家始建于中世纪。塞尔维亚的织布作坊就在德查尼(Dečani)附近。普里兹伦(Prizren)生产丝绸,在德兰琼(Dragutin)国王的宫廷制作金色织物。农

村家庭主要用木头制造的脚踏纺车或织机来生产自身需要的织物、布料、地毯等，只有很小一部分（约1%）被销售。

中世纪采用的原料包括大麻、羊毛和亚麻。另外，农民的衣服上多使用绵羊的毛皮，有钱人也会采用貂皮。而贵族则穿着丝绸、天鹅绒和塔夫绸。

农夫的服装是用粗糙的毛织物制作的，如亚麻布。这些服装由衬衫和čakšire（宽阔的男士裤子）组成的。此外，大衣是用家养的动物毛皮或类似白色和棕色织物的毯子制作的，雨衣和外套也是这样的。

3.5.2 塞尔维亚传统服饰

男人的日常套装包括一件没有领子的白色衬衫，一件黑色长袍及一条宽腰带。较富裕的公民穿着长礼服袍，头戴帽子。

女人的日常套装包括一件长袖紧身连衣裙，紧贴着腰部，且贴合着脖子和边缘。她们头上戴着长长的面纱。

从15世纪初开始，男士的高贵服装就是穿着西服，上面装饰着丰富的饰物。在15世纪中叶，男士穿着一件没有褶皱的长袖子衬衣。

女士高贵的服装由长而封闭的外衣和脖子上的小缝隙开领衬衣组成。披风是无袖的或挂袖。在15世纪末，就流行穿着两件衣服，一件打底衫，另一件紧身长袖衬衣，用宽腰带剪裁成紧腰身，服装上有奢华的褶皱。

皇家服饰包括一件深红色或深蓝色的中长袖衬衫，窄袖，宽袖口，金色领子，膝盖下方有宽阔的前后带子。女王的礼仪服装是一件长袖的红色长裙，上半身狭窄，底部迅速鼓起扩大。她们还会披一件斗篷，搭配一顶高高的帽冠，斗篷的上半部分是敞开的，上面覆盖着一层由薄条纹织物制成的面纱。图8-78为皇家服饰。

民族服饰是塞尔维亚人民传统文化的重要成就（图8-79）。该服装以20世纪上半叶的服装为基础，以形状和装饰的多样性为特征。每个地理区域的服装都有其一定的文化特色。在各种各样的服装中，除了乡村特殊形式的服装之外，城乡人民的穿着也有明显的差异。在土耳其的影响下，大多数塞尔维亚民族服装得到了发展。

图8-78 米卢廷国王，德拉古丁国王和女王卡特琳娜，圣阿基里斯教堂，阿列耶（13世纪）

(a) 塞尔维亚民族服装　　(b) 民间女性和欧洲男性服装　　(c) 现代男性和女性的欧洲服装

图 8-79 民族服饰

尽管服装具有多样性，但所有的服装都是由一般表达和外观进行区分。这种融合是基于长达数百年的民族传统和手工制造技巧，表现在视觉上是服饰整体的和谐统一。塞尔维亚民族服饰在艺术品质和美学价值上达到了民间传统艺术成就的顶峰。

刺绣在民族服饰装饰中占有重要地位。刺绣图案具有艺术价值。胸饰、袖子、裙子、围巾、帽子等民族服装的突出位置，装饰着各种装饰品和刺绣品。此外，袜子上装饰有许多绣花图案。用丝绸、羊毛和棉花条来装饰民族服饰的上半部分。

从 19 世纪末开始，欧洲城市人民的穿着受到了强烈的影响。因此，民族服饰具有文化历史价值，它们只在某些仪式场合使用。图 8-80～图 8-91 为各类民族服饰。

图 8-80　大金帽

图 8-81　伏伊伏丁那的前围裙（20 世纪上半叶）

图 8-82　伏伊伏丁那的地毯

图 8-83　Knjaževac 郊区的民族服装

第 8 章 欧洲中世纪纺织品　155

图 8-84 伏伊伏丁那的女性民族服装（20 世纪上半叶）

图 8-85 贝尔格莱德的民间服装（19 世纪）

图 8-86 Šumadija 的女性民族服装　图 8-87 布鲁斯女性民族服装　图 8-88 Raška 的民间女性婚礼服装

图 8-89 巴纳特的塞尔维亚节日男士外套装饰着金色刺绣

图 8-90 贾达尔的民间服装（20 世纪上半叶）

图 8-91　巴纳特的塞尔维亚民间服装（19世纪）

图 8-92　斯洛文尼亚传统服饰

3.6　斯洛文尼亚纺织品概况

斯洛文尼亚共和国（斯洛文尼亚语：Republika Slovenija），简称斯洛文尼亚，位于欧洲中南部、巴尔干半岛西北端。西接意大利，北邻奥地利和匈牙利，东部和南部与克罗地亚接壤，西南濒临亚得里亚海。斯洛文尼亚国土面积为2.03万平方千米，海岸线长48千米。

斯洛文尼亚男子的民族服装主要是衬衣和长裤，加上背心、短外套、帽子等。妇女的民族服装为绣花或有花边的短衬衣、背心、裙子、围裙、腰带、头巾，如图8-92所示。但日常生活中已看不到此类传统服装。

斯洛文尼亚是一个充满着随性的国家，同时这里的人民骨子里都充满着浪漫，所以这里的蕾丝制品应运而生。斯洛文尼亚最为著名的蕾丝是来自伊德里亚小镇的梭织蕾丝，它属于该国家的文化遗产，已被联合国教科文组织认证。

17世纪是欧洲生产蕾丝的繁荣时期，伊德里亚的蕾丝不仅仅在斯洛文尼亚得到乡绅和贵族的追捧，还销往欧洲各地，带动当地经济发展。现今伊德里亚蕾丝作为斯洛文尼亚瞩目的文化遗产，成为品质、声望和名誉的代名词。图8-93为伊德里亚常见蕾丝制品。

图 8-93　伊德里亚常见蕾丝制品

伊德里亚小镇也于1953年开始每年7月第三个周末举办为期三天的蕾丝节。节日期间，不仅有来自世界各地和斯洛文尼亚的蕾丝及其制品展出，还会开展蕾丝编织比赛，将这项传承百年的技艺展示于众人眼前。蕾丝制品贯穿于小镇人民的生活，走在街道上随处可见蕾丝制品，布料、餐巾、窗帘和床单，甚至耳环、项链和商务礼品都是由蕾丝制成，当地人的生活因为蕾丝的点缀而精致。

第9章

古代纺织品鉴别与分析

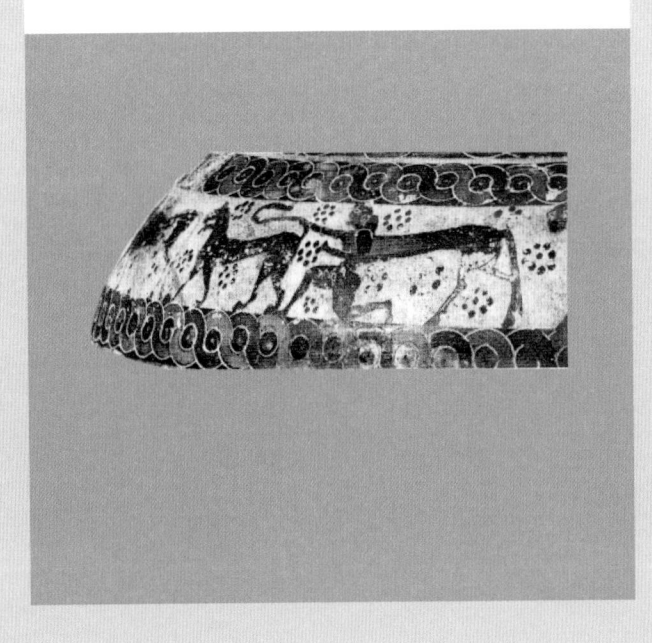

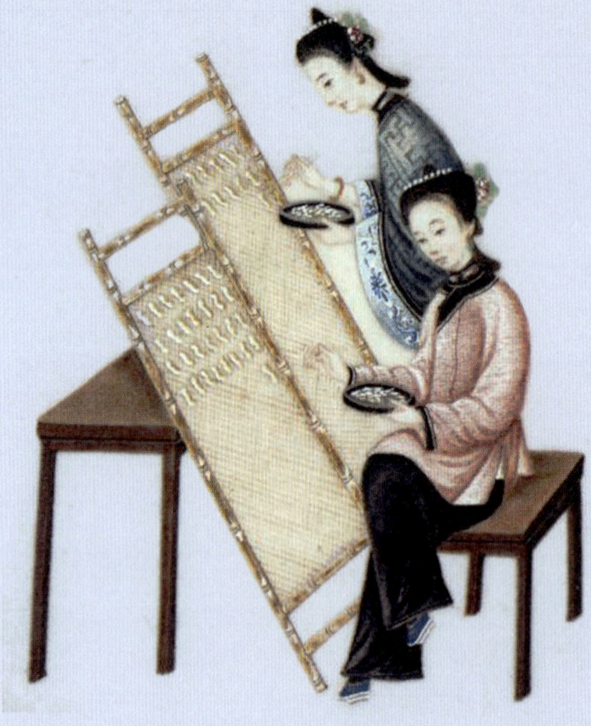

古代纺织品的鉴定和分析是一项整体性的工作，两者密不可分。古代纺织品的纤维原料、材质、组织结构的分析，刺绣织物针法的分析，以及天然染料和矿物染料的鉴定等工作，就是运用现代科学技术手段从多方面认识被研究对象。人工鉴别存在耗时长、精度差、效率低等缺点，且容易损坏文物，受测试人员主观感觉的影响。在人工智能高速发展的今天，基于图像处理技术、机器视觉算法的分析技术，具有准确、快速、效率高等优势，在纺织品的鉴定和分析领域有着良好的发展前景。其中，特征提取和织物组织模式识别是图像识别算法流程中的主要问题。本章我们精选了国外纺织史论文作为分析古代纺织品的案例，供大家学习参考。

1 纺织纤维的鉴别

随着科技的发展和人们需求的提升，纺织纤维的种类越来越多，纤维的形状各异，纤维的品种和含量决定了纺织品的性能，如何正确鉴别纤维材料在纺织生产、消费者生活和新产品的分析研究中显得非常重要。纤维的鉴别就是利用纤维内部结构、外观形态、物理与化学性能的差异，采用各种方法将其进行区分。纺织纤维的鉴别有多种方法，在纤维鉴别时需要采用多种方法交替使用，反复检验，综合分析。

1.1 感官鉴别法

感官鉴别法即通过人的感觉器官来鉴别纤维或织物形态（长度、细度和弯曲）、弹性、柔软度、色泽、含杂类型和折皱情况。根据纤维的外观形态、色泽等可以分辨出纤维类型。

1.2 燃烧法

燃烧法是根据纤维不同的燃烧特征，如燃烧方式、火焰颜色、气味以及灰烬的颜色和形态等差异来鉴别的一种方法，也是判断天然纤维（棉、麻、毛、丝）和合成纤维的常用方法。

1.3 显微镜鉴别法

在显微镜下观察纤维的横向、纵向和表面特征，可以分辨单种纤维和混纺纤维成分，正确判断天然纤维或合成纤维。天然纤维可以通过显微镜下独特的外观形态区分。麻有横节和纵向裂纹；黏胶纤维纵向有多个沟槽，且其截面为锯齿形；合成纤维一般纵向呈光滑棒状，毛有鳞片。当然还需要结合其他方法进行进一步判断。

显微镜鉴别法还可以用于定量分析，检验纤维在溶剂中是否全部溶解，以保证定量分析的准确性。显微镜鉴别法可以用于鉴别单组分纤维，也可以用于混纺产品的鉴别。通过显微镜鉴别法初步鉴别纤维后，还要用其他方法进一步验证

1.4 溶剂溶解法

化学溶解法是通过测试纤维在不同有机溶剂中的溶解性来判断纤维种类的方法，适

用于各种纺织纤维，特别是合成纤维，此方法还广泛应用于混纺产品中的纤维含量分析。溶解法是利用纤维在不同溶剂和温度下的溶解情况来鉴别纤维的品种。对于单一组分的纤维，鉴别时将少量待鉴别的纤维放入含有某种化学溶剂的试管中，用玻璃棒搅动，观察纤维在溶液中的溶解情况，如溶解、微溶、部分溶解和不溶解等。例如混合成分的纤维鉴别时将纤维放入有凹面的载玻片上，滴上溶剂，盖上盖玻片，在显微镜下观察溶解情况进行鉴别。此方法具有较高的准确性，对于混纺纤维，可以用某种溶剂溶解去除其中的一种成分。因此，溶解法又是纤维定量分析的基础。但是受溶剂浓度、加热温度和作用时间的影响较大，不同条件对纤维溶的解性影响较大，必须严格控制溶剂浓度、温度和作用时间等，同时要注意纤维在溶剂中的溶解速度。由于使用的有机溶剂如二甲基甲酰胺、二甲苯等具有一定的毒性和危害性，不利于人体健康和环境保护。

溶解法既可以用于已知纤维的鉴别，又可以用于未知纤维的鉴定。对于已知纤维，可以单独使用溶解法，也可以结合其他方法得到准确的结果；对于未知纤维，则需要结合其他方法或交替使用得出结果。

1.5 红外光谱法

红外光谱法通过测定纤维超分子结构的结晶度和取向度来鉴别纤维。近年来，纤维材料的红外光谱定性定量分析和研究得到了快速发展。红外光谱技术可以进行精确定量和微量分析，对纤维形态结构进行定量表征，通过比较纤维的红外吸收光谱，找出特征基团的吸收谱，从而确定纤维品种。例如合成纤维是由相同结构的单体聚合形成的高分子化合物，可以根据它们的官能团在特征频率区中的吸收峰位置来判定其结构。

红外光谱法能准确和快速地对单一成分进行分析，样品不需要进行预处理，且无污染。但是，对于混纺产品、较低含量纤维的样品和结构相似的物质，红外光谱法则难以进行有效的分析。

1.6 热分析法

纺织纤维加热时会发生变化，具有玻璃化温度和分解点等热转变点。不同的纺织纤维结构和结晶度不同，加热时具有不同的玻璃化温度和热分解点，可以根据纤维在加热时不同的熔融和分解温度来鉴别纤维。

1.7 密度法

纤维密度随分子或超分子结构的变化而变化，密度梯度法可以定量分析二元混纺纱线与织物中某一纤维的均匀度，计算中空纤维的中空度和复合纤维的复合度来鉴别纤维。分为三个步骤：首先，配密度梯度液；然后，标定密度梯度管；最后，测定和计算密度，从而鉴别纤维。

2 织物结构分析

2.1 常见织物组织的特点

平纹织物风格特点：①纱线在织物中交织最频繁，组织点最多；②织物结构简单；③织物平整挺括、坚牢、耐穿、耐用。

斜纹织物风格特点：①在纱线线密度和织物密度相同时，斜纹织物的坚牢度不如平纹织物；②在纱线粗线密和织物密度相同时，斜纹织物较平纹织物手感柔软；③斜纹织物可以织成紧度较大的织物；④织物表面有经（纬）浮线构成的斜向织纹。

缎纹织物风格特点：①布面平滑匀整，富有光泽；②质地柔软，有豪华感；③坚牢度不及斜纹、平纹，易勾丝。

经编织物风格特点：①经编织物的卷边性好于纬编织物，基本不卷边；②没有脱散现象。不易折皱；③受力变形性介于梭织物和纬编织物之间。

纬编织物风格特点：①纬编平针组织在织物的两面具有不同的外观，不易折皱；②横向延伸度近似纵向延伸度的2倍；③边缘具有显著的卷边现象；④具有脱散性。

2.2 织物密度分析

机织物密度是指机织物单位长度内的纱线根数，有经密和纬密之分。经密（即经纱密度）是沿机织物纬向单位长度内所含的经纱根数，纬密（即纬纱密度）是沿机织物经向单位长度内所含的纬纱根数。经、纬密能反映由相同直径纱线制成织物的紧密程度，当纱线直径不同时，机织物的紧密程度只能用紧度表示。

机织物的紧度又称覆盖系数，也有经向紧度与纬向紧度之分。经向紧度是机织物规定面积内，经纱覆盖的面积对织物规定面积的百分率；纬向紧度是机织物规定面积内，纬纱覆盖的面积对织物规定面积的百分率。机织物的总紧度是织物规定面积内，经、纬纱所覆盖的面积对织物规定面积的百分率。由于紧度考虑了经、纬纱的覆盖面积，即同时考虑了纱线直径和织物密度，故紧度可用来比较不同纱线直径所组成织物的紧密程度。

机织物密度可用织物密度镜直接测量。先测出织物经向及纬向5厘米内的纬纱根数及经纱根数（因为密度镜的测量标尺长度为5厘米），然后换算成经密（经纱根数/10厘米）和纬密（纬纱根数/10厘米）。

机织物的紧度不是直接测量值，而是计算值，算式如下：

经向紧度 $E_T = d_T M_T \times 100\%$

纬向紧度 $E_w = d_w M_w \times 100\%$

总紧度 $E = E_T + E_w - E_T E_w \times 100\%$

式中 d_T、d_w 为经、纬纱直径（毫米）；M_T、M_w 为经、纬密度（根/10厘米）。

机织物密度测定的常用方法有4种：织物分解法、织物分析镜法、移动式织物密度镜法、斜线光栅密度测定法。

2.3 织物缩水率分析

缩水率是表示织物浸水或洗涤干燥后，织物尺寸产生变化的指标，它是织物重要的服用性能之一。缩水率的大小对成衣或其他纺织用品的规格影响很大，特别是容易吸湿膨胀的纤维织物。在裁制衣料时，尤其是裁制由两种以上的织物合缝而成的服装时，必须考虑缩水率的大小，以保证成衣的规格和穿着的要求。

缩水率的测试方法很多，按其处理条件和操作方法的不同，可分成浸渍法和机械处理法两类。浸渍法常用的有温水浸渍法、沸水浸渍法、碱液浸渍法及浸透浸渍法等。机械处理法一般采用家用洗衣机，选择一定条件进行试验。

3 刺绣技术的分析

刺绣基本针法如下：

3.1 平针

平针是用金银线代替丝线的绣法。其方法是：先用金线或银线平铺在绣地上面，再以丝线短针扎上，每针距离 1 厘米到 1.5 厘米，依所绣纹样而回旋填满，有二、三排的，也有多排的。扎的线要对花如十字纹，如同扎鞋底花纹。

3.2 钉针

钉针是一种特制的细色线代替金线的绣法。这种色线叫棕线，也叫包根线。其绣法和平金相仿，因为它的线色多，能绣的图案也比平针多得多。

3.3 缠绕针

缠绕针以多种针法变化运用，达到阴阳浓淡适度，力求所绣的形体逼真。它又可分为散整针和虚实针两种。散整针是套针、施针、接针、长短针兼用的混合针法。虚实针是虚、实并用、以实形虚的针法。

3.4 乱针

乱针是杨守玉先生在 20 世纪 40 年代创造的绣法。这种针法是不规则地用针用线，用长短色线交叉重叠成形，先以混合色线为底，再叉叠其他色线，根据底色来调和，叉叠次数不拘，直到形似为止。

3.5 编针

编针是一种类似编织的绣法，它包括戳纱、打点、铺绒、网绣、夹锦、十字桃花、绒线绣等。这些针法都适用于绣图案花纹，所以也可将它们称为"图案绣"。

4 染料的测定分析

4.1 天然染料

天然染料包括所有从植物、动物、矿物中提取的染料。天然染料大多是非亲和性的，需要和媒染介一起使用。媒染介一般是金属盐，对着色物质和纤维有亲和力，在纤维中媒染剂与纤维结合形成不溶性沉淀物或色淀。

4.1.1 按照化学结构分类

天然有机染料和涂料有多种化学结构，如聚甲炔、甲酮、亚胺、苯醌、蒽醌、萘醌、黄酮、黄酮醇、二氢黄酮、靛类和叶绿素等。

4.1.2 按照颜色分类

一般天然染料都是从植物的根、茎、叶、花、果实以及昆虫干的躯体或矿物质中提取的，一般有红色、黄色、绿色、棕色、黑色等。

4.2 国内研究状况

中国对天然染料的研究主要集中在三个方面：天然染料的萃取和媒染工艺、天然染料对真丝织物的染色及微生物染料的开发。生产天然染料及其染色产品的企业不断涌现。北京纺织科学研究院研制出用于染棉和真丝的黄色和绿色系天然染料，推出纯天然染料染色的铜牛牌系列童装。

4.3 天然染料染色存在的问题

大多数天然染料的耐光牢度都比合成染料差一些，因此标本纺织品的颜色通常不同于它最初的颜色。另外，一些天然染料在水洗后颜色会发生明显变化，这可能是因为洗涤液中有少量碱存在。

5 国外古代纺织品分析研究案例

5.1 从皇家安大略博物馆的一块织物残片看早期基督的经典传统

这里所讨论的残片能从安大略博物馆500多片古埃及织物收藏品中脱颖而出，自然是有许多原因的。首先，它是科普特编织技术的一个很好代表（图9-1）。其次在其代表风格与主题方面，该残片是古代后期接下来几个世纪经典希腊语罗马传统的一个很好的插图版说明。

图9-1 皇家安大略博物馆的一块织物残片

织锦编织采用的是暗轮廓法（暗紫色羊毛在漂白麻底上编织），包括一个中央大浮雕和周围一圈小浮雕，四只角的浮雕稍大一些，四条边上各有一对小的浮雕。所有浮雕都是由交织圈弧围成，圈弧间由小枝叶填充。右竖边是三组有纹理的树叶，而左下角从浮雕分出的三组枝叶也是值得注意的。尽管这块织锦有相当部分的损坏，但所有主要细节代表都保存了下来。

四只角的浮雕都是一个向右骑的半人马，都是近似四分之三斜角，因此马身都是按透视法缩短为大半身。马的后腿着地，前腿腾空，似在飞跃奔腾。这也可从人的上半身扭转（因为几乎看到的是正面）和一双眼睛的侧身凝视。左侧上下浮雕里，人的胳膊是伸出的，用一块柔软材料（动物皮）包着，尾端在身侧飘动着。右侧的浮雕里，人手里好像拿着一块盾。每个人都是右臂举起，其中3只手是张开的、空的，左上角的那只右手里有一个圆状物，可能是一块石头。他们浓厚的头发用细白线勾勒出轮廓，在他们躯干处的同样的细白线表示他们的胸毛或是长胡须，浮雕的空白处有少许植物。

8个小浮雕是由双弧围绕，中间有各种动物。这些动物面朝不同的方向，它们站着或是向上跃起，与四只角及中间骑马者成90°角。在古代后期纺织品中相当普遍，由于织造工艺所致，角度都是一定的。许多动物呈现在上面。骑马者头上方的右边是一只有着厚鬃毛的狮子，左边是有着两只长弯角的阿尔卑斯野山羊。下方右侧是野猪，左侧是长须野兔。左侧上方是一对或一只雌狮，下方是一只美洲豹或猎豹。右侧是两只小动物。浮雕里动物的小细节是由精细的轮廓线勾勒出的，如狮子的鬃毛、半人马及马腿的局部和外侧轮廓线。虽然织工尝试并绝对成功地对不同动物进行了区分，但其主要致力于头部或其他细节，而最后动物的身体都是相似的：矮胖、面朝同一方向、后腿在身体下面、前腿向前伸出。

中央大浮雕是由两人向右骑马图组成。由于受到了损坏，马和骑马者都没有很好地保存下来：左侧底部遭受损坏，马腿部分丢失；右侧主要是上部遭受损坏，人的部分头部和头饰没有了。还好，左右能够相互补充：左侧的马腿能够由右侧的推出，并且左侧人完整的头部及姿势能将右侧的还原。两匹马姿势相同，都是后腿紧并着地，前腿相对于半人马来说是在空中向前屈起。与半人马一样，这两个骑马者也是处在活动状态，右手都是一个动态手势状。右侧人多了一个动作就是转头并凝视着自己的同伴。两人都是身着束腰外衣、靴子加披风——这一般是古代猎人的代表性装束。保存较完好的左侧人浓密的头发上戴了一顶弗里几亚帽，其浓密头发可以从前额上面的垂直线及两侧的蓬松状看出。右侧人前额上相同的垂直线也可以看出其头发，尽管他的帽子及周围部分没有了。左侧保存更全的人原来就被展现得更全面些，并且比他的同伴离观测者近些。从飘在右肩后有圈状点缀的披风里可以看到，束腰外衣是由白色轮廓的小鸡眼点缀成的。右肩处点缀满的鸡眼尤为明显。前面已经提及右手在打手势，具体是：屈肘，手臂在头侧向上举起。手旁边但没有碰到的固体线状物可能表示他手拿一支狩猎用的矛：从廓法来看，若箭杆与手连在一起的话，就会造成模糊、表达不清的结果。不管怎样，这确实是一支矛，我们可以推断这是一个狩猎者，全图为有两个狩猎者参与的狩猎图。

与边缘小浮雕一样，中央大浮雕马腿下面及右边狩猎者右侧的空白区域也是用枝叶状物图案来填充的。左侧骑马人举起的右手和浮雕框架之间是细长叶的棕树枝。在这块精致织物的其他地方，一些小细节是用一根额外的纬纱来勾勒的，例如人及马的暗轮廓。左侧人身后漂动的披风上的圆圈和线显示了这件衣服的装饰及质地。

我们对这块织物的绝对年代（古埃及语称为"测年法"）持怀疑态度，通常认为这些彩色羊毛制品上的图案或是装饰主题，根据相对年代学，是来自埃及的格勒科 - 罗马早期希腊织物。暗轮廓法貌似在后期阶段成熟，尽管希腊织物早期及后期都已经很出名了。稍后的技术被大量应用于古代后期和早期基督教时代的埃及纺织品中。

有趣的是，该古代经典的暗轮廓法出现在纺织品中之前也被应用于其他的地方及其他时代。远在应用于纺织品 1000 多年前，在希腊花瓶喷绘图上已有古风时期用线条来标注细节的黑色轮廓风格。在这比较接近的是罗马的黑色轮廓马赛克地板设计，内线为白色。这些单色马赛克在公元 2 世纪存在了相当短的一段时间。与纺织品相比，这些马赛克是二维平面非空间的，但有很强的图案设计。虽缺少彩色，但其组成并不缺少生动感，图形设计清晰而饱满。我们可以看出纺织品能够在很多方面反映出一个长期的经典传统，而暗轮廓风格只是其中一个方面。

这块织物体现了罗马帝国后期和早期中世纪用来装饰当时着装——束腰外衣的编织元素。从早在 4 世纪的大量不朽作品中可以看出，这种流行在整个罗马帝国是相当普遍的。然而大多数保存下来的织物是来自埃及的。在多色织物或白亚麻底，紫羊毛细节设计常被应用于亚麻成衣或肩部设计及前后的褶边设计上。沿肩部下来的一组装饰条纹设计也是较为常见的，这一点在左侧骑马者身上可以看到。束腰外衣外侧固定在肩部的披风也可能是有一定装饰的。

该织物的设计突出点便是围绕在中央浮雕周围的圈弧设计。圈弧设计是罗马帝国时代非常流行的艺术元素。该图案设计起源于公元 3 世纪及 4 世纪晚期的希腊风格时期，随着时间的推移逐渐流行，并且在古代后期被广泛应用在异教徒、基督犹太纪念碑上。仔细观察希腊风格时期树叶、树，或植物圈弧设计上的鸟类、昆虫，或小动物设计，都是动植物在艺术方面的一种自然渲染。

现存的不同技术设计的圈弧样式不计其数。在最早的作品中便有存于纽约大都会博物馆的一顶 14 世纪晚期的光彩夺目的黄金王冠，在上面有 10 个小女孩坐在流动的叶形卷草纹条饰的茎上演奏乐器，而酒神狄俄尼索斯和阿里阿德里斜倚在中间，他们的身体由蔓藤花纹圈弧支撑着。一个相对晚期的样品是希腊帕加马亚太利王室宫殿的马赛克边缘设计，里面黑色底上丰富多彩的卷草条纹设计，还有精致的小昆虫和精巧的丘比特及其他图案。在皇家安大略博物馆展示了一个庞培通道护壁片段，上面有高雅秀丽的圈弧设计，还有胖乎乎的丘比特平衡站在或顽皮地荡在圈弧藤上（图 9-2）。尽管是在不同媒介上的，其文体特征将之归于奥古斯都时期，它与非常有名的希尔德斯海姆火山口裂片很相似。自公

图 9-2 纽约大都会博物馆的 14 世纪的黄金王冠

元 2 世纪末及以后，罗马建筑圈弧设计非常流行，但罗马帝国在各方面普遍接受该设计，还是从其在后续各个媒介（如精细的金属制品、马赛克、象牙雕塑，当然还有纺织品）上的应用体现出来的。圈弧设计直到中世纪流行趋势都是有增无减的，并且是拜占庭和罗马艺术的一个固定装饰元素。

半人马很早时期便使希腊人的想象力活跃起来。一些图例将他们与希腊北部特别是塞萨利的深山、森林、激流和山洪联系在一起，在这些地方有半人马居住、狩猎、战争和狂欢。然而在更早期的希腊艺术品中，他们是由完整的人外加从后背延伸出来的马后腿及臀部构成，如在吉普赛的科斯林土罐（图 9-3）。从公元前 15 世纪以后他们便固定为人的躯干加全马的其他部位（四足动物身体）的经典造型。后期造型的杰出代表也许便是公元前 460 年奥林匹克宙斯庙山形墙上的半人马掠夺希腊妇女图和大概 15 年以后雅典帕特侬神庙墙面上的希腊人与半人马战斗图。半人马也在另一个公元前 15 世纪的雅典神殿里的起绒粗呢上出现过。

图 9-3 吉普赛的科斯林土罐

在古代后期及中世纪早期，半人马在埃及纺织品中出现得十分频繁，尽管他们并不像一些经典形象如喧闹的舞者、厄洛斯或丘比特及涅瑞伊得斯一样老生常谈。几乎无一例外，他们一般是处于驱赶或打猎等迅速移动的状态，并且挥舞着石头或断树枝等武器。人们花了几个世纪来对这些织物上的半人马与经典希腊艺术中的进行区分，相对经典希腊艺术中的，这些一般更具图像生动性，并且伴随着浓密的头发、长及胸部的胡须、绕在胳膊上用来防御的动物皮毛等特征。从捕猎的躯干、头部的瞬时扭转加有意识的侧身凝视、手部姿势、手里的武器来表现出的狩猎图看出，他们完全是当时经典动作的呈现。

该织物四边每边两个双弧边浮雕中是由小动物占据的。如果中央浮雕中的两个骑马者是猎人，半人马也与狩猎野生动物联系在一起（像在许多希腊和罗马古迹上看到的），那么可以推断出织工在脑海中有这些动物印象。

在罗马帝国时期，狩猎是一个最流行的世俗主题，特别是一些郊区住宅的人的马赛克装饰人行道及整个大帝国的宫殿都是用它来装饰的。最典范的代表便是 14 世纪西西里岛亚美琳娜广场的奢华别墅，这里的装饰呈现了不同阶段的人步行或骑马追赶猎物的生动画面。在非洲北部的国家，狩猎竞技在兹利坦、迦太基、埃尔杰姆或其他叫不出名的地方都有过。更为壮观的是人行道上的那些装饰，特别是安提阿城的。

安提阿城的最耀眼的狩猎拼图便在君士坦丁别墅，这里的梯形板上显示了马背上的猎人正在跟各种野生动物（包括野猪）斗争。这幅画（图9-4）为一则希腊神话，捕捉野猪希莱敦图，画中的英雄墨勒阿格用他的矛对准目标动物，并且亚特兰大正站在他身旁射箭。最早的逮捕野猪希莱敦是在公元前6世纪前半段克里提亚斯和俄可提莫斯的著名的早期阁楼黑图坑上呈现出来的。野猪颈侧显示它被很多传说中的猎人攻击，这些猎人的名字都被整齐地刻在图侧。猎人的领导者为墨勒阿格和珀琉斯，在前面与野猪相遇，亚特兰大和莫拉尼昂紧跟其上，其他人在后面。随着时间的推移这些神话插图早已丧失原始意思，只被理解、印刷为一般的狩猎图。同时观赏性的狩猎主题变得越来越有价值。一旦神话故事消失，后人便可以对这些图摘录修改，有时是主观理解而篡改。如利瓦伊引述的一个大莱普提斯的墨勒阿格狩猎野猪浮雕：一只本不该有的狮子正被亚特兰大攻击，能看到像半人马躯干的右上侧图像正在双手将一块大石头投掷向下面的野兽。在哈德林庄园（现在柏林）的一个生动的公元2世纪马赛克作品清晰地显示了掷石人物为半人马，这上面野兽身后的半人马取代了猎人。在庞培城墙画中也能看到类似的场景。

图9-4 安提阿城的狩猎样图

再来看图中的骑马者，可以看到他们的一团头发上戴了一顶弗里几亚帽。大概可以猜出这是神圣的狄俄斯库里孪生兄弟卡斯托尔和波吕丢克斯。从很早时代开始，希腊便把他们设想为斗争、协助战争、竞技比赛或狩猎等时刻马背上的神或英雄。根据传说，他们是勒达的双生子，从她产下的被宙斯假借天鹅受精的一只蛋里孵出。在后期的作品中他们总是戴一顶露顶紧帽，可以寓意为他们孵出时的那一半蛋壳。他们有很多神话英雄事迹，如在弗朗索瓦花瓶上就对他们协助表哥墨勒阿格捕捉野猪进行了描述。在忒亚格的雅典娜阿列亚神庙山形墙上斯利帕斯雕刻了一幅卡斯托尔和波吕丢克斯狩猎图，还有在奥维德他们被认为是出类拔萃的猎人代表。在一个经典的罗马大理石石棺（所谓墨勒阿格石棺）雕刻上，在狩猎野猪时，狄俄斯库里兄弟被认为是在协助主角而战。

图9-5 安提阿城狩猎拼图的示意简图

祭奉狄俄斯库里兄弟的习俗从南意大利的希腊圣殿传到罗马，在这里他们备受富裕的有权势的骑士阶级尊崇，并且还被认为能助商人发财及带来财运。特别是在一二世纪他们被用反白字型刻在罗马共和币上。他们一般是骑着马，手拿指向右端的水平矛。着装一般是短的束腰外衣外加飘逸的披风，头戴伞状帽（图 9-5b）。他们的坐骑一般是后腿着地，前腿腾空的飞驰骏马。从更早的公元前 3 世纪的一枚布鲁提斯银币上也能找到这样的画面。除了腾空的骏马及飘逸的披风形象外，他们一般右手还在打着手势。每人身后有一枝胜利的橄榄枝，与这块布上骑马者身后的很相似。硬币的正面是他俩的半身像，浓密的卷发从帽沿下露出，与他们的面部和颈部贴合，这与织物上的姿态很相似。

在其他的硬币或其他地方，他们戴的伞状帽更像是一顶顶部柔软并向一边倾斜的弗里几亚帽。在希腊时代他们的形象就固定了：伞状帽加短披风。在雕刻时，他们的短束腰外衣有时会被去除以显示他们的强健身躯。头部特征为伞状帽或弗里几亚帽下的浓密头发、一个突出的低前额和一双大眼睛（图 9-5a）。大英博物馆就有一座很好的来自巴布新几内亚的青铜像。

定义这两个猎人是狄俄斯库里是因为他们与神话故事中的狩猎联系在一起。在形象上，他们的各个细节与其他地方的相吻合，如罗马共和币上的，而在罗马共和币上他们的身份是很明确的。

这幅画面中两个猎人伸出右手的姿势是很有趣的。可以看到，右侧的人手拿长矛，而右侧的手是空的，特别扭头看他的同伴。不仅在纺织品中，在其他地方也能看到同样的马背上的猎人的手势：被理解为是给他的同伴显示自己胜利功绩的姿势，并督促自己取得更大成绩。最早起源被认为在 3 世纪的罗马"战争石棺"。在这些石棺上的战斗画面有很多指挥官的这种胜利手势，随后很可能被借用在猎人的胜利手势上或其他媒介上。该手势细节一个较好及改编的例子便是在罗马著名的多维西石棺上，其中，中间的一幅比较密集的画面显示了罗马人与野蛮人战斗的画面，马背上的罗马指挥官就是在得意洋洋地比划着这个手势。另一付稍晚的狩猎石棺上，也是在罗马，中央画面上马背上的猎人也在做着这个明确的手势。还有他的装束，也是与他的军事前辈级这块较晚期的织物上的猎人是相同的——短束腰外衣、靴子、飘逸的短披风。

这块织物的织工用合适的形象——英勇的狄俄斯库里兄弟、浮雕、野兽，很好地展示了一幅传统狩猎画面。由于空间和技术限制，织工没有选取像马赛克地板上那样复杂的元素，而是只选用了一些那个时候比较常见的元素。通过对人和动物的仔细观察与着色，各个动作精细解剖，表达清晰，显示出织工已具备艺术家兼工匠的素质，这项经典时代的代表性技能在接下来的中世纪已丢失。

这块残片是古代后期的一块相当普遍的作品，可能是 500 年的作品，这时基督教已被认知 2 个世纪之久。所有这些元素——成功的英雄及猎人狄俄斯库里、狩猎的半人马、圈弧主题、暗轮廓风格，都显示这个晚期时代的艺术是多么依赖经典的希腊与罗马风俗。

点评：

该织物残片现存于安大略博物馆，本书之所以选该残片作为古代纺织品鉴定、修复与保护的例子，是因为它是一个展现科普特编织技术的较好代表，其风格和主题也很好地体现了经典古希腊罗马传统，主要表现在"暗轮廓法"编制方法的采用、精致的浮雕刻画、流行的圈弧设计艺术以及拥有丰富含义的画面元素（半人马、猎人、树藤、手势）的应用。

本书对织物残片的分析研究先从织物整体的画面入手，对画面进行细致入微的描述，然后对画面各个元素逐一解析，并对其背景及其在不同媒介上的体现加以联想、推断、对比，最后将织物修复完整。

从织物画面整体设计来讲，半人马的四分之三视角、周围小浮雕与中间骑马者的90°设计，以及将小浮雕双弧围绕的圈弧设计都是当时织造技术及艺术设计的典范。从画面表述内容来讲，半人马的奔腾、各种动物的跳跃和两个人物的呼应，可推断出一个激烈的狩猎场景。在该织物上，画面的空白区域均有枝叶植被图案填充，人与动物的构型细节以单独的纬纱勾勒，以此体现古代纺织经典"暗轮廓法"的运用。圈弧设计是罗马帝国时代非常流行的艺术元素，半人马则是希腊纺织品上最为活跃的元素。根据该纺织方法在当时的发展，运用元素的流行时代以及相对年代学，推测其是来自埃及的格勒科－罗马早期希腊织物。

古代织物的研究关键在于对织物残片的修复。半人马是希腊人活跃想象力的体现，在吉普赛科斯林土罐上也有该形象，依此便可将其残缺部分补充完整。而狩猎的主题更是盛行，罗马帝国时代大型的宫殿及别墅都是用它来装饰的。其中的野猪联系了一系列神话故事，被认为是墨勒阿格捕捉野猪图。再就是中央浮雕的骑马者，从其装束的细节形态（弗里几亚帽、束腰外衣、披风等）、手势动作、马及人的状态猜测出其为狄俄斯库里孪生兄弟卡斯托尔和波吕丢克斯，再联系其神话故事的相关传说以及在其他媒介上的呈现，人物所属更为确定。

总的来说，由于空间和技术限制，织造该织物的织工对人物环境的细致观察与刻画，各个动作的精细剖析与清晰表达均显示了其艺术家兼工匠的超高技艺。而原作者 Znglish W. 对该残片的剖析更是到位：元素的状态描述、精神含义与神话故事及人们的期望及其他媒介上的相似物等联系在一起综合分析，全面细致，分析得非常到位。

5.2　14 世纪努比亚主教的衣服

Qasr Ibrim 巍然耸立在尼罗河之上，是一座集罗马教和基督教于一身的要塞城市。在整个由基督教统治的努比亚王国时期，它占据要塞，是基督教主教的所在地，甚至有可能是北努比亚王国的民政中心。虽然本质上是一个强化的位置，最初设计也是为了当地人在危险时刻能用来避难，但在它的墙壁包围中是一座大教堂。这座教堂有五个走道，红色的花岗岩石柱上雕刻有灰色的大写字母，它是整个努比亚保存最好的教会建筑。它也是由剑桥大学的·马丁·普拉姆利领导的埃及勘探协会最近挖掘的首先被清理的一个地方。

1964 年 1 月 6 日，当通向北面地穴的楼梯被清理出来时，一个未被挖掘的墓葬出现了。由于要塞内环境干燥，并且从 1812 年开始它就被遗弃，残留的有机物保存得相当好，一些地方出土了大量的纺织品和手稿片段。在地穴的入口处，尸体被放在厚厚的柔软的土上，其全身仍然穿着衣服，并被包在裹尸布中。接近裹尸布下半部分的地方，放着两个纸质画卷。将画卷展开被考证是科普特教会元老对于即将即位的 Ibrim 主教的文字说明，上面有他任职仪式的时间——公元 1372 年。

从骸骨可以看出这位主教身材矮小，可能处于中年。由于有限的可用空间，他略微蜷缩，膝盖向南弯曲而脚向东，手指弯曲，但有一只脚不见了。最初认为他可能是死于一场暴力斗争，虽然他被葬在自己的教堂里，而且通过墓葬中的任职仪式可以看出，旁人没有试图掩盖他的身份，所以他一定是被其朋友埋葬的。但普拉姆利教授认为，他的死因可能是被蛇咬了，切除他的脚是为了努力保住他的性命。然而他已经死了，通过他的衣服可以看出他是被草草埋葬的，因为他穿着平常的衣服，没有换上通常用于安葬主教的法衣。

尸体被包裹在一块棉布中（图 9-6），棉布在脚部对折，尾端系在脖子处，中间部分完全依靠穿过两个扣子的绳子。在主教的腰上是一根棉质的窄带，在这上面是粗糙的带有拉绳的裤子。一件长的白色祭袍，有宽大的袖子，通过一根皮带在腰部收紧。一个铁的十字架通过一根蓝色的绳子挂在脖子上，放在左胸上。他最上面的衣服是一件钟形斗篷，因为是羊毛材质的，最外面一层由于虫蛀已经毁掉了。斗篷有红褐色的衬里，边缘部分是蓝色，剩下的背部和肩部都是丝绸织锦。一块蓝色的棉质面纱包裹在头部，放在脸上。一块点缀有蓝色丝线的上等白色亚麻手帕塞进了脖子上的绳中。

图 9-6 Oasr Ibrim 城市墓地出土的裹尸布

这块裹尸布为长方形，裹在脚上的部分破损了。这块布完整的宽度是 66 厘米，保存下来的长度是 164 厘米。经纬纱线都是未染色的棉纱，Z 捻，很不均匀，织造组织是平纹，由于纱线的变化，经密 14/16 根/厘米，纬密 17/18 根/厘米。在离底部 1.5 厘米处是两根带子（图 9-7），3.5 厘米宽，每条带子个上面都有三行凌乱的线做装饰，在裹尸布被系在主教脖子处的底部处，两个角通过七到八根线打成一串结，尾部被扭曲成了 S 绳。更低的部位是两粒纽扣，每粒都是通过一块包裹着土并用相同纱线系住的布制成的。通过一根 50 厘米长的绳子在身体下面将它们系在一起，仍然吊在一枚扣子下面。这些说明埋葬得较为匆忙，尽管哀悼者选择了一块高质量的布，但这块布可能是主教自己的。

身体上的带子由两条分离的带子组成一个圈状，但很明显原来这个带子一条是放在另一条里面的。两条都是相同的未染色的棉线，Z 捻，平纹，密度为 20～21 根/厘米。

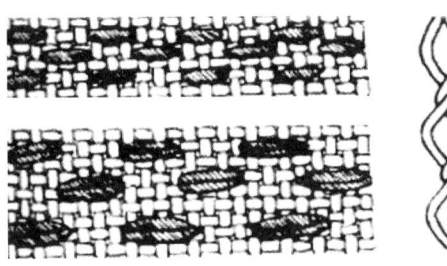

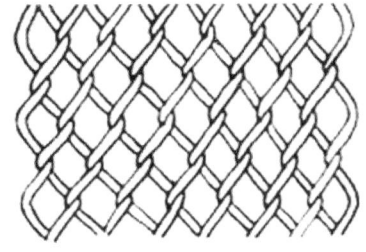

图 9-7 裹尸布组织结构图

这块布的织造宽度是 68 厘米，从整块布上裁下来的 9 厘米宽的带子被制成了圈，接缝处是 S 捻的亚麻线。当这些带子被放在一起时，有接缝的粗糙一面被藏在下面。从所有的布条上破损的针脚可以看出，每两块都是通过一根白色的丝线连接的，但是一部分边缘破损了，可能这个带子的边本来是散开着的。整条带子似乎太窄以至于很难穿过一个成年男人的臀部，但他所在的位置很清晰，由此可知这位主教非常瘦。

裤子同样是未染色的棉纱，Z 捻，平纹，密度为 10～11 或 11～12 根/厘米，纺纱和织造都比较宽松多变，整块布的宽度为 66～68 厘米。这条裤子是由四块布制成的（图 9-8）。一块完整宽度的面料用来做两条裤腿，两个大的三角形面料被加在裤腿下方，这两块三角形的布是从一块密度为 13/14 根/厘米的 Z 捻平纹布上斜裁下来的。块与块之间的接缝都是使用 Z 捻线，在接缝处上下缝制。腰部有一条宽的边，是将布翻到前面形成了一条腰带，它的角被折回缝在了下面。

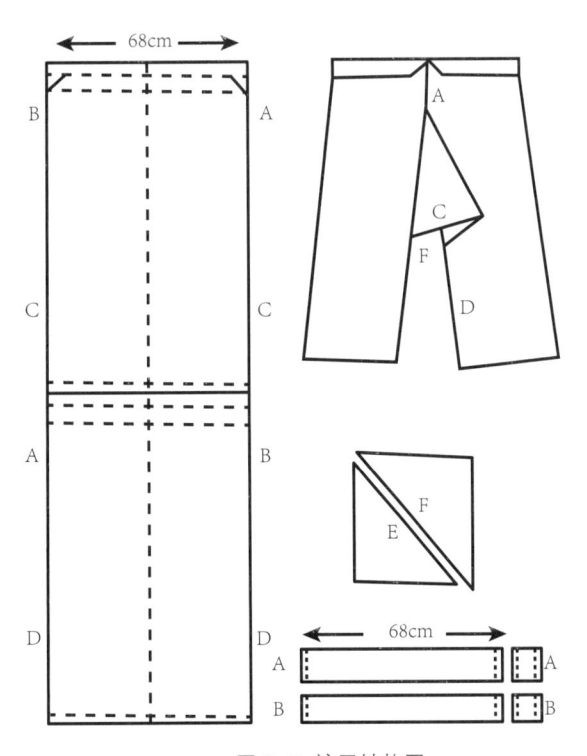

图 9-8 裤子结构图

一些碎片保留了下来，最好的一根长 9 厘米、宽约 5 厘米，是用 54 根粗糙的 S 捻、Z 捻羊毛纱线连接而成的，这是埃及早期科普特时期一种被人熟知的常用于包和带子的技术。它与现代睡衣腰间的带子有相似的质地和相同的作用，都是为了提供舒适和稳固下衣。

这件束腰外衣是一件有宽袖子的衣服，织造得相当好，未染色的亚麻纱织造紧密，密度为 15/13～15 根/厘米的平纹布（图 9-9）。衣服的宽度大约为 66 厘米。衣服内衬有未染色的平纹棉质布，但更加舒适。这两层是分离的，通过一根线将外衣和衬里缝在一起。亚麻布外衣由九片布组成；一块完整宽度的面料用来做袖子；一块在肩部折叠，用来做前后中间的部分；两块边缘的部分逐渐变小直到腋下；还有两块小的三角形面料。尽管在侧面部位有一些额外的接头，其主要的接缝与束腰外衣中的样子是相同的。衬里通过几行穿过表里的线与外衣连接。如果不算三角形面料，这件衣服需要一块长度为 710 厘米的布。

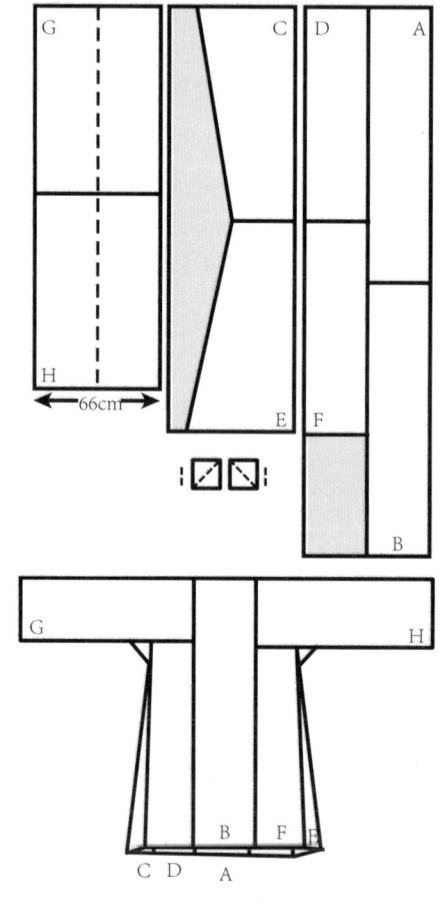

图 9-9 束腰外衣结构图

袖子是用像束腰外衣一样的亚麻面料制作的，背面有 4 厘米宽，以 S 捻的线从左到右与衬里缝制在一起。缝合的线在离边 1 厘米的地方装饰性地结束，这样使边缘更加结实。脖子部位有一个非常窄的彩色领子，是从一块条纹的平纹棉布上裁下来的1.8厘米宽的布，一种是蓝色的，其他的是黄色、白色和两种蓝色的窄条纹。这块彩色面料仅有4厘米出现在前面，其他部分用S捻的白色棉线缝在了衬里里面。整件外衣剪裁对使用面料的量都非常节省。

主教大量的外套都是钟形的并带有一只兜帽（图9-10）。从一些保存下来的外层羊毛面料可以看出，这些衣服的质量非常好。它们通过靛蓝染成深蓝色，除了那些被阳光照射已经变成黑色的部分。纱线为Z捻织造采用平纹，密度为13/14根厘米。因为它采用茜草染色，原来可能是樱桃红，比现在保存下来的褐色更加红。这件衣服是使用大约840厘米长、65厘米宽的布制作的。一块长度为440厘米、宽为整个幅宽的面料在兜帽处的顶部折叠，同时另一块整个宽度、小一点的弯曲的部分被加在了前面，还有一块三角形的面料加在了脖子部位。衬里中前面的两个部分是使用9个部分拼接起来的，这9个部分可以重新组成一个长约为400厘米的面料。毫无疑问，相对于这个衬里，在束腰外衣中的蓝色毛质面料被裁成了很多块，更多是为了美观而不是经济。这件衬里上的接缝十分粗糙，使用Z捻的蓝色亚麻纱线，偶尔有回针。

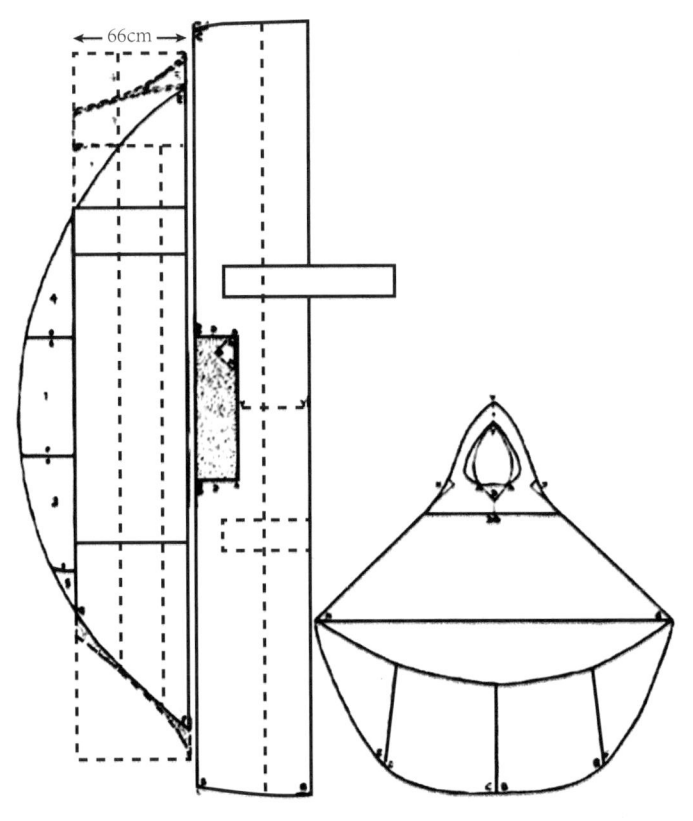

图9-10 主教外套结构图

在这件外套的兜帽中和大量的边上，都是蓝绿色的丝绸，有6厘米宽。这些丝绸的组织是平纹，经纱是很细的Z捻纱，纬纱是颜色更深、更粗的密度为39/42根/厘米的纱线。像束腰外衣一样，这件外套的衬里通过一些深蓝色的丝线与外部面料连接在一起。在剑桥大学考古与民族博物馆的 G.H.S. 布什内尔博士和 C. 里利先生组织的对这件衣服的修复中被认为是非常有帮助的。

这件外套的背部和肩部装饰有丝绸织锦，大小为 27～101 厘米（图 9-11）。这些织锦已经褪色了，原来可能是白色、金色、黑色和浅蓝色，织造使用 4 组白色的 Z 捻丝线，18 根/厘米，纬线在这些细条中的密度从 28～30/56 根/厘米。

图 9-11 装饰用丝绸织锦

在一块单独的蓝色羊毛碎片上，有一条紫色的窄条纹，上面有金色的丝绸织成的加强平纹（图 9-12）。在一条更窄的带子的每一边都有用金色丝线刺绣而成的几何植物纹样。在这些带子上保存有一些题词上留下来的字母。这种类型的带子显然是源于早期科普特人在装饰性织锦带两侧题词的习惯，这可以追溯到公元 9 到 10 世纪。虽然很不完整，但是在主教外套上面保存下来的字母可以说明这些题词可能是毫无意义的。这些科普特的织工可能根本不认识这些字母，只是将它们当做图案而已，这是在 8 世纪已经出现的一种方法。

图 9-12 蓝色平毛残片

裹在头部的面纱向前滑下盖住了脸。这是一块非常柔软的蓝绿色棉布，Z 捻，经纱不均匀，纬纱好一点，采用平纹织造，表面有绉纱的效果。通过三块保存下来的不规则的面料可修复至原来面料的大小。这件衣服在头巾下一定有一顶帽子，就像科普特主教戴的帽子一样。

头巾是一块漂亮的面料，大小为 71 厘米×82 厘米。经纬纱线都是很好的未染色 Z 捻亚麻纱线。织造组织是平纹，密度变化从 24～25/29～32 根/厘米。布边上 4.3～4.4 厘米宽的部分是用特殊的未加捻的白色丝线织成的。在顶部与底部的一条窄带上有通过 5 组蓝色丝绸形成的一点点素织物和 4 厘米宽的有图案的带子（图 9-13）。这条窄带是白色的丝线以 2/2 斜纹编织而成的，3 条深蓝色的窄带是通过变化平纹形成的，1 条是亚麻纱线通过 2/2 斜纹组织形成的，还

图 9-13 头巾织物

有 5 条更宽的丝线带子是通过白色丝线织造成不同的小格子图案。在两个边部稍有不同，在一边更大一点的斜纹区域有亚麻的纬线穿过四根一起的纱线。边缘部分的精巧设计使得边缘部分，可能需要有 16 个轴。彼得博士做了很多有趣的假设，他说在专门织造这些头巾的地方，可能有些专门的手巾织造者有像这样的经纱，这样他们可以织造各种种类所需要的宽度。

除了这块头巾，这个主教墓葬里的织物和材料都是最简单的类型。但是中世纪普通材料的衣服没有保存到像王室和教会的长袍官服一样的程度，对于收集这些完整的衣服可以追溯到公元 1372 年。这些织造的衣服的大部分被保存下来。所有的这些素织物均是平纹织造，棉花和亚麻材质，宽度为 64～68 厘米，与当代欧洲专业标准相比非常窄。有装饰的部分，手巾和织锦部分更加宽，技术更加专业。

在公元 1173 年，Shamsed-Doulah 突袭了 Ibrim，他在城镇发现并抢走了大量的棉花，并且大量采购棉花。但是身体特点说明这位主教是努比亚的始祖，他应该懂得棉花在不同气候会显示出吸湿和保暖的特点。

这些衣服，尽管可能不一定是主教抢来的，但仍有宗教色彩。这件束腰外衣是一件传统的古埃及风格衣服。在 Ibrim 另外一个墓葬出土的一件更早的束腰外衣，可能是公元 11 或 12 世纪的，虽然没有衬里而且比较劣质，却是相同的裁剪。尽管在袖子上有阿拉伯语的题词，这和裹尸布其他被题词的部分一样，一定是来自于基督教寺院的墓葬。这块漂亮的手巾说明其可能是主教祭祀用品的一部分，可能是庆祝过程中缠绕在手上的东西，而不单单是个人的手巾。

这件深蓝色外套，可能在主教行走时要系在他的胳膊上，来显现出蓝色的边缘、红色的衬里的束腰外衣。这块舒适的蓝色棉质面纱蒙在脸上，蓝、白、金色的织锦在肩部装饰。正如这些衣服一样简单，他们的设计是为了在旅行中更好地保暖，从而更加舒适。

点评：

作为古代纺织品鉴定与修复案例，本研究选取的是 14 世纪努比亚主教的衣服，并详细介绍了这些纺织品的发掘、鉴定、纺织技术解析、修复等。

首先叙述了主教墓葬被发现的情况，并对墓葬内各物件的摆放，尤其是主教尸身，进行了细致的描述，并由此推测主教下葬前后的情景，为织物的分析提供各种详尽信息。然后着重介绍了主教身穿衣物，包括裹尸布、衣带、裤子、外衣、帽子、面纱、手巾、头巾等大量的纺织品。

此研究方法是对每一件衣服进行分析，详细介绍了每一件纺织品的大小、色彩、材料、纱线支数、经纬密度、图案等特征，并且通过这些保存下来的残片推测了服装的裁剪和面料的织造机器。在分析过程中，通过对裹尸布的解析认为该布可能是主教自己的用品，对衣带的分析则推测出主教的身材，对外衣各部位针脚的解析说明了制衣者精湛的纺织与裁剪技艺。研究人员不放过每一处细节，对衣带上的字母也进行了推测，这些科普特织工可能根本不认识字母，只是将它们当作图案而已，这是在 8 世纪已经出现的一种方法，而带子上织字母源于早期科普特人在装饰性织锦带两侧题词的习惯。对手巾的分析细至每一根纱线，其精巧的边缘设计使研究人员 Ponting K G 做了许多假设，并提出这类手巾的专门织造。对其用途也做了假设，它可能是主教祭祀用品的一部分，也可能是庆祝过程中缠绕在手上的东西，而不单单是个人的手巾。研究人员还根据衣物棉麻材料的应用和衣服的宗教色彩，推及另一件墓葬出土束腰外衣的时间与出处。

通过上述分析，我们可以学习到在对初出土文物进行研究时，应如何分析每一块纺织残片，以及如何通过面料上的图案、文字、材料选取、织物组织、织造技术做出合理的推测或假设。

5.3 皇家安大略博物馆馆藏的一块早期基督教式窗帘（Veronika Gervers）

皇家安大略博物馆收藏了一块尺寸较大、重量较轻的亚麻材质窗帘。据了解，这块窗帘是在古代诺波利斯的阿赫米姆发现的。在从后罗马时代到伊斯兰时代期间挖掘出的埃及各类葬墓中出土的纺织品中，这块窗帘或者称为幔帐的织物残片并不是很罕见的发现，但其是迄今为止出土尺寸最大且保存最为完整的纺织残片之一（长 351～355.5 厘米；宽 231～232 厘米）。残片四周的织边显示其所用织机的宽度是完整的。顶部具有装饰性的构架式条带，横穿底部有网状小孔的环带（高度为 6.5～7 厘米）以及短小的经纱毛边，这些足以表明这块窗帘保持了其原始长度。沿着中心轴纵向的接缝以及多处的斑点说明这件文物以前曾被修复过。

一块长约 82 厘米的亚麻平纹织物残片沿着左上方布边缝合在窗帘主体上。可以看到这些织有三叶纹装饰图样的小块残片。很有可能，这块窗帘的顶端部分与另一块相同的窗帘是成对的。窗帘装饰物采用的是织锦的织法，在漂白的亚麻平纹地上，用以黑色为主及一些已褪色的红、橙、黄、绿和蓝色的羊毛线绣上去。像一些黑色的人物形象一样，许多细节都大量地用漂白的亚麻粗线织出。

宽为 21～22.3 厘米的条带状条被分为 21 个小格子，格子的四周装饰着简单的三叶草纹样的回纹波形装饰物。除了最右边的格子是一只单独的鸟外，其他格子都是成对出现的动物（如狮子、狗、豹子等），且这对动物是面对面的。这种花纹的构成可能起源于提花织物从西亚传到埃及的时代。这些动物被刻画得栩栩如生，表明制作这件纺织品的艺术家对这些场景非常熟悉，同时也反映了其精湛的织造技艺。

在这个条带下面是 11 行被精心描述的场景：无数有规律的猎人和散置的动物，比如狮子、野兔、山羊、豹子和鹿。但是，出现了一只难以置信的动物：那就是秃鹫（在第二行）。最后一行的鹿并不属于北非的动物群，所以它的出现显得不是很真实。每一行都各有一个猎人骑在飞驰的马上，他们或者举起右手做出胜利的手势，或者手中握着一个不知名的东西（并不一定都是武器）。大概是因为他们的坐骑疲劳或者在打猎中受伤，所以旁边有 1 匹装有缰绳却无人骑的马作为备用马。这匹马的后面还跟着 4 只狗。而且每个人物形象之间都有一棵树作为间隔，这不仅表现出这个打猎场面是在森林中进行的，更是一种空间幻想的视觉安排。这种远景视图与近景视图相结合，树木与人物、动物相交替的构图方式，使得单调重复的画面显得不是那么拥挤和紧凑，同时也让观察者可以很好地分辨每一个形象，不至于混淆，如图9-14所示。

窗帘上的图案虽然描述的是一个打猎场景，但是其重点却放在了单独的元素上面。每行中的树和其他形象（人或动物）分别按照对角线的原则整齐排列。以对角线为基准，一行树然后是一行其他形象，互相交替排列。尽管这样的组成有些死板，但是能够尽量地平衡每个形象，使打猎这个场景成为一个完整的总体。更有意思的是，有些行最右边的一个动物的头扭向后看，如图9-14a所示，这样可以让欣赏这块窗帘的人的目光拉回左边，使画面更有延伸感。

对于织布者来说，这件藏品上的图案就像艺术家运用各种各样的媒介一样。单独的元素，例如猎人、动物（图9-14b）和一些花草树木装饰物等，或者同一个元素的不同组合方式，构成了这件藏品的形式。这在其他艺术形式中也有所体现。这种构图方式存在了很长时间，一代又一代的艺术家和织造者成功地运用它。手工艺者很少直接将这些藏品上的图案拿来用，而是根据他们的需要、神话知识和交给他们任务的人的意愿来创造新的作品。就是在这种复制和再复制的过程中，原来的模型早已改变，新的版本层出不穷，于是就导致了一些被人曲解和遭人误会的设计。

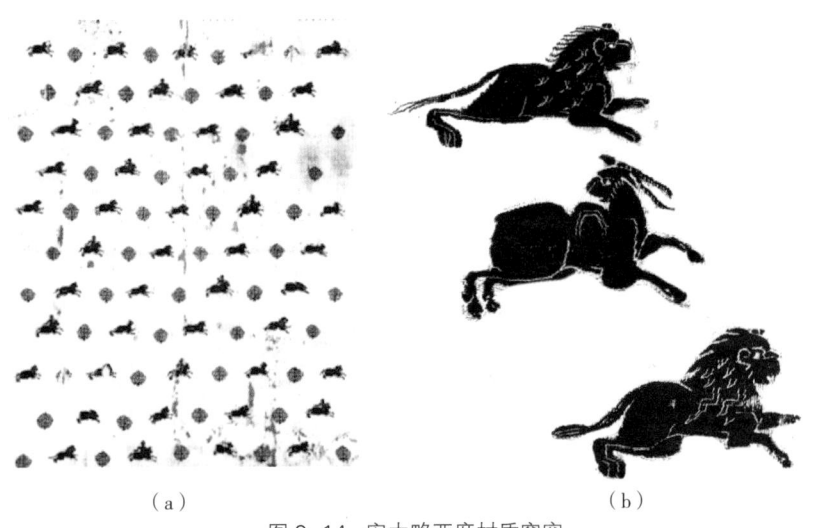

（a） （b）

图9-14 安大略亚麻材质窗帘

可以确定的是这块窗帘独特的图案设计来自于图案书籍。其中的猎人、装有缰绳的马匹、各种各样的动物以及树木等图案，出在许多考古学家发掘的埃及纺织品上都有出现。纺织品叙事主题的图案，只有狩猎场景是不太常见的。假如现存纺织品残片上的图案是典型的，那么可以得出结论：最有特点的图案是传统纹样的花、玫瑰花饰、圆形花饰、固定格式的鸟类图样以及一些几何图案。像多伦多收藏的这块窗帘上，描绘如此壮丽狩猎场景的纺织品是非常稀有的。所有相似的纺织品之间都有紧密的关联，下面分别介绍和讨论两个相关样品。

柏林窗帘

西柏林国立博物馆的早期基督教和拜占庭收藏品处，曾经收藏了一件块与多伦多藏品十分相似的窗帘。这件藏品的起源未知，只知道在 1906 年进入柏林的博物馆。但是在第二次世界大战中，它被大火完全烧毁了。

这块柏林窗帘的组织是由漂白的亚麻织成的平纹组织，上面织有紫色羊毛的织锦样的装饰物。其宽为 230 厘米，几乎与多伦多的那块一样，而且上下都有布边。二次大战前测得其长为 270 厘米，但最开始的长度应该更长一些。留存的照片显示这块窗帘是由三块布水平地拼接起来的，这也许早时期修复的结果。

这块柏林窗帘所描绘的狩猎场景与多伦多的那块几乎一模一样。该窗帘残片的行数只有 8 行，但是经过修复和补充后可以清楚地看出有 11 行。除了最上面的两行没有骑马的猎人之外，其他每一行都有一个骑马飞驰的猎人，后面跟着装有马鞍但没有人骑的马匹和 2 只其他动物。这些形象之间都被一颗很普通的树隔开。不同的是，这块窗帘上的人物、动物、植物形象要比前一块少一些。重修之后的柏林残片与多伦多窗帘相对比，所运用的设计理念也是相同的，即对角线原理。不同的是布主体边上的带状物装饰，从窗帘的上面移到了下面，21 个格子中的动物也不是成对出现，如图 9-15 所示。

虽然现在无法对比两块窗帘的织造技术，但是柏林这件藏品，无论是在设计上、构成上还是尺寸上都与多伦多藏品极为相似。因此可以推测：它们可能不仅仅是同一时代、同一个作坊织造的纺织品，而且很可能是一块窗帘的不同部分！无数早期的修复品告诉我们，它们在很长一段时间里被使用。当它作为陪葬品被埋时，理所当然地被认为它不再适合悬挂在建筑物里。

图 9-15　柏林窗帘狩猎场景

芝加哥窗帘

芝加哥菲尔德自然历史博物馆拥有另一件相关窗帘的部分残片,其出处同样未知。这块窗帘描述了一个几乎相似的狩猎场景,在漂白的亚麻平纹地上织有深蓝色、黄色和红色的羊毛图案。把无数残片重新组合在一起可以看到一共有 7 行图案。每一行也是至少有一个骑马的猎人,还有一些动物和野兽,它们被一棵棵树间隔开。由于这块窗帘残缺严重,无法确定它的长度和宽度。

该博物馆收藏的另一件织锦碎片,漂白亚麻上有深蓝色的野兔和窄叶状的树叶等图案,推测是这块窗帘上的条带状物。这点小小的残留细节展现的设计与前两件完全不同,但是也有可能它属于另一件残片而不是这件芝加哥窗帘,这一点也不能被忽视(图 9-16、9-17)。

即使这块芝加哥窗帘上的个体形象与前面两件大体相似,场景的构成顺序也基本相同,但是还是有显著不同的。所有的图案都更为死板和格式化。在一些细节方面,比如狮子的鬃毛、动物颈项上的缎带等都有很大的区别。另外对角线原则也有所不同,芝加哥窗帘上,一条对角线上要么都是人,要么都是动物,没有变化。另外,值得注意的是使用彩色细节更加突出:多伦多窗帘只是挑染一些蓝色和红色,而芝加哥窗帘中色彩应用更加广泛,色彩种类也增多。

西柏林国立博物馆有 2 件十分小的碎片上有一个猎人和一棵树,在细节上与芝加哥窗帘十分相似,所以可认为这 2 件碎片是芝加哥窗帘的一部分。从风格上来判断,芝加哥窗帘与前 2 块窗帘并不是出自同一个作坊,因为其格式化的特点,推断前者也许是这种艺术风格发展起来之后的一段时期制作出来的(图 9-18 至图 9-22 所示)。

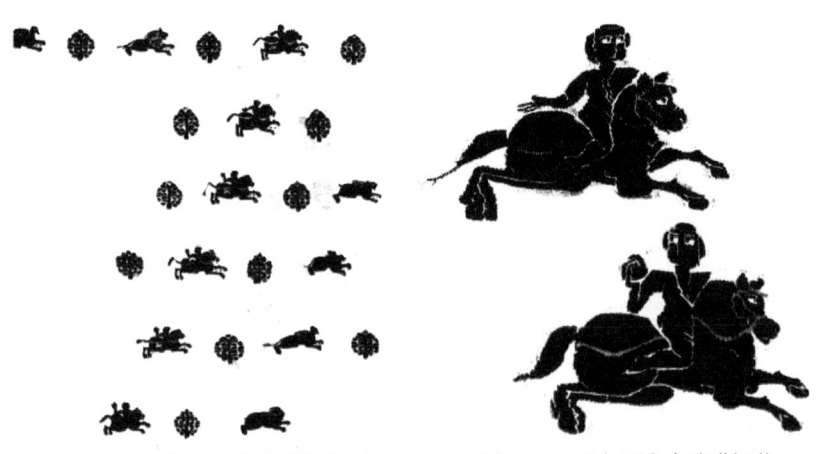

图 9-16 芝加哥窗帘狩猎场景　　图 9-17 芝加哥窗帘狩猎细节

图 9-18　芝加哥窗帘狩猎场景左图

图 9-19　芝加哥窗帘狩猎场景右图

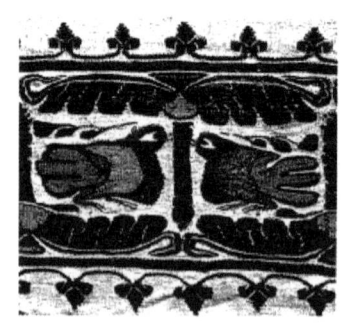

图 9-20　柏林窗帘装饰对鸟纹样　　图 9-21　柏林窗帘装饰对狮纹样

图 9-22　柏林窗帘装饰纹样

由于其风格的不同得出3块窗帘并不是出自同一个作坊的结论，但是它们仍然有可能属于一个单独的系列。像这种系列作品都是由20多块窗帘组成，由不同作坊进行加工，不可否认的是每个作坊都有其各自的特点，所以加工出来的窗帘有所不同。由于各种原因，这组大型窗帘需加工相当长的一段时间，即使是一家作坊进行加工，也会因风格和劳动者的改变而有所不同。

无论它们是属于同一系列的窗帘或根本就是不同时代的产物，这些亚麻窗帘形成了一个完整的或相对完整的残片体系。仅此而言，它们就是这段模糊年代的纺织艺术品。为了能搞清楚这些窗帘的年代和它们所描绘图案的意义，可以从以下几方面进入研究：后罗马时代和早期基督时期狩猎场景图像的意义；狩猎场景组成原则的变化情况；多伦多、柏林和芝加哥窗帘的注明日期以及窗帘的功能与历史发展情况。

点评：

这块早期基督教式窗帘现存于皇家安大略博物馆，是迄今为止出土尺寸最大和保存最为完整的纺织残片之一。作为古代纺织品鉴定与修复的实例，本节从不同地区相似纺织品之间的关联入手，进一步完善了纺织残片修复体系。

此织物残片是亚麻质基督教式窗帘，本节以整体观察的视角确定这块窗帘保留了原始长度，并确认其曾被修复。然后对窗帘进行细致分析，确定其织锦织法，且分辨出在亚麻平纹织地上绣出羊毛线图案元素。本节对窗帘图案进行了详细描述，对人物神态，各个动物的姿势、含义，树木的排列等进行想象描绘，定义其表达的是一个生动壮观的狩猎场景。同时推出了近远景视图、对角线原则的构图方法，并给出了窗帘独特图案设计的来源——图案书籍。

在相似织物关联方面，对现分别存于西柏林国立博物馆和芝加哥菲尔德自然历史博物馆的2件纺织品窗帘残片作了简单介绍，安大略窗帘形成对比，以得出三者之间的相同和不同之处。将三块窗帘的组成、图案元素设计、画面设计（如对角线法）、色彩应用等各方面进行分析和比较，最后得出了一个结论：它们出自一个系列的古埃及窗帘组或者是其风格的延续（时间间隔不会很久）。这是一种较为全面地分析古代纺织品残片的方法，对比方法的应用可以更好更全面地解读古代纺织品的技术与内涵。

由此，可以总结出一些分析古代纺织文物的方法，在无法得到完整的文物，甚至在只有一点点残片（即实物很少或者已被销毁只存有图片）的情况下，我们应该通过文物复制以及相关书籍的阅读找到出路，尤其是与宗教信仰有关的纺织图案，更应该在充分了解之后再作研究；另外，在有相似文物的基础上，还可以通过对比分析推测出一些非定性结论。总之，对于古代纺织品的分析和研究不能局限于一种思维模式，应综合各种方法找出最适合的一个。

参考文献

[1] English W. A study of the driving mechanisms in the early circular throwing machines[J].Textile History, 1971, 2 (1): 65-75.

[2] Ponting K G, Chapman S D. A nomadic mantle in Europe[J]. Textile History, 1978, 9: 9-31.

[3] Ponting K G. Sculptures and paintings of textile processes at Leiden[J]. Textile History, 1974, 5: 128-151.

[4] Geijer A. A history of textile art[M]. H J.: Sotheby Parke Bernet, 1968: 89-97.

[5] Shenai V A. History of textile design[M]. Bombay: Sevak Publications, 1981: 23-32.

[6] Richard. Historic Textile Fabrics[M]. London:B T Bats-ford Ltd, 1923: 136-143.

[7] Plumer G. African Textiles [M]. London:Michigan State University, 1971: 97-103.

[8] Harris J. 5000 years of textiles[M].Lodon:The Trustees of the British Museum, 1993: 35-46.

[9] Robinson S. A History of Printed Textiles [M].London:Studio Vista, 1969: 56-65.

[10] Gillow J, Barnard N. Indian Textiles[M].London:Thames & Hudson, 2008: 178-189.

[11] Gillow J, Sentence B. World Textiles[M]. London: Thames & Hudson, 2005: 156-173.

[12] Thompson A. Textiles of South-East Asia[M]. London:Crowood Press, 2008: 25-35.

[13] 缪良云. 古埃及的染织艺术 [J]. 苏州丝绸工学院学报，1993(9): 136-139.

[14] 刘文鹏，令狐若明. 论古埃及文明特性 [J]. 史学理论研究，2000(1): 79-83.

[15] 茹爱林. 埃及纺织文化 [J]. 清华大学美术学院学报，2001, 23(4): 65-67.

[16] 杨威. 古埃及、古希腊服饰风格的比较 [J]. 天津工业大学学报，2004, 23(5): 29-30.

[17] 赵金. 埃及早期染织服饰初探 [J]. 天津美术学院，2006, 10: 63-65.

[18] 李海荣. 地理环境对古埃及文明的影响 [J]. 太原：山西大学历史文化学院，2007: 39-40.

[19] 王华，孙理，张实. 古埃及染织物辨析 [J]. 纺织学报，2007，28(2): 123.

[20] 孙瑞丽. 近十年来我国古代埃及文明研究概述 [J]. 许昌学院学报，2007, 26(1): 129-131.

[21] 张怡庄，蓝素明. 纤维艺术史 [M]. 北京：清华大学出版社，2006.

[22] 艾周昌. 非洲黑人文明 [M]. 北京：中国社会科学出版社，1999.

[23] (英) 帕林德 (Parrinder,E.G.). 非洲传统宗教 [M]. 北京：商务印书馆，1992.

[24] 刘鸿武. 论黑非文化特征与黑非文化史研究 [J]. 世界历史，1993(01): 72-75

[25] 缪良云. 古埃及的染织艺术 [J]. 苏州丝绸工学院学报，1993(S1): 19-21

[26] 刘鸿武. 黑非文化的自然环境与区域结构 [J]. 历史教学,1993(03): 5-8

[27] 王介南. 中外文化交流史 [M]. 太原：书海出版社，2003.

[28] (日) 城一夫. 东西方纹样比较 [M]. 北京：中国纺织出版社，2002.

[29] 王华. 蜡染源流与非洲蜡染研究 [D]. 上海：东华大学，2005.